La marche

Dr William Bird
Veronica Reynolds

La **marche**

Programme de mise en forme

Traduit de l'anglais par Luce Brien

LES ÉDITIONS DE L'HOMME

Infographie : Chantal Landry
Traitement des images : Mélanie Sabourin
Révision : Jocelyne Dorion
Correction : Anne-Marie Théorêt

AVERTISSEMENT : Dans ce livre, le masculin est employé pour désigner les deux sexes dans le seul but d'alléger le texte.

Catalogage avant publication de
Bibliothèque et Archives Canada

Bird, William

    La marche : programme de mise en forme

    Traduction de : *Walking for Health*

1. Marche (Exercice). 2. Exercices aérobies. 3. Santé.
I. Reynolds, Veronica II. Titre.

RA781.65.B5714 2006 613.7'176   C2006-940035-0

DISTRIBUTEURS EXCLUSIFS :

• Pour le Canada et les États-Unis :
MESSAGERIES ADP*
955, rue Amherst
Montréal, Québec H2L 3K4
Tél. : (514) 523-1182
Télécopieur : (450) 674-6237
* Filiale de Sogides ltée

• Pour la France et les autres pays :
INTERFORUM
Immeuble Paryseine, 3, Allée de la Seine
94854 Ivry Cedex
Tél. : 01 49 59 11 89/91
Télécopieur : 01 49 59 11 33
Commandes : Tél. : 02 38 32 71 00
                Télécopieur : 02 38 32 71 28

• Pour la Suisse :
INTERFORUM SUISSE
Case postale 69 - 1701 Fribourg - Suisse
Tél. : (41-26) 460-80-60
Télécopieur : (41-26) 460-80-68
Internet : www.havas.ch
Email : office@havas.ch
DISTRIBUTION : OLF SA
Z.I. 3, Corminbœuf
Case postale 1061
CH-1701 FRIBOURG
Commandes : Tél. : (41-26) 467-53-33
                Télécopieur : (41-26) 467-54-66
                Email : commande@ofl.ch

• Pour la Belgique et le Luxembourg :
INTERFORUM BENELUX
Boulevard de l'Europe 117
B-1301 Wavre
Tél. : (010) 42-03-20
Télécopieur : (010) 41-20-24
http://www.vups.be
Email : info@vups.be

Pour en savoir davantage sur nos publications,
visitez notre site : **www.edhomme.com**
Autres sites à visiter : www.edjour.com
www.edtypo.com • www.edvlb.com
www.edhexagone.com • www.edutilis.com

02-06

L'ouvrage original a été publié
par Carroll & Brown Limited
sous le titre *Walking for Health*

Dépôt légal : 1er trimestre 2006
Bibliothèque nationale du Québec

ISBN 2-7619-2169-0

Gouvernement du Québec – Programme de crédit
d'impôt pour l'édition de livres – Gestion SODEC –
www.sodec.gouv.qc.ca

L'Éditeur bénéficie du soutien de la Société de
développement des entreprises culturelles du
Québec pour son programme d'édition.

Nous reconnaissons l'aide financière du gouvernement du Canada par l'entremise du Programme
d'aide au développement de l'industrie de l'édition
(PADIÉ) pour nos activités d'édition.

TABLE DES MATIÈRES

Avant-propos 7

1
POURQUOI MARCHER ?

Tout le monde peut marcher **10**

Les bienfaits physiques **14**

Les bienfaits psychologiques **18**

La motivation — Dépannage **20**

2
LES TECHNIQUES DE LA MARCHE

La technique de base **24**

Échauffement et récupération **34**

Travailler plus fort **44**

La technique — Dépannage **54**

3
FAIRE PREUVE D'INITIATIVE

Marcher seul **58**

Marcher accompagné **60**

Explorer de nouveaux endroits **68**

Pousser ses capacités plus loin **82**

4
EN MATIÈRE DE SANTÉ

Manger et boire **90**

La sécurité personnelle **94**

Soyez à l'écoute de votre corps **96**

Les premiers soins **108**

La santé — Dépannage **118**

5
L'ÉQUIPEMENT

S'équiper **122**

6
LES PROGRAMMES DE MARCHE

Se fixer des objectifs **138**

Se préparer à suivre un programme **140**

Choisir un programme **148**

Les programmes de marche **150**

Les programmes pour les groupes **174**

Des tests d'évaluation de la condition

physique complémentaires **178**

Suivre ses progrès **182**

AVANT-PROPOS

Au cours du XXe siècle, le monde occidental a vu son espérance de vie s'allonger d'environ 30 ans. À ce phénomène se rattache une augmentation des problèmes reliés au vieillissement de la population. Heureusement, il existe des moyens de prévenir le diabète, l'arthrose, l'ostéoporose, ainsi que les maladies du cœur, les infarctus et d'autres affections, ou encore d'en retarder les manifestations.

En faisant régulièrement de l'exercice, on augmente grandement ses chances d'avoir une bonne santé. En plus de faire perdre du poids, l'exercice physique régulier contribue à réduire le taux de cholestérol et à améliorer la sensibilité à l'action de l'insuline chez l'adepte. L'exercice favorise aussi une baisse de la tension artérielle. Ces bienfaits combinés peuvent exercer un effet salutaire en diminuant le risque d'être foudroyé par une crise cardiaque. L'exercice contribue également à atténuer le stress, l'anxiété et la dépression. Enfin, des données montrent qu'on dénombre moins de cas de cancers, notamment le cancer de l'intestin, parmi les gens qui pratiquent régulièrement une activité physique.

Le Dr William Bird est l'initiateur d'un programme de marche, *Walking the Way to Health,* au Royaume-Uni. Ce programme repose sur le principe que marcher, c'est choisir la voie de la santé. Son idée a pris de l'ampleur, et une alliance entre la British Heart Foundation et la Countryside Agency a incité le New Opportunities Fund de même que Kia Cars à allouer des sommes importantes au programme de marche du Dr Bird. À la fin de la première année de son implantation, on comptait déjà plus de 300 000 marcheurs au pays. Le projet du Dr Bird gagnait donc en popularité, apportant aux marcheurs de tout âge des bienfaits importants pour leur santé. Je me réjouis donc de la publication de ce livre, *Marcher pour être en santé,* qui devrait aider un plus grand public à bénéficier d'une vie plus longue et plus saine.

Professeur Sir Charles George, B. Sc., MD, FRCP,
directeur médical, British Heart Foundation

Dans toutes les bonnes librairies, on trouve quantité de livres qui traitent de la marche. La plupart se limitent à décrire des itinéraires, à présenter des cartes, des dessins, et à donner des indications générales, certains d'une manière imprécise, d'autres avec rigueur. Ce livre apporte du nouveau : il invite le lecteur à marcher pour une bonne raison, être en santé, en soutenant son intérêt pour la marche et en l'aidant à améliorer son habileté dans la pratique de cette activité. On peut se demander si on a vraiment besoin d'un livre aussi détaillé sur une action qu'on a, après tout, apprise en bas âge. La réponse se trouve au fil des pages, au travers des explications, des trucs et des conseils pratiques.

Les auteurs de ce livre nous dévoilent le programme de marche qu'ils ont eux-mêmes expérimenté. Ils savent donc de quoi ils parlent et parviennent aisément à nous communiquer leur enthousiasme. Parallèlement à leur travail, ils mettent en pratique les principes sur lesquels se fonde ce livre en étant membres du mouvement *Walking the Way to Health.*

Peter Ashcroft,
directeur, « *Walking the Way to Health* » Initiative

POURQUOI
MARCHER ?

1

Les bienfaits de la marche et les raisons pour lesquelles marcher demeure le parfait exercice pour avoir un esprit sain et un corps sain à tout âge.

TOUT LE MONDE PEUT MARCHER

Marcher est l'exercice parfait. C'est un exercice sans danger, facile à accomplir et, par-dessus tout, gratuit. Il est bénéfique pour tout le corps. Dans ce chapitre, nous verrons comment la marche peut améliorer votre santé et votre condition physique, quelle que soit votre forme physique actuelle.

Il a fallu quatre millions d'années pour que le corps humain soit finalement prêt à marcher. L'évolution a rendu la marche indispensable à la survie de l'homme. L'homme de jadis devait marcher pour aller cueillir des fruits ou se rendre à la rivière pour s'approvisionner en eau. Marcher est devenu essentiel pour pouvoir fonctionner normalement. En effet, si l'on arrête de marcher pendant un certain temps, notre santé décline.

Aujourd'hui, nous n'avons peut-être plus besoin de marcher pour nous procurer de la nourriture ou de l'eau, mais notre corps a toujours besoin de marcher régulièrement pour se développer normalement. L'évolution de notre monde a fait un pas de géant au cours des 50 dernières années. Elle va cependant à l'encontre de la façon de vivre de nos ancêtres. Les automobiles qui facilitent nos déplacements et les appareils qui nous simplifient la vie font maintenant partie de notre quotidien. Par conséquent, la plupart des gens font moins d'exercice physique au cours de leur vie que leurs ancêtres. La solution est pourtant bien simple : il suffit de marcher davantage pour se mettre en forme, être en santé et vivre heureux.

La pratique d'activités intenses, telles que le jogging ou la gymnastique aérobique, permet d'atteindre la forme physique plus rapidement, mais le risque de blessures qui y est associé est également plus élevé. Ces activités ne sont donc pas conseillées à ceux qui n'ont pas l'habitude de faire de l'exercice intensément. La marche, au contraire, est sans risque et peut être agréable pour tout le monde, à tout âge. Elle est en outre aussi salutaire que tout autre exercice plus exigeant.

Marcher à tout âge

Il n'y a pas d'âge pour marcher. Jeune ou âgé, chacun marche à son rythme, dans le décor qui lui convient.

Les tout-petits

Pour les jeunes enfants qui découvrent le monde extérieur, la marche est un véritable plaisir.

Les enfants

Les enfants aiment visiter des endroits intéressants et variés. La marche devient un moment privilégié pour faire des confidences aux amis.

Les adolescents

Les excursions, les randonnées pédestres ou simplement les promenades à pied avec des copains sont des activités sociales bien plus bénéfiques pour la santé de l'adolescent que les activités sédentaires comme jouer à des jeux électroniques ou regarder la télévision.

Est-il trop tard pour commencer à marcher?

Il n'est jamais trop tard pour commencer à marcher ou pour marcher davantage. Dès le moment où l'on apprend à marcher et jusqu'à un âge avancé, la marche est synonyme d'indépendance et d'énergie. Si l'on veut être en grande forme et plein d'énergie à 80 ans, il faut faire de l'exercice chaque jour. Les gens âgés qui sont actifs ont une belle qualité de vie et peuvent en profiter. Or il faut comprendre que si la marche donne des résultats durables, il faut tout de même la pratiquer régulièrement pour continuer à sentir ses effets bienfaisants.

Suis-je assez en forme pour commencer à marcher?

La plupart des bienfaits de la marche dont nous traiterons dans ce chapitre, notamment ceux qui touchent à la santé du cœur, peuvent être obtenus sans qu'il soit nécessaire de parvenir à une forme physique optimale. Ce qui compte, c'est surtout d'accroître l'intensité de l'activité. Même si vous n'avez pas fait beaucoup d'exercice pendant plusieurs années et que vous avez de la difficulté à gravir de petits escaliers, les professionnels de la santé conseillent d'abord de marcher pour vous remettre en forme. La marche étant une activité naturelle, elle comporte un risque de blessures plus faible que toute autre activité. Si votre condition physique n'est vraiment pas bonne, allez-y progressivement en suivant le programme de niveau débutant décrit aux pages 150 et 151.

Vous avez décidé de marcher? La marche ne vous attire peut-être pas beaucoup, mais elle s'inscrit dans un objectif général qui est d'introduire une première activité physique dans votre vie quotidienne. Si vous voulez en optimiser les bienfaits, il vous faudra également modifier certaines habitudes de vie, comme cesser de fumer, manger mieux en évitant les aliments riches en cholestérol et diminuer votre consommation d'alcool. Dites à votre médecin que vous désirez commencer un programme de marche régulière et discutez avec lui de la façon dont vous pouvez améliorer votre état de santé général.

Combien de temps dois-je marcher?

Plusieurs organismes de santé, notamment la British Heart Foundation, recommandent de marcher 30 minutes par jour et, idéalement, chaque jour de la semaine. Cet ajout à votre horaire peut sembler très exigeant au premier abord. Toutefois, en lisant ce livre, vous apprendrez comment introduire la marche dans votre quotidien de manière pratique et agréable.

Vous devez d'abord vous fixer comme objectif de profiter de toutes les occasions de marcher qui se présentent, et de marcher de façon régulière. Si vous ne pouvez marcher pendant 30 minutes consécutives au cours d'une journée donnée parce que vous devez courir les magasins, rendre visite à un voisin ou aller chercher les enfants à l'école, ne vous en faites pas. Cela ne signifie pas pour autant que vous devez abandonner votre programme de marche. Il suffit de subdiviser votre période de 30 minutes de marche en trois courtes séances de 10 minutes pour obtenir les mêmes résultats bénéfiques. Le matin, lorsque vous vous levez, ou encore la veille, avant d'aller au lit, faites-vous un horaire des activités de la journée. Essayez de voir comment ces mêmes activités peuvent devenir des occasions de marcher.

Par exemple, si vous écrivez une lettre, vous pourriez aller la mettre à la poste à pied plutôt que de l'envoyer par courrier électronique ou par télécopieur. Vous marcherez alors davantage. Aussi, plutôt que de téléphoner à la pizzéria du coin pour commander une pizza aux enfants, allez-y à pied et marchez en attendant qu'elle soit prête.

La plupart des gens pensent qu'ils font assez d'exercice pour être en bonne forme physique, alors que seulement 30 % des gens en font suffisamment. Dressez le bilan des activités physiques que vous avez faites la semaine dernière. Combien de fois avez-vous fait une promenade à pied, emprunté les escaliers ou pratiqué toute autre activité physique ? Il est étonnant de constater comme on fait peu d'exercice dans une semaine normale. Pour vous motiver à la marche, prenez toujours en note le temps que vous consacrez à cette activité, en augmentant progressivement les périodes de marche dans votre horaire.

La marche est-elle aussi profitable où que l'on marche?

Ce qui est formidable, c'est que la marche peut être pratiquée partout. Vous pouvez donc choisir d'effectuer une ran-

LA MARCHE *et ses bienfaits pour la santé*

▶ En marchant régulièrement, on peut renforcer son cœur, perdre du poids, devenir plus fort, plus endurant et plus flexible et, par voie de conséquence, vivre plus longtemps et améliorer sa qualité de vie.

▶ La marche active la circulation sanguine, ce qui a pour effet de donner une apparence jeune et saine à la peau.

▶ Si vous êtes tendu ou angoissé, une marche rapide vous aidera à prendre du recul pour mieux affronter une situation difficile.

▶ La marche favorise les relations sociales : elle est l'occasion idéale pour discuter avec ses amis, avec les membres de sa famille ou avec un groupe de gens.

▶ La marche aide à améliorer l'état de santé, notamment chez les gens qui souffrent de diabète, d'ostéoporose, d'asthme, de bronchite, de douleurs dorsales et de maladies cardiaques.

▶ L'augmentation du rythme de la marche aide à mieux dormir et agit donc sur l'état de santé général et le bien-être de la personne.

Faites trois kilomètres de marche tous les matins, avant de prendre le petit-déjeuner.

HARRY TRUMAN

Voilà le conseil que donnait cet homme le jour même de son 80ᵉ anniversaire de naissance, pour être octogénaire tout comme lui.

donnée pédestre exigeante ou de vous promener simplement dans un parc. Ainsi, vous profiterez du grand air tout en découvrant différents types d'endroits. Par ailleurs, si la température ne vous permet pas de marcher à l'extérieur, il vous sera aussi profitable de marcher dans les centres commerciaux, de monter et de descendre des escaliers, d'arpenter des corridors ou encore de marcher sur un tapis roulant.

Tous les types de marche ont un effet salutaire pour votre santé. Il vous suffit d'en essayer plusieurs et de choisir ceux que vous préférez. Enfin, pour mieux apprécier votre exercice de marche, rappelez-vous qu'il est important de varier le type de marche ainsi que l'endroit où vous marchez.

Les adultes

Il est souvent difficile de se réserver un moment pour marcher. Essayez de vous rendre au travail à pied ou faites une promenade durant votre pause-repas. Évitez d'utiliser votre voiture pour vous rendre au magasin du coin ou pour aller chercher les enfants à l'école.

Les 50 ans et plus

Quand les enfants ont grandi et quitté le nid familial, marchez pour profiter de votre nouvelle liberté. Joignez-vous à un groupe ou à un club de marche pour élargir vos relations sociales et vous faire de nouveaux amis.

Les retraités

Profitez de votre temps libre. Pour vos vacances, choisissez des destinations magnifiques que vous découvrirez en marchant. Ou encore, planifiez une promenade à pied quotidienne dans un endroit agréable.

LES **BIENFAITS PHYSIQUES**

*La marche peut exercer un effet favorable important sur tout votre corps :
elle vous fait perdre du poids, améliore votre flexibilité, renforce votre cœur,
vos muscles et vos os et aide votre système immunitaire à mieux combattre
les maladies.*

Les professionnels de la santé évaluent la condition physique en fonction de trois grands paramètres : la santé cardiovasculaire, la force musculo-squelettique et la flexibilité (voir la page suivante). Ceux-ci peuvent tous être améliorés par la marche. Cette activité procure aussi d'autres bienfaits pour la santé : elle aide à maintenir le poids, à renforcer le système immunitaire, à améliorer la respiration et à avoir un sommeil de qualité, plus profond et reposant. La marche contribue en outre à équilibrer les fonctions métaboliques du corps, ce qui signifie de bons taux de cholestérol et d'insuline.

Améliorer la santé du cœur

Pratiquée de façon régulière, la marche exerce une action positive sur les fonctions cardiaques et la circulation du sang. Ainsi, elle active la circulation du sang, ce qui fait que le cœur se renforce et devient plus efficace. Mieux, marcher régulièrement réduit de moitié le risque de crise cardiaque. Être inactif, c'est courir un danger, car l'inactivité a le même effet que fumer 20 cigarettes par jour : la tension artérielle augmente, ainsi que le taux de cholestérol dans le sang. Selon une recherche récente menée par le National Heart Forum (Londres), marcher pendant au moins 30 minutes par jour, 5 jours par semaine, réduirait de 37 % les risques de faire une crise cardiaque. De plus, la marche :

- fait baisser la tension artérielle et le taux de cholestérol, même s'ils sont élevés initialement ;
- réduit la viscosité du sang et, par conséquent, aide à prévenir la formation de caillots et facilite la circulation sanguine ;
- fait perdre du poids, ce qui diminue la charge de travail du cœur.

Marcher est un exercice facile qui demande peu d'effort. Cet exercice est comparable à d'autres activités qui stimulent favorablement le système cardiovasculaire. Si vous éprouvez des problèmes de santé cardiaque et que votre médecin vous a recommandé de faire plus d'exercice, ou encore si vous êtes un convalescent ayant connu des problèmes cardiaques, la marche est l'exercice tout indiqué pour vous (voir pages 98 et 156).

Améliorer la flexibilité

Lorsque vous marchez, vous étirez les muscles de votre corps à chaque pas et augmentez de ce fait la flexibilité et l'amplitude de votre mouvement. Ce sont les muscles des jambes et des pieds qui sont les plus sollicités dans la marche, mais, en balançant les bras, vous pouvez aussi augmenter la flexibilité du haut de votre corps. Il est aussi possible de varier le parcours pour faire travailler d'autres groupes musculaires particuliers. Par exemple, monter une pente est un bon exercice pour les muscles des mollets.

Afin d'augmenter votre flexibilité, il est essentiel d'intégrer des exercices d'étirement à votre programme de marche, exercices qu'il faut faire de façon régulière.

PRÉVENIR UN INFARCTUS

Une étude réalisée récemment par l'Université Harvard, échelonnée sur une période de 15 ans, auprès de 72 488 infirmières âgées de 40 à 65 ans, révèle que les femmes qui font régulièrement de l'exercice modéré, y compris la marche, ont moins de problèmes cardiaques. Il ressort également de cette étude que, pour chaque heure d'exercice modéré ou vigoureux pratiqué hebdomadairement, notamment la marche rapide, le risque d'infarctus diminue de 10 %, même chez les femmes qui étaient inactives auparavant.

L'endurance cardiovasculaire

Elle est synonyme d'un cœur efficace qui fournit un bon apport d'oxygène au sang, dans tout le corps ainsi qu'à tous les muscles. Étant donné ses répercussions sur tous les systèmes vitaux, c'est cette forme d'endurance qu'il faut le plus développer. Les activités modérées pratiquées régulièrement durant 20 minutes et plus sont celles que l'on recommande pour améliorer l'endurance cardiovasculaire. La marche correspond à ce type d'activité. Pour obtenir une meilleure endurance, il suffit d'accélérer le pas, mais sans faire trop d'effort.

La force musculo-squelettique

Elle combine la force et l'endurance musculaires à la force et à la solidité des os et des articulations. Ce sont ces qualités essentielles qui déterminent votre qualité de vie, notamment la capacité d'accomplir des tâches quotidiennes avec vitalité et aisance, et qui aident à diminuer les risques de blessures. En renforçant vos muscles, vous pouvez perdre du poids (voir page 16). Pour les faire travailler, marchez aussi sur des terrains en pente. Toute forme de marche régulière sera donc bénéfique pour vos articulations et vos os.

La flexibilité

La flexibilité a trait à l'amplitude du mouvement des articulations et des muscles. Si vous êtes flexible, vous pouvez vous étirer facilement pour prendre un livre sur la tablette supérieure d'une bibliothèque, vous pencher aisément pour lacer vos chaussures ou encore tourner la tête de côté sans peine. Pour améliorer votre flexibilité, vous devez faire des exercices qui étirent les articulations dans toute leur amplitude — comme c'est le cas de chacun des pas lorsqu'on marche — et faire des exercices d'étirement de façon régulière, tels que les exercices de récupération décrits aux pages 40 à 43.

Renforcer les os et les muscles

Si vous souhaitez être autonome quand vous serez âgé, il vous faudra développer votre force musculo-squelettique. Les gens qui souffrent de douleurs ou d'affections musculaires ou articulaires ne doivent pas pour autant cesser de bouger. Au contraire, l'activité peut leur apporter un soulagement et améliorer leur état de santé. La marche est alors tout indiquée, puisqu'il s'agit d'un exercice simple, qui présente peu de risques, mais qui se révèle très efficace.

Marcher quand on souffre d'arthrite

Si vous souffrez d'arthrite, le meilleur exercice pour atténuer la douleur ou la raideur demeure la marche. L'arthrose se manifeste quand il y a bris du cartilage qui recouvre une articulation. En pareil cas, cette dernière se déplace davantage et peut causer une douleur lancinante. Quant à l'arthrite rhumatoïde, elle est une affection bien plus grave. Si vous souffrez de cette forme d'arthrite, consultez votre médecin avant d'entreprendre tout programme de marche. En marchant régulièrement, les muscles autour des articulations se renforcent, stabilisant celles-ci et réduisant leur déplacement. L'arthrose évolue alors plus lentement.

Si l'arthrite dont vous souffrez touche les articulations des hanches ou des genoux, vous trouverez alors peut-être difficile de marcher. Le fait de ne pas marcher peut entraîner un gain de poids et d'autres problèmes liés à l'arthrite. Il ne faut cependant pas vous décourager. Commencez à marcher lentement. Vous serez étonné de voir que vous arrivez à augmenter la distance parcourue de façon progressive, cela parce que vos articulations sont devenues plus flexibles.

Marcher pour renforcer ses os

Une femme sur 3 et 1 homme sur 12 souffriront d'ostéoporose ou de «fragilité osseuse» au cours de leur vie, ce qui peut entraîner des fractures douloureuses des poignets, des vertèbres ou des hanches. En alternant régulièrement la marche en terrain plat et la marche en terrain incliné, vous pouvez augmenter votre flexibilité, améliorer votre équilibre et renforcer vos muscles. Vous réduisez alors de 30 à 40 % les risques de fractures. De plus, si vous améliorez la force et la flexibilité des muscles de votre dos, vos vertèbres sont moins susceptibles de se briser. Votre posture est également meilleure et votre colonne vertébrale risque moins de se courber (cyphose).

Vaincre le cancer du sein

Dans le cadre d'une étude menée en 2001 et publiée dans la revue *Epidemiology*, quelque 2500 femmes, dont la moitié avait eu un cancer du sein, ont été interrogées au sujet de leur niveau d'activité physique. Chez les femmes qui avaient commencé à faire de l'exercice après la ménopause, le risque de développer un cancer du sein était réduit de 30 %, alors qu'il était réduit de 42 % chez celles qui avaient fait régulièrement de l'exercice toute leur vie.

Marcher pour soulager les maux de dos

Les gens qui souffrent de maux de dos ne sont pas attirés par la marche, car ils craignent d'aggraver leur condition. Or marcher, au contraire, aide à améliorer la posture et à atténuer les maux de dos. En effet, les muscles du dos deviennent plus forts, sans qu'une tension supplémentaire s'exerce sur ceux-ci. Dans le chapitre 2, nous verrons qu'il est important de garder son dos bien droit lorsqu'on marche. Cette posture est propre à renforcer les muscles abdominaux, lesquels aident à supporter les muscles du dos.

Marcher pour perdre quelques kilos

Avoir de l'embonpoint peut nuire à la santé et diminuer la confiance en soi. Si vous avez une surcharge pondérale, la marche peut vous aider à perdre du poids, puis à maintenir votre nouveau poids. Marcher plusieurs fois par semaine aide à contrôler son poids. Pour de meilleurs résultats, il est préférable de marcher 30 minutes par jour, 5 jours par semaine. Cela peut sembler assez exigeant, mais il est toujours possible de répartir ces 30 minutes en des périodes plus courtes de marche durant la journée et d'obtenir les mêmes résultats bénéfiques. En maintenant ce rythme et en incluant des promenades à pied sur des terrains en pente, il est possible de perdre environ deux kilos (quatre livres) par mois sans suivre aucun régime amaigrissant. Il est évident que d'autres problèmes de santé sont associés à l'embonpoint, tels qu'un risque plus élevé de faire un infarctus, du diabète ou de l'arthrite. Par conséquent, si vous avez de l'embonpoint, la marche, en améliorant votre état de santé, réduira ces risques.

L'activité physique vous fait perdre du poids en brûlant des calories. Elle augmente votre métabolisme basal (voir pages 158 et 159) et la capacité de votre corps à puiser son énergie dans les cellules adipeuses. Si vous êtes de nature plutôt sédentaire et que vous vous adonnez soudainement à une activité physique intense, votre corps prendra l'énergie dont il a besoin dans l'énergie de réserve emmagasinée dans le glucose de votre sang. Or cette forme d'énergie a besoin d'être remplacée rapidement. Voilà pourquoi, après un effort intense, vous vous jetez sur des aliments riches en gras, comme le chocolat, les chips et les biscuits ; optez plutôt pour des fruits pour vous redonner de l'énergie. Si vous marchez régulièrement, les enzymes de votre corps qui extraient l'énergie des cellules adipeuses deviennent plus actives et votre réserve d'urgence demeure intacte, ce qui modère votre envie de prendre une collation. C'est cette diminution des cellules adipeuses, alliée à une meilleure alimentation, qui vous fera perdre du poids.

Pour avoir un mode de vie sain, il faut combiner un régime alimentaire équilibré avec une activité physique régulière. Si vous avez de l'embonpoint, mais que vous êtes une personne active, vous êtes alors en meilleure santé qu'une personne de poids normal, mais inactive. En somme, la marche vous aide à contrôler votre poids :

- en réduisant vos problèmes de santé causés par l'embonpoint ;
- en diminuant votre poids graduellement et en vous empêchant de reprendre les kilos perdus ;
- en vous encourageant à bien vous alimenter ;
- en vous aidant à éliminer l'envie de prendre une collation ;
- en raffermissant vos muscles, ce qui affinera votre silhouette.

Marcher pour combattre la maladie

Plus vous marcherez régulièrement et moins vous risquerez d'attraper un rhume ou de contracter une infection. En effet,

il est prouvé que les exercices d'intensité modérée renforcent le système immunitaire et l'aident à lutter contre les maladies et contre certains types de cancers. Bien des médecins préconisent aussi l'exercice comme moyen de recouvrer la santé à la suite d'une maladie ou d'une chirurgie. De fait, toute forme d'activité accélère la circulation du sang et augmente la quantité d'oxygène aux sites des lésions en voie de guérison. L'oxygène stimule le système immunitaire, qui contribue à réparer les tissus endommagés. Malheureusement, les bienfaits sont de courte durée. Il faut donc que vous marchiez tous les jours pour renforcer la fonction immunitaire de votre corps.

Un des plus grands bienfaits de la marche régulière est qu'elle protège contre l'apparition du cancer. En effet, un taux élevé d'insuline a été associé à la croissance de certaines cellules cancéreuses. Or, lorsqu'on marche régulièrement, la masse adipeuse abdominale fond, ce qui réduit le taux d'insuline de façon remarquable et, par conséquent, le risque d'apparition d'un cancer. Un rapport publié en 1996 par le U.S. Surgeon General révèle que la pratique régulière de la marche réduit de moitié le risque de cancer de l'intestin. Elle peut aussi diminuer le risque de cancer du sein, cancer qui touche de nombreuses femmes, mais aussi des hommes, chaque année au Canada. Une étude récente effectuée par la Harvard Medical School associe le fait de marcher 7 heures par semaine, d'un pas accéléré, à une vitesse de 5 à 6 km/h (3 à 4 mi/h), à une baisse de 20 % des cas de cancer du sein. Pour obtenir d'autres renseignements sur l'insuline et le diabète, reportez-vous à la page 106.

LE RENFORCEMENT DU SYSTÈME IMMUNITAIRE   Des explications

Notre organisme est doté de nombreuses défenses immunitaires très complexes. La peau, les muqueuses, de même que diverses cellules, protéines et substances chimiques permettent à l'organisme de reconnaître, de repousser et de détruire les corps étrangers et les cellules anormales. Les cellules K, ou cellules « tueuses », constituent l'une de ces défenses immunitaires et elles sont étroitement reliées à l'exercice. Les cellules K surveillent constamment les endroits où les microbes sont susceptibles de s'infiltrer, notamment le tube digestif, le nez et les poumons. Contrairement aux autres globules blancs, les cellules K détruisent sur-le-champ toute cellule qu'elles ne reconnaissent pas, considérant celle-ci comme un élément agresseur. Elles protègent donc l'organisme d'un grand nombre d'infections. Elles ont aussi la capacité de tuer les cellules cancéreuses. Enfin, il est prouvé que l'exercice renforce le système immunitaire en amenant le corps à accroître sa production de cellules K.

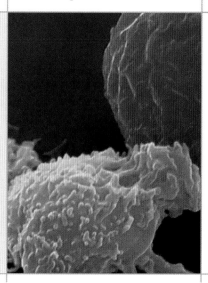

LES **BIENFAITS PSYCHOLOGIQUES**

Les bienfaits de la pratique régulière de la marche ne se limitent pas à ceux que l'on en retire sur le plan physique. En effet, le simple fait de prendre le temps de sortir pour marcher améliore l'estime de soi parce que l'on se sent maître de sa vie.

Quand on marche, notre esprit se vide ; on se libère des tensions nerveuses qu'amène la vie quotidienne. Si l'on marche plus longuement, on se sent encore mieux. Après cinq minutes seulement, le corps sécrète des endorphines, qui sont des antidépresseurs naturels. Marcher, c'est se fixer un but et l'atteindre. Voilà qui donne confiance en soi. Grâce à la marche, les symptômes physiques du stress et de la dépression, tels les maux de tête et la tension ressentie dans les épaules, diminuent. Enfin, le contact avec les autres et avec la nature procure une détente psychologique. Après une promenade au grand air, on a un meilleur moral et on se sent plus serein.

Éloigner la dépression

Selon les statistiques, chez les jeunes, 1 personne sur 20 souffre de dépression, et, chez les gens âgés, 1 personne sur 7. Nous devrions donc tous nous protéger contre la dépression. Cet état peut nuire à nos relations avec autrui, ainsi qu'à notre vie professionnelle et à notre santé physique. L'anxiété, qui se caractérise par une inquiétude et une tension excessives, est également une affection fréquente, touchant au moins 1 personne sur 20.

Une étude récente démontre que l'exercice physique peut se révéler très efficace dans le traitement de la dépression, surtout s'il est combiné avec une thérapie appropriée. Cet effet est attribué à la production d'endorphines, des protéines libérées par le cerveau et la moelle épinière qui agissent sur le système nerveux et qui font en sorte que la douleur du sujet déprimé s'atténue et que son humeur s'améliore. La marche est une activité qui entraîne une grande production d'endorphines et qui, par voie de conséquence, procure instantanément un bien-être naturel. Enfin, les personnes susceptibles de souffrir d'anxiété ou de dépression devraient idéalement marcher d'un pas rapide pendant 30 minutes, 5 jours par semaine. Les résultats se font sentir au bout de quatre semaines. En maintenant cet horaire de marche, on prévient une nouvelle manifestation des symptômes d'anxiété ou de dépression. Le programme de marche présenté à la page 168 a été conçu dans le but précis d'aider les gens qui souffrent d'anxiété ou de dépression.

Éloigner le stress

Les symptômes du stress — tension, anxiété, irritabilité et insomnie — sont bien connus de tous. Quand l'inquiétude et la tension nuisent à votre bon fonctionnement quotidien, vous vous sentez stressé. Les muscles de vos tempes ou de votre nuque sont tendus, ce qui provoque parfois des maux de tête. La marche est alors un excellent moyen de réduire le stress. Si vous vous promenez au grand air, dans un endroit verdoyant, ou encore en pleine forêt, loin de la circulation et du bruit des villes, votre stress diminuera en quelques minutes seulement. À plus longue échéance, le fait de marcher régulièrement vous aidera à affronter les situations difficiles de la vie, à la maison comme au travail.

Les bienfaits sur le plan social

La vie moderne a contribué à diminuer les interactions sociales. Il en résulte que les gens se retrouvent souvent isolés. Plusieurs organismes de santé considèrent l'isolement comme un facteur de risque en ce qui concerne la maladie. Or la marche est une bonne occasion de sortir et de rencontrer des gens. Marcher en groupe est agréable et rassurant.

> *Ce qui fait vraiment le charme de la promenade n'est ni la marche ni le paysage, mais bien le bavardage.*
>
> ———————
>
> **MARK TWAIN**

De plus, la présence de compagnons de marche vous encouragera à persévérer à marcher. Même si vous marchez en solitaire, vous vous mettrez à l'écoute de la communauté et ferez peut-être connaissance avec un nouveau voisin.

Marcher pour se libérer l'esprit

Chaque promenade est une nouvelle expérience qui peut exercer une action positive sur votre bien-être. Si vous empruntez le même trajet tous les jours, vous constaterez qu'il y a toujours quelque chose de nouveau dans le décor, qu'il s'agisse d'une personne que vous croisez sur votre chemin, de la végétation qui change au fil des saisons ou des nuages qui se déplacent dans le ciel. Enfin, il peut être tout aussi revitalisant de marcher dans une ville trépidante que de marcher à la campagne, dans un environnement paisible.

Les gens aiment d'instinct sentir qu'ils font partie de la nature qui les entoure. Dans le domaine de la santé, on nomme ce phénomène la «biophilie». Les spécialistes reconnaissent que le fait de marcher à l'extérieur, au grand air, a un effet favorable sur la qualité de vie des gens. Le professeur Roger Ulrich, psychologue spécialisé en environnement de la Texas A. & M. University, a découvert que les patients hospitalisés qui jouissaient d'une vue extérieure à partir de leur lit recouvraient plus rapidement la santé que ceux qui ne pouvaient voir que les murs de leur chambre.

Beaucoup de gens trouvent que la marche leur donne l'occasion d'être en contact avec leur esprit. La marche en solitaire, dans un décor attrayant et paisible, peut être un temps pour méditer et prier, loin des tensions de la vie quotidienne. Existe-t-il seulement une meilleure place pour élever son esprit qu'à l'extérieur, au grand air?

L'homme est un être sociable

Le fait de sentir qu'on appartient à une communauté peut aider à vivre plus longtemps et écourter la convalescence à la suite d'une maladie. Marcher en groupe est aussi une excellente façon de garder le contact avec autrui.

LA MOTIVATION — DÉPANNAGE

En vous procurant ce livre, vous avez déjà fait le premier pas en vue d'intégrer la marche dans votre vie. Y a-t-il cependant une raison quelconque qui vous empêche de commencer immédiatement ? Si les prétextes suivants ne vous sont pas inconnus, voici des solutions susceptibles de vous aider.

Avec tout ce que j'ai à faire, comment vais-je pouvoir consacrer 30 minutes par jour à marcher ?

Il est vrai qu'au début il vous faudra revoir votre emploi du temps, mais une fois que vous aurez commencé à ressentir les bienfaits de votre marche quotidienne, vous comprendrez qu'il suffit seulement de faire un petit effort. Durant votre pause-repas, vous pouvez peut-être faire une courte marche ou alors, la fin de semaine, faire une randonnée pédestre régulière. Vous pouvez aussi répartir votre temps de marche en deux ou trois courtes périodes. Le temps file et, chaque jour que vous êtes inactif, votre corps se détériore. Vous devriez alors vous poser cette question : « Puis-je me permettre de ne pas marcher pendant 30 minutes par jour ? »

J'ai de jeunes enfants. Comment faire pour sortir et aller marcher ?

Arriver à faire sortir les enfants pour marcher est un véritable défi en soi. Si vous parvenez à bien les motiver, vous en retirerez, vous-même ainsi que vos enfants, des bienfaits appréciables. En portant vos tout-petits sur votre dos ou en les amenant dans une poussette, vous augmenterez votre force et votre endurance.

Je m'essouffle facilement quand je fais une courte promenade à pied. Ma mauvaise condition physique m'empêche-t-elle d'entreprendre un programme de marche ?

Si vous n'êtes pas en très bonne condition physique, marcher est l'exercice le plus simple pour vous remettre en forme. Mais si vous êtes vite hors d'haleine, si vous avez des étourdissements ou si vous éprouvez une douleur à la poitrine quand vous marchez, consultez un médecin. Vous n'avez peut-être qu'à ralentir le pas en attendant d'être en meilleure forme physique.

À la fin de la journée, je suis trop fatigué pour faire de l'exercice. Comment vais-je trouver l'énergie pour marcher ?

Si vous vous sentez las, c'est peut-être justement parce que vous ne faites pas assez d'exercice. Les personnes qui marchent régulièrement répètent qu'elles ont plus de vitalité et d'endurance depuis qu'elles s'adonnent à cette activité. Leur sentiment de bien-être est également plus grand.

Ne devient-il pas un peu monotone de marcher ?

Quand vous aurez marché durant quelques semaines, vous sentirez alors peut-être le besoin de passer à quelque chose de plus vigoureux ou simplement de différent. Il suffit de vous mettre vous-même au défi. Ainsi, vous pouvez choisir d'augmenter l'intensité de votre marche (voir pages 44 à 53), d'adopter un autre type de marche, de parcourir de nouveaux endroits ou de vous joindre à un groupe afin de faire de nouvelles connaissances (voir le chapitre 3).

Je n'aime pas sortir pour marcher quand il fait froid ou trop chaud, ou encore quand il pleut. Où puis-je marcher ?

La température ne doit pas vous empêcher de marcher. Si vous vous habillez convenablement pour affronter les intempéries, par exemple si vous enfilez votre imperméable et chaussez vos bottes de pluie, le seul fait de sortir vous revigorera. Vous pouvez aussi vous rendre dans un gymnase et marcher sur un tapis roulant (voir page 46). S'il fait trop chaud, vous pouvez également aller dans un centre commercial et jouir de la climatisation des lieux (voir page 71).

J'habite la ville. Où puis-je trouver un endroit agréable où marcher ?

Les villes peuvent être de merveilleux lieux à explorer. L'endroit idéal où marcher se trouve peut-être tout près de chez vous. Vous le découvrirez quand vous commencerez à vous promener à pied. Si vous ne trouvez aucun endroit agréable, n'hésitez pas à vous rendre un peu plus loin, dans un lieu qui vous convient et que vous apprécierez.

Je n'aime pas marcher seul, en particulier le soir. Que puis-je faire ?

En pareil cas, réservez-vous du temps pour marcher durant votre pause de midi et choisissez des endroits fréquentés. Vous pouvez aussi vous joindre à un groupe ou à un club de marche (voir pages 60 à 63) ou marcher avec un ami, de sorte que vous pourrez vous encourager mutuellement.

Je ne suis pas un maniaque de la forme physique. Dois-je posséder un bon équipement pour m'adonner à la marche ?

Voilà ce qui est plaisant lorsque vous choisissez de marcher : il vous suffit d'enfiler des vêtements convenables, que vous possédez déjà, et des chaussures, que vous pouvez vous procurer à un prix raisonnable (voir page 123). Quand vous maîtriserez les techniques de base (voir pages 26 et 27), plus rien alors ne vous empêchera de marcher.

Je ne suis pas en bonne santé. Cela peut-il m'empêcher de marcher ?

Il n'existe que très peu de problèmes de santé qui peuvent vous empêcher de marcher. Ceux-ci sont examinés aux pages 97 et 119. En fait, dans la plupart des cas, marcher régulièrement améliore l'état de santé, si mauvais soit-il au départ.

LES TECHNIQUES
DE LA MARCHE

2

La posture, la position des pieds, la respiration, les exercices d'échauffement et de récupération : toutes les techniques qui vous aideront à marcher sans risque et de manière efficace, de sorte que vous profiterez pleinement de cette activité.

LA **TECHNIQUE DE BASE**

Marcher est une activité simple et naturelle. Pourtant, bien des gens ne savent pas marcher correctement. Dans ce chapitre, vous verrez comment profiter pleinement de votre marche grâce à une bonne posture et à une respiration adéquate.

Si nous ne marchons pas comme il faut, c'est peut-être parce que notre mode de vie n'inclut pas la marche comme moyen principal de déplacement. Quand on observe les Africains ou les Asiatiques déambuler, on ne peut que remarquer leur façon coulante de se mouvoir, et ce, même s'ils portent une charge de 40 kg (90 lb) sur la tête. Par comparaison, regardons la façon de marcher des Occidentaux: si la démarche de certains semble naturelle, d'autres n'ont pas l'air à l'aise dans leurs mouvements. Souvent, la lourdeur de la démarche est due à l'embonpoint, mais c'est habituellement la mauvaise posture qui est en cause. Il semble que nous ayons pour la plupart choisi de faire fi des recommandations de notre mère de nous «tenir droit» quand nous étions jeunes. Nous adoptons plutôt une démarche nonchalante: les bras ballants, les mains dans les poches, les pieds pesants, la tête penchée, les yeux rivés au sol et les épaules courbées. Nul doute que les chaussures et les vêtements entravent grandement nos mouvements, de sorte que nous ne marchons pas de façon efficace. La marche devient ardue. Cependant, il faut savoir que presque tout le monde peut apprendre à marcher de la bonne manière et de façon efficace.

Pourquoi il est important d'avoir une bonne technique

Les avions, les trains et les automobiles sont munis de pièces mobiles. Celles-ci sont soumises à des tests rigoureux par les fabricants, qui doivent s'assurer qu'elles fonctionneront bien

Redressez-vous et respirez à fond
Quand vous marchez, imaginez qu'un câble est fixé sur le dessus de votre tête et que l'on vous tire vers le haut. Cette image vous incitera à vous tenir le dos droit et la poitrine bien dégagée pour respirer à pleins poumons.

et de manière efficace pour leur durée de vie prévue. À une échelle plus petite, un simple tiroir de cuisine, par exemple, sera ouvert et fermé des centaines de fois au cours du processus de production pour vérifier la durabilité des matériaux et le bon fonctionnement de l'article. Une seule petite différence d'angle peut faire en sorte que le tiroir se brise à l'usage.

Le corps humain fonctionne de manière semblable. Les muscles et les articulations peuvent se raidir et se blesser — non pas tout de suite, mais avec l'usage — si on ne les utilise pas correctement. Il importe donc d'adopter une technique de marche presque parfaite. Une bonne façon de vous tenir et de poser vos pieds au sol vous permettra d'éviter des blessures et des malaises. Il est donc important que vous consacriez les premières semaines de votre programme de marche à perfectionner votre technique. Au début, vous marcherez donc plus lentement jusqu'à ce que vous vous soyez familiarisé avec la technique. Quand vous accélérerez l'allure, vous saurez que vous marchez sans risque.

Marcher plus vite

Si vous croyez que marcher se résume à placer un pied devant l'autre, vous serez étonné de constater le rôle de la technique. Lorsque vous aurez corrigé votre posture et votre façon de respirer, vous marcherez bien mieux, plus loin et plus vite, et en retirerez des avantages bien plus grands.

Si vous vous joignez à un groupe ou à un club de marche, le pas des habitués vous surprendra, au tout début. Leur propulsion n'est pas entièrement due à leur forme physique; c'est plutôt qu'ils possèdent une bonne technique de marche. On a souvent tendance à sous-estimer les effets d'une bonne posture et d'une bonne technique sur la rapidité des marcheurs et à oublier que les progrès sont bien plus grands lorsqu'on maîtrise les rudiments de la marche.

Pour progresser

Pour améliorer votre forme physique par la marche, vous devrez, à un moment donné, commencer à marcher plus vite, plus longtemps ou avec plus d'intensité (voir page 44). Lorsque vous vous serez familiarisé avec la technique de base, vous vous fixerez l'objectif de marcher plus rapidement. Vous pourrez jouir des bénéfices (que nous avons vus au chapitre précédent) que la marche peut vous procurer à condition que vous poussiez continuellement votre corps au-delà de ses capacités habituelles. Même s'il est agréable de faire une balade, une marche rapide est stimulante et valorisante. Ce chapitre vous initie à des méthodes simples pour rendre vos marches plus profitables. Vous pouvez vous reporter à la page 148 pour évaluer votre condition physique initiale et apprendre à définir votre propre programme de marche.

Une démarche naturelle
Les gens pour qui la marche est le principal mode de locomotion se déplacent de manière élégante et apparemment sans effort.

Pour être en bonne condition physique

Diverses parties du corps, toutes dépendantes les unes des autres, sont sollicitées quand vous marchez. C'est pourquoi vous devez revoir la posture de votre corps pour optimiser votre technique de marche. De manière systématique, il convient de vous concentrer sur une seule partie du corps à la fois, en partant des pieds et en remontant jusqu'à la tête. Si vous appliquez les techniques de base décrites ci-après, vous ne devriez pas ressentir de douleur. Seule votre démarche sera différente. L'adoption d'une bonne posture vous aidera à prévenir les entorses et autres blessures. Enfin, votre posture variera selon le type de marche que vous ferez, par exemple la marche en pente ou la marche-course (voir pages 48 et 52).

Vos pieds

Le pied est l'une des structures les plus complexes du corps humain. Il possède 26 os, 33 articulations, 19 muscles et 107 ligaments. Il doit s'adapter à différentes forces et à divers terrains. Dans le cycle d'une foulée (voir l'encadré ci-dessous), le pied passe d'une structure flexible qui absorbe l'impact à une structure rigide qui transfère la force, puis

revient à une structure flexible, prêt à effectuer un autre pas. Les voûtes plantaires jouent un rôle important dans la foulée. Elles sont constituées de ligaments renforcés par des tendons et agissent comme deux ressorts recourbés, placés côte à côte. Conjointement avec vos talons et la plante de vos pieds, vos voûtes plantaires donnent de l'élasticité à votre pas.

Vos jambes

Quand vous marchez, les muscles de vos jambes et de vos genoux devraient être relâchés et détendus. Ne bloquez pas les genoux au moment de la pose du talon ou de l'impulsion du pied (voir l'encadré ci-dessous). Gardez les pieds légèrement écartés. Si vos jambes sont droites et tendues, une pression supplémentaire s'exercera sur vos genoux.

Votre torse

Gardez votre torse droit et rentrez le ventre. Toutefois, quand vous respirez profondément, relâchez légèrement les muscles du haut du corps pour être à l'aise (voir page 30). Basculez légèrement le bassin de façon que vos muscles fessiers ne sortent pas. De cette manière, le bas de votre dos devien-

LA FOULÉE

Dans une foulée, le talon touche le sol en premier (**a**). Le genou fléchit et le pied se pose de tout son long pour absorber l'impact et s'adapter à la surface du terrain. C'est ce qu'on appelle la « pose du talon » au sol. Le poids du corps reposera ensuite sur la cambrure (voûte plantaire) extérieure du pied, puis sur le métatarse et jusqu'au gros orteil (**b**). Quand la jambe opposée est ramenée vers l'avant, le genou de la jambe d'appui plie légèrement et le mollet se contracte de telle sorte que la cheville fléchit vers l'avant. Cette action permet au talon de lever de façon que le pied se déroule du métatarse jusqu'au gros orteil (**c**). Il ne faut lever le pied qu'une fois que le gros orteil a touché le sol.

dra plus fort et vous éviterez les tensions indésirables. On dit qu'il faut se tenir bien droit. Certains croient qu'il faut adopter une posture tendue, les épaules en arrière et la poitrine sortie. Il faut en fait se voir «grand» plutôt que «droit». Allongez le dos et dégagez la poitrine.

Vos bras et vos épaules

La marche est propice à la relaxation. Si vos épaules sont recourbées, cela indique la présence d'une tension. Essayez de relâcher les épaules et gardez-les basses, bien détendues. Laissez les bras balancer naturellement, dans un mouvement opposé aux jambes; les coudes sont pliés et les mains relâchées, doigts recourbés, comme si vous teniez une croustille entre vos doigts (voir l'encadré ci-contre). Vos bras, tout comme vos jambes, devraient servir à vous propulser vers l'avant.

Votre tête et votre cou

Gardez la tête en position bien droite, sans raideur, et évitez tout mouvement inutile du cou. Ne penchez pas la tête à gauche ou à droite. Essayez de ne pas regarder vos pieds trop souvent, car la flexion de la tête peut fatiguer les muscles du cou. Vous pouvez toutefois les regarder à l'occasion, mais fixez surtout l'horizon.

LE CONTRÔLE DES BRAS

Pliez les bras de façon qu'ils forment un angle de 90 degrés avec vos coudes et gardez-les assez bas lorsqu'ils sont en position avancée. Les bras ne doivent pas être levés au-dessus de votre poitrine. Ils doivent se balancer près de votre corps, les mains frôlant les hanches. Assurez-vous qu'ils font bien un mouvement avant et arrière plutôt qu'un mouvement de côté. Les mains doivent être fléchies, recourbées, les doigts bien détendus.

Relevez la tête

Votre tête et votre cou seront dans une position très confortable si votre menton est parallèle au sol et que vos yeux fixent un point à environ 4,5 m (15 pi) devant vous.

4,5 m (15 pi)

Les problèmes de posture

Les petits déséquilibres de posture, quels qu'ils soient, peuvent causer des tensions et des blessures. Le fait de transporter une bouteille d'eau dans une main ou un baladeur peut déséquilibrer la position de votre corps. Utilisez plutôt une ceinture, un sac banane ou un sac à dos de promenade pour transporter les articles dont vous avez besoin.

Marcher avec un sac à dos

La recherche a montré que le fait de porter une charge dans le haut du dos demande moins d'effort. Si l'on porte un sac à dos, il faut s'assurer du bon ajustement des courroies aux épaules et de la ceinture à la taille (si le sac est muni d'une telle ceinture), de façon qu'il ne ballotte pas d'un côté et de l'autre, mais repose fermement sur le haut du dos. Empaquetez bien vos objets et veillez à ce que le poids soit également réparti dans le dos. À la page 132, vous verrez comment bien répartir votre charge dans un grand sac à dos.

Marcher avec un bébé

Pour une jeune maman, marcher est l'un des meilleurs exercices qui soient. Si vous voulez vous promener avec votre enfant, il vous faut planifier votre marche. Vous pouvez vous procurer une poussette tout-terrain un peu partout. Celles-ci sont équipées de trois roues et peuvent être manœuvrées aisément sur des surfaces cahoteuses. Ainsi, vous pourrez vous promener avec votre enfant en empruntant votre parcours habituel.

Le fait de pousser une voiture d'enfant modifiera cependant votre technique de marche. Vous ne pourrez plus balancer les bras comme il le faut et il vous sera plus difficile de maintenir votre dos bien droit. Pour réduire la tension au bas de votre dos, utilisez tout votre corps pour pousser la voiture d'enfant. Gardez vos bras fléchis, les coudes placés près de votre taille. Allongez votre dos et rentrez vos muscles fessiers.

Vous pouvez également transporter votre enfant dans un porte-bébé, une sorte de sac à dos dans lequel prend place l'enfant. Ainsi, vos bras seront libres; ils pourront vous aider à maintenir votre équilibre et à vous propulser vers l'avant.

Transporter bébé avec soi
Les tout-petits seront enchantés de faire une balade en poussette tout-terrain. Les bébés voyageront sur votre dos et les nourrissons, dans un sac kangourou.

Partager son plaisir
Promener votre chien peut rendre la marche bien différente et vous faire découvrir de nouvelles choses à tous les deux.

Vous aurez donc une plus grande liberté de mouvement. Pour un nouveau-né, le sac kangourou est préférable. Lorsque l'enfant sera capable de soulever sa tête, vous pourrez alors utiliser un porte-bébé. Assurez-vous simplement qu'il est confortable et que les bretelles sont bien attachées.

Marcher avec un chien

Il peut être soit agréable, soit désagréable d'amener votre compagnon à quatre pattes avec vous pour suivre votre programme de marche. Il est plaisant de marcher avec un chien bien entraîné. Votre chien sera en tête. Sa laisse enroulée autour de votre poignet tombera bien lâche afin que vous puissiez balancer le bras sans tension. Vous apprécierez la compagnie de votre animal avec qui vous vous sentirez en sécurité. La joie qu'il vous manifestera après ce nouvel exercice vous incitera à sortir pour marcher quotidiennement.

Si votre chien tire constamment sur sa laisse, votre démarche en souffrira et vous n'arriverez pas à maintenir une bonne posture. En pareil cas, trouvez un endroit où votre chien pourra se déplacer librement, en toute sécurité, et où vous n'aurez pas à le tenir en laisse. De cette façon, vous pourrez poursuivre votre programme d'entraînement.

Assurez-vous que votre chien et vous-même formez une équipe harmonieuse. Si vous êtes très actif et pouvez franchir régulièrement une distance de 10 km (6 mi), cinq fois par semaine, un petit chien bas sur pattes vous ralentira ; par ailleurs, une promenade d'une vingtaine de minutes dans le voisinage ne satisfera pas les besoins d'exercice d'un chien plus gros et plus énergique.

Corriger les problèmes de posture

La posture idéale repose sur la symétrie du corps. De légers déséquilibres dans votre démarche entraîneront, à la longue, des blessures inévitables. Si vous devez vous procurer des chaussures adéquates, les podiatres peuvent vous indiquer des magasins spécialisés où l'on fabrique des chaussures orthopédiques ou des semelles correctrices qui s'adapteront à vos chaussures actuelles.

Vous pouvez éprouver d'autres problèmes de posture si vos jambes sont de longueur inégale ou si votre colonne est légèrement déviée. Vous pourrez avoir des douleurs aux articulations des hanches ou des genoux. Examinez les semelles d'une vieille paire de chaussures. Si elles sont plus usées d'un côté que de l'autre, c'est que votre pied fait un mouvement de rotation quand vous marchez, c'est-à-dire qu'il se tourne vers l'intérieur ou vers l'extérieur. Si une semelle est plus usée que l'autre, votre foulée est probablement inégale. Un podiatre saura vous conseiller en pareil cas.

Comment respirer

Le corps a un besoin vital d'oxygène. L'homme peut survivre plusieurs jours sans boire, et encore plus longtemps sans manger. Il ne peut cependant vivre que quelques minutes sans oxygène. La plupart d'entre nous, qui sommes sédentaires, n'utilisons que le minimum de notre capacité de ventilation pulmonaire pour simplement survivre et vaquer à nos occupations quotidiennes. Nos poumons, de même que les muscles responsables de leur expansion, sont rarement sollicités.

Au repos, la plupart des gens inspirent 0,4 l (14 oz) d'air dans leurs poumons. À l'effort, ce volume peut augmenter considérablement et atteindre 4 l (3½ pt) ou plus. Quand on fait de l'exercice régulièrement, les poumons se dilatent graduellement pour inspirer plus d'air, et ce, même au repos. Lorsque vous serez habitué à l'effort, votre corps utilisera l'oxygène de manière plus efficace.

Emplissez vos poumons

Pendant un effort, respirez plus
profondément pour fournir à votre corps
l'oxygène supplémentaire dont il a besoin.

Le mécanisme de la respiration

L'air que nous respirons est composé d'un mélange constitué de 79 % d'azote, d'environ 21 % d'oxygène et de 0,03 % de bioxyde de carbone. En inspirant, nous faisons entrer de l'air qui traverse la bouche jusqu'à la gorge, puis qui descend dans des conduits, les bronches, pénétrant dans les poumons, et se rend finalement dans de petites cavités enfouies dans les poumons, appelées alvéoles. Ces dernières sont entourées de vaisseaux sanguins dont les fines parois permettent à l'oxygène de l'air d'être diffusé dans le sang. L'oxygène qui circule dans le flux sanguin est acheminé au cerveau, aux autres organes ainsi qu'aux muscles sollicités par l'exercice. Ces derniers utilisent alors l'oxygène pour «brûler» les graisses qui servent de combustible. Ce système d'approvisionnement en énergie se nomme le système aérobie.

Les muscles en action sont aussi alimentés par d'autres systèmes d'approvisionnement énergétiques : la phosphocréatine et le système anaérobie. Dans le premier système, le corps utilise comme carburant la créatine, un constituant qui emmagasine une grande quantité d'énergie. La créatine peut fournir beaucoup d'énergie rapidement, mais seulement pour une courte durée, à l'instar de la batterie d'une automobile. De manière générale, elle peut fournir au corps suffisamment d'énergie pour lui permettre de marcher rapidement durant moins d'une minute.

Le second système, le système anaérobie, utilise les glucides (hydrates de carbone) plutôt que les graisses comme source d'énergie et fournit également une petite bouffée d'énergie. Toutefois, l'acide lactique, l'un de ses sous-produits, s'accumule dans les muscles sollicités par l'effort et peut provoquer une crampe. À ce moment, l'approvisionnement en oxygène de ces muscles n'est peut-être pas suffisant compte tenu de l'effort demandé, ou encore l'oxygène n'est peut-être pas acheminé assez rapidement aux muscles. Vous devez alors ralentir le rythme et respirer profondément.

Respirer profondément

Marcher est un exercice aérobique. Cela revient à dire qu'il faut respirer adéquatement durant la marche pour fournir aux muscles la quantité d'oxygène nécessaire à l'effort demandé. De nombreux marcheurs ne respirent pas assez profondément. Marcher lentement ou faire une courte promenade ne sont pas des exercices exigeants pour le corps. Cependant, aussitôt que vous accélérez l'allure, votre respiration devient plus profonde et plus pénible. C'est alors qu'il importe de s'assurer qu'une quantité maximale d'oxygène

Les trucs du marcheur expérimenté

POUR MIEUX RESPIRER

Respirez par l'abdomen

Essayez de gonfler votre abdomen quand vous inspirez afin que le mouvement de la respiration parte de cette cavité. Une plus grande quantité d'air circulera alors dans vos poumons.

Comptez en respirant

Si vous comptez en respirant, vous pourrez trouver un rythme qui vous convient. Par exemple, comptez quatre temps durant une inspiration et trois temps durant une expiration.

Coordonnez votre respiration avec vos pas

Coordonnez chaque respiration avec chacun de vos pas. Si vous marchez d'un pas rapide, essayez d'inspirer sur un pas, puis d'expirer sur l'autre.

Récitez une incantation

Si vous essayez de perdre du poids, récitez mentalement une formule incantatoire, telle que : « Je veux perdre du poids et je peux perdre du poids », et ce, en rythmant votre respiration (inspiration-expiration) sur ces paroles. Vous garderez ainsi votre motivation présente à l'esprit.

pénètre dans les poumons, là où sont logés les alvéoles. Si votre respiration est trop rapide et peu profonde, l'air se rend dans la gorge et dans les bronches, mais il n'atteint probablement pas les petites vésicules que sont les alvéoles.

Si l'on demande aux gens de respirer le plus profondément possible, la plupart rentrent l'abdomen, puis dilatent leur poitrine. Or il est préférable de respirer plutôt « par l'abdomen », c'est-à-dire qu'il faut agrandir son abdomen au fur et à mesure que les poumons se remplissent d'air. Essayez ces deux façons de respirer et vous constaterez la différence.

Dans la plupart des livres écrits sur le sujet, on conseille d'inspirer par le nez et d'expirer par la bouche. L'air inspiré par le nez est humidifié, réchauffé et « filtré » par les poils des narines, ce qui facilite la respiration. Certains athlètes utilisent une bande adhésive qu'ils posent sur leur nez afin d'élargir leurs narines, de sorte qu'une plus grande quantité d'air pénètre dans leurs poumons. Mis à part le fait qu'on risque d'avaler une mouche si l'on se promène la bouche grande ouverte, il n'y a rien d'incorrect à respirer par la bouche. L'objectif est de maximiser l'apport d'oxygène de façon naturelle, en se rappelant qu'il faut « respirer par l'abdomen ».

Un rythme naturel

Quand vous marchez lentement, vous n'avez peut-être pas conscience de la rapidité avec laquelle vous respirez. Ce n'est que lorsque vous commencerez à vous exercer à respirer correctement que vous remarquerez le rythme particulier de votre respiration. Pour vous assurer que vous inhalez une quantité d'air suffisante, vous pouvez suivre un rythme en comptant ou en coordonnant vos pas avec votre respiration.

Toutefois, ne vous essoufflez pas, car vous risquez de ne plus travailler de façon aérobique.

En plus de favoriser un apport suffisant d'oxygène à votre corps, le fait de vous concentrer sur le rythme de votre respiration est propre à apaiser et peut avoir un effet thérapeutique. D'ailleurs, le contrôle de la respiration constitue également un élément central dans plusieurs techniques de méditation (voir page 58).

Prévenir les points de côté

En respirant de façon rythmée, vous serez moins susceptible d'éprouver cette douleur aiguë qui survient sous la cage thoracique et qui est due à une contraction du diaphragme, un muscle situé entre le thorax et l'abdomen. Quand on inspire, le diaphragme s'affaisse, puis il se soulève lorsqu'on expire. Si vous avez mangé avant de marcher ou si vous faites un effort trop grand, le diaphragme subit alors une tension plus forte et vous fait ressentir un point de côté. Étant donné que c'est la respiration qui commande le mouvement du diaphragme, le fait de modifier celle-ci vous aidera à soulager votre point. Essayez cette méthode :

- **Respirez profondément** afin de remplir votre diaphragme d'air.
- **Expirez profondément** en même temps que vous posez au sol le pied opposé au côté du point.
- **Retenez votre souffle** durant quelques secondes après avoir pris une légère inspiration pour que le diaphragme s'affaisse. Expirez en serrant vos lèvres pour dégager lentement l'air des poumons.

À quelle vitesse devez-vous marcher ?

Votre allure déterminera l'efficacité globale de votre programme de marche. Si vous souhaitez améliorer votre condition physique, fixez-vous comme objectif d'accélérer progressivement l'allure. Vous fournirez donc un effort de plus en plus grand à chacune de vos marches et, par conséquent, améliorerez votre forme physique.

Quelle vitesse devez-vous chercher à atteindre ? En fait, la vitesse dépend de l'objectif visé et varie d'une personne à l'autre. Quand vous maîtriserez la technique de la marche, il vous faudra adopter un rythme qui correspond à votre forme physique de départ. La vitesse moyenne de marche a été établie à environ 6,5 km/h (4 mi/h) sur un parcours de 1,6 km (1 mi), soit 1,6 km (1 mi) par 15 minutes. Or, pour la plupart des gens, il est difficile de maintenir une telle allure sur une distance plus longue ou encore en terrain irrégulier. Si votre vitesse maximale est de 2 km/h, c'est donc à cette vitesse que vous devriez entreprendre votre programme de marche. Ce qui compte, c'est de marcher rapidement sans vous surmener.

La longueur et la fréquence de la foulée

Quand vous marchez, la longueur de votre foulée doit être naturelle, jamais forcée, et votre posture, adéquate et décontractée. Certains croient que leur vitesse est limitée par leur constitution physique. Cela est vrai dans une certaine mesure. En effet, votre vitesse dépend de la longueur de votre foulée et de la fréquence de celle-ci.

La longueur de votre foulée est le facteur le plus difficile à modifier, car elle est liée à la longueur de vos jambes et à la flexibilité de vos muscles ischio-jambiers, situés à l'arrière de la cuisse. Elle dépend également de l'amplitude de rotation de l'articulation de vos hanches, ainsi que des tendons et des muscles autour de cette articulation. Certains de ces paramètres ne peuvent être modifiés. Si vous essayez d'allonger votre foulée, il est probable que votre démarche ne sera pas naturelle. Vous sautillerez en marchant et ferez ainsi subir une tension supplémentaire à vos articulations.

Si votre foulée est courte, c'est peut-être dû à la raideur de vos muscles ischio-jambiers. Vous ferez de plus longues enjambées si vous augmentez la flexibilité de ces muscles. Ceux-ci sont peut-être raides en raison d'un manque d'exercice ou à cause du vieillissement de votre corps (une démarche traînante, chez les gens âgés, est due à la raideur de ces muscles). Plus vous marchez et faites travailler vos muscles, plus vous acquérez de flexibilité. En conséquence, la marche devient plus aisée. Peut-être aussi que votre foulée est courte parce que vous avez de l'embonpoint. Là encore, plus vous marcherez, plus vous perdrez du poids et plus votre pas s'allongera.

Vous pouvez également modifier la fréquence de votre foulée. En marchant régulièrement, vous renforcez les muscles de vos jambes, qui pourront se contracter à un rythme plus rapide. Même si vos jambes sont plutôt courtes, un bon entraînement vous permettra d'augmenter la fréquence de votre foulée et d'atteindre une plus grande vitesse de marche.

LA LONGUEUR DE LA FOULÉE | Des explications

Dans tout groupe de marcheurs, on entend des gens se lamenter : « Je ne le rattraperai jamais : ses jambes sont bien trop longues ! » Il est alors bon de se rappeler certaines notions de physique. La jambe peut être comparée à un pendule : plus le rayon du pendule est court, plus il se balance rapidement. De la même façon, une personne de petite taille qui a des jambes courtes peut marcher plus rapidement qu'une personne dont les jambes sont longues. Il est intéressant de noter que les athlètes qui pratiquent la marche rapide (ou marche athlétique) n'ont pas une grande taille. S'il était à leur avantage d'être grands, ils auraient le physique des joueurs de basket-ball. En fait, c'est l'utilisation d'une bonne technique combinée avec des muscles jambiers forts qui vous aidera à allonger votre foulée. La marche vous aidera inévitablement à renforcer les muscles de vos jambes. En outre, vous pouvez faire des exercices contre résistance dans un gymnase pour compléter votre programme de marche.

Une foulée naturelle
Relâchez tous les membres de votre corps, regardez devant vous et coordonnez votre respiration avec votre foulée.

✔ ÊTES-VOUS PRÊT À MARCHER ?

☐ **La vitesse.** Marchez d'abord d'un pas normal, puis accélérez l'allure jusqu'à ce que vous soyez légèrement essoufflé.

☐ **La foulée.** La longueur et la fréquence de votre pas ne doivent pas être forcées. Vous devez vous sentir parfaitement à l'aise et maintenir votre rythme. Au fur et à mesure que vos muscles ischio-jambiers s'étireront, vos articulations deviendront plus flexibles. Par ailleurs, quand vous commencerez à perdre du poids, votre foulée s'allongera et, par conséquent, votre vitesse augmentera.

☐ **La respiration.** Respirez par l'abdomen, en inspirant par le nez et en expirant par la bouche.

☐ **La posture.** Assurez-vous que tout votre corps a une bonne posture. Le sac à dos doit être bien placé dans le haut de votre dos et les courroies ajustées pour qu'il soit stable et ne vous gêne aucunement.

ÉCHAUFFEMENT ET RÉCUPÉRATION

Quelle que soit votre forme physique initiale, vous devriez prendre l'habitude de faire des exercices d'échauffement avant l'effort, de même que des exercices de récupération après celui-ci. Par ailleurs, quand vous accélérerez l'allure et augmenterez l'intensité de votre marche, il sera encore plus important d'effectuer des exercices d'étirement.

Les exercices d'échauffement et de récupération n'ont pas besoin d'être bien compliqués ni bien longs, sauf si vous vous apprêtez à faire ou venez de faire un exercice très exigeant sur un terrain en pente ou une marche athlétique. Toutefois, ces exercices sont très importants dans le cadre d'un programme de marche, car ils vous aident à préparer votre corps à l'effort demandé et à prévenir les élongations et les blessures, tout en améliorant votre flexibilité.

Pourquoi s'échauffer ?

Avez-vous déjà conduit une voiture qui manquait d'huile ? Ou essayé de démarrer en troisième vitesse ? Dans l'affirmative, vous avez alors entendu le grincement affreux de la voiture ou la trépidation désagréable du moteur. Le corps est comparable à une voiture. Avant d'entreprendre tout exercice, il faut lubrifier ses articulations à l'aide d'une huile naturelle nommée synovie. Pareillement, le corps doit mobiliser ses forces pour se mettre en route progressivement et s'adapter doucement à l'effort afin de pouvoir donner son meilleur rendement.

L'échauffement, comme le mot l'indique, vise à augmenter la température du corps en vue de le préparer à accomplir un exercice. Quand le corps se réchauffe, les hormones qui servent à dilater les vaisseaux sanguins sont sécrétées et plus de sang est alors acheminé vers les muscles sollicités plutôt que vers les organes internes. Ces hormones agissent aussi sur le rythme cardiaque en augmentant la fréquence et la force des battements du cœur, de sorte qu'une plus grande quantité de sang riche en oxygène arrive aux muscles.

Au chaud avant l'échauffement

Quand vous vous préparez à marcher, gardez vos muscles bien au chaud, en particulier ceux des extrémités de votre corps. Portez plusieurs couches de vêtements afin de pouvoir en retirer au fur et à mesure que votre corps se réchauffe.

*Une marche matinale est
une faveur que l'on se fait
pour toute la journée.*

HENRY DAVID THOREAU

Quand la température du corps augmente, la synovie, un liquide qui lubrifie les articulations, devient plus fluide, permettant ainsi aux parties des articulations de glisser plus facilement les unes sur les autres. Le risque de blessures est par conséquent amoindri. Plus il fait froid, plus il faudra de temps pour réchauffer le corps. Quand la température du corps augmente, les muscles et les tendons deviennent aussi plus élastiques (voir l'encadré ci-dessous).

Vous pourriez être tenté de vous dire que l'échauffement avant la marche est une «perte de temps», surtout si vous êtes très occupé. Pourquoi ne pas omettre ces exercices et marcher en cherchant à vous surpasser, tout simplement? Or il n'est pas conseillé de sauter cette étape. Vous risqueriez de vous infliger des blessures. De plus, votre marche ne sera pas aussi profitable.

Les trucs du marcheur expérimenté

S'ÉCHAUFFER

Ne forcez pas la note
Vous devriez vous sentir calme et détendu. Faites des mouvements simples et ne précipitez rien. Ce n'est pas encore le moment de transpirer à grosses gouttes.

Préparez-vous mentalement
Profitez de la période d'échauffement pour réfléchir sur les objectifs de votre marche et sur votre journée en général.

Concentrez-vous sur votre corps
Concentrez-vous sur les changements qui se produisent à l'intérieur de votre corps durant l'échauffement: votre cœur qui bat plus vite, vos articulations qui s'assouplissent et votre respiration qui devient plus profonde.

Conservez votre chaleur
Durant l'échauffement, vous devriez conserver votre chaleur et, s'il le faut, porter plusieurs couches de vêtements. Vous pourrez toujours enlever des vêtements quand vous aurez chaud.

LES FIBRES MUSCULAIRES | Des explications

Prenons une gomme à mâcher. Avant que vous la portiez à votre bouche, elle est raide et peut facilement être coupée en deux. Supposons maintenant que vous l'avez mâchée durant plusieurs minutes et qu'elle s'est réchauffée à l'intérieur de votre bouche; elle est devenue flexible et malléable et vous pourriez l'étirer longuement avant qu'elle se brise. Vos fibres musculaires ressemblent à cette gomme à mâcher. Si vous tentez de faire un exercice quand il fait froid ou avant votre échauffement, ces fibres sont raides et susceptibles de se briser. Si vous réchauffez vos muscles, ils pourront s'étirer davantage. Lorsqu'il fait froid, il devient encore plus important de les réchauffer, car ils sont bien moins flexibles qu'en temps normal. Portez plusieurs épaisseurs de vêtements jusqu'à ce que vous soyez bien réchauffé et jusqu'à ce que vous sentiez l'accélération des battements de votre cœur, qui envoie du sang chaud aux muscles sollicités.

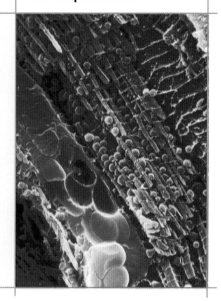

Comment faire un échauffement

Vos exercices d'échauffement devraient inclure des exercices de mobilisation ou d'éveil musculaire, qui assouplissent les articulations, ainsi que des exercices légers. Vous pouvez aussi, facultativement, faire des étirements, mais rappelez-vous que ce ne sont pas des exercices d'échauffement comme tels et qu'ils ne peuvent remplacer ces derniers.

Vous pouvez effectuer des exercices légers de mobilisation avant de quitter la maison pour entreprendre votre marche ou durant la marche (voir ci-dessous). Commencez tout simple-ment à marcher plus lentement afin de mettre votre corps en route de façon progressive, ce qui réduira le risque de bles-sures. Si vous êtes du genre à foncer droit au but, essayez de modérer votre ardeur. En marchant lentement au départ, la température de votre corps augmentera doucement, de sorte que vos tendons et vos muscles auront le temps nécessaire pour se préparer au travail à effectuer. La période d'échauffe-ment devrait durer 5 minutes si vous êtes en forme et de 10 à 15 minutes si vous êtes peu actif.

S'assouplir

Les exercices de mobilisation assouplissent les muscles qui seront sollicités. Vous pouvez les effectuer avant de vous mettre en route pour marcher. Vous pouvez également accomplir des exercices d'assouplissement pour le haut du corps tout en marchant et faire une courte pause pour effectuer des exercices d'assouplissement pour les jambes et les pieds. Vous serez alors prêt à commencer une acti-vité légère.

Commencez par assouplir les muscles du haut du corps. Expirez. Concentrez-vous sur l'expression de votre visage. Êtes-vous contracté ? Serrez-vous les dents ? Détendez-vous et profitez de votre randonnée.

a Soulevez les épaules jusqu'aux oreilles, puis abaissez-les.

b Inclinez la tête de côté, en dirigeant doucement l'oreille vers votre épaule. Maintenez cette position durant 5 à 10 secondes. Puis, inclinez votre tête de l'autre côté. Ensuite, penchez la tête en avant, en posant le menton sur la poitrine. Évitez d'étirer la tête par en arrière ou encore de faire des rotations du cou pour ne pas comprimer les ver-tèbres de celui-ci. Soulevez de nouveau les épaules et roulez-les à quelques reprises.

S'étirer ou ne pas s'étirer ?

Si les étirements constituent une partie essentielle des exercices de récupération à faire après un effort (voir page 38), leur intégration dans les exercices d'échauffement est controversée. Des études récentes laissent entendre que les exercices d'étirement faits avant l'effort ne sont pas plus bénéfiques que les exercices de mobilisation et les activités légères. D'autres experts en la matière conseillent d'intégrer des étirements dans l'échauffement, car ils aident à prévenir les blessures tout en augmentant la flexibilité et la mobilité des articulations.

Faites ce que vous croyez être bon pour vous. Que vous choisissiez de faire ou non des exercices d'étirement au préalable, rappelez-vous ceci : il faut accomplir ces exercices de manière adéquate et il ne faut jamais étirer un muscle à froid. Si vous intégrez de tels exercices dans votre échauffement, utilisez les techniques présentées aux pages 40 et 41. Maintenez chaque étirement durant au moins 10 secondes. Si vous n'avez pas le temps d'étirer chaque membre, étirez de préférence les muscles de vos jambes.

c Décrivez des cercles avec les bras, tout en les maintenant légèrement fléchis. Faites-les de plus en plus grands en contrôlant vos bras. Évitez de les relâcher. En même temps, exercez-vous à respirer par l'abdomen (voir page 31). Inspirez quand vous soulevez les bras et expirez quand vous les abaissez. Respirez profondément. Assurez-vous de respirer à pleins poumons et de dilater l'abdomen quand vous inspirez, puis de l'aplatir lentement quand vous expirez.

d Appuyez-vous contre un arbre et levez alternativement les genoux le plus haut possible. Recommencez tout en pointant et en fléchissant le pied plusieurs fois.

e Faites des rotations des chevilles en alternance.

Pourquoi faire
des exercices de récupération ?

Quand vous faites un effort, les battements de votre cœur augmentent et votre cœur bat avec plus de force. Avant de cesser complètement votre activité, il importe de donner à votre corps le temps de revenir à son rythme normal. La période de récupération est une étape importante de tout programme d'activité physique. Elle permet de réduire progressivement la fréquence cardiaque de même que la fréquence respiratoire et d'étirer vos muscles pour accroître ou maintenir votre flexibilité. Durant cette période, votre sang n'afflue plus vers les muscles qui fournissent un effort; il retourne vers les organes internes. Il se refroidit et votre respiration ralentit. Plus vous êtes en forme et plus vite votre corps revient rapidement à son état habituel.

Le sang est acheminé dans tout votre corps grâce à l'action de pompage des muscles. Ce sont les muscles les plus volumineux des mollets, les muscles gastrocnémiens, qui jouent un rôle important à cet égard : ils agissent comme un « second cœur ». Chaque fois que les muscles se contractent quand vous marchez, ils aident à renvoyer le sang vers le haut des jambes. Si vous arrêtez de marcher brusquement et que vos muscles cessent leur activité, le sang s'accumule dans le bas des jambes. Il en résulte une diminution de l'afflux de sang au cerveau. Il arrive que certaines personnes, en raison de ce phénomène, perdent connaissance ou même trouvent la mort à la suite d'une interruption brusque de leur activité. Si vous devez vous arrêter de marcher, continuez à bouger vos pieds en piétinant sur place ou en soulevant vos talons du sol.

Comment récupérer

Pendant la période de récupération, il faut diminuer l'intensité de l'activité, puis faire des étirements. Lorsque vous commencez votre marche, vous effectuez une activité de mise en route légère. De la même façon, à la fin de la marche, réduisez-en l'intensité en ralentissant le pas durant 5 à 10 minutes. Vous pouvez profiter de ce temps pour réfléchir sur l'activité accomplie, sur les objectifs atteints et sur ceux que vous viserez la prochaine fois. Quand vous terminez votre marche, vous pouvez effectuer une série d'exercices d'étirement, comme il est proposé dans les pages suivantes.

Pourquoi s'étirer ?

La plupart des spécialistes de l'activité physique reconnaissent que la forme physique fait bien plus que réduire le risque

Après une marche quotidienne, tout devient deux fois plus important.

GEORGE MACAULEY TREVELYAN,
historien anglais

LA FLEXIBILITÉ *et ses bienfaits pour la santé*

► Si vous étirez régulièrement les muscles qui se rattachent au pelvis (soit les muscles longs de la face postérieure de la cuisse, appelés muscles ischio-jambiers, les muscles fléchisseurs et les quadriceps), vous réduirez les tensions qui peuvent toucher le bas de votre dos.

► Quand vous effectuez des étirements, vous relâchez vos muscles, ce qui contribue à l'élimination des toxines indésirables et vous fait sentir plein d'énergie.

► Les exercices d'étirement accomplis après l'activité physique atténuent les douleurs et les tensions.

► Les étirements facilitent l'alignement des tissus mous. Par conséquent, ils vous aident à avoir une bonne posture et à améliorer votre équilibre.

► Les étirements augmentent l'apport de sang et de nutriments aux articulations, réduisant le risque de dégénérescence de celles-ci.

► Les exercices d'étirement améliorent la rapidité de l'influx nerveux (c'est-à-dire le temps qu'une impulsion prend pour se rendre au cerveau et en revenir). Grâce à cela, les différents groupes musculaires peuvent travailler en harmonie, ce qui vous donne une meilleure coordination neuromusculaire.

d'être foudroyé par une crise cardiaque. En faisant beaucoup d'exercices aérobiques, vous pourriez avoir le cœur de vos 50 ans lorsque vous serez octogénaire, mais si vos muscles et vos articulations sont faibles et peu flexibles, la qualité de votre vie risque d'être compromise. Des études montrent que la force de préhension — qui sert à connaître la force musculaire globale — est un excellent indice de l'autonomie future d'une personne. Marcher vous aidera à optimiser votre force musculaire (pour les exercices sollicitant le haut du corps, voir page 181). La flexibilité constitue également un élément important pour déterminer votre capacité de rester actif et autonome.

La souplesse est une qualité qui relève de l'héritage génétique. La façon dont votre squelette est constitué ainsi que la position de vos articulations et l'amplitude de vos mouvements détermineront la souplesse de votre corps. Par ailleurs, plus vous avancez en âge, moins vous utilisez vos muscles et vos tendons. Par conséquent, ceux-ci se raidissent. Vos muscles et vos tendons se contractent, entraînant alors une mauvaise posture. Si les muscles de votre torse et de vos épaules raidissent, vous aurez donc tendance à avoir les épaules courbées (voir aussi page 27). Or il est intéressant de savoir que le simple fait de s'étirer après un exercice prévient le rétrécissement des muscles et, surtout, allonge certains muscles et les rend plus flexibles.

S'étirer en toute sécurité

Pour la plupart des gens, les étirements sont sans risque et profitables, dans la mesure où sont respectées toutes les recommandations en matière de sécurité énoncées dans les pages qui suivent. Ces exercices peuvent être particulièrement bénéfiques à ceux qui souffrent de douleurs dorsales ou de maux de cou, car ils aident à soulager la tension et à améliorer la posture. Toutefois, si vous souffrez de ces maux, consultez votre médecin avant de faire de nouveaux exercices. Celui-ci sera en mesure de vous conseiller relativement aux étirements qui conviennent à votre état de santé.

Les exercices d'étirement sont aussi profitables à ceux qui guérissent d'une blessure. En effet, des tissus fibreux cicatriciels se forment dans les muscles lésés et ces tissus scléreux ne s'étirent pas très facilement. Or ces derniers peuvent diminuer la flexibilité du muscle en entier et augmenter le risque de blessures. Lorsque le muscle lésé est en voie de guérison, les étirements aident alors à l'assouplir. Un physiothérapeute ou un instructeur qualifié sauront vous indiquer les meilleurs exercices d'étirement à faire, selon votre cas.

Les trucs du marcheur expérimenté

DES ÉTIREMENTS EFFICACES

Étirez-vous régulièrement
Dans toute période de récupération, intégrez des exercices d'étirement ou marquez un temps d'arrêt durant votre marche pour étirer vos muscles si vous éprouvez une raideur ou une douleur musculaires.

Étirez tous vos muscles
Étirez les muscles du haut du corps, les mollets, les muscles ischio-jambiers, les quadriceps et ceux du devant du tibia.

Connaissez votre niveau de condition physique
Si vous ne faites que commencer à marcher régulièrement, consacrez plus de temps à l'étirement des muscles.

Concentrez-vous
Ne prêtez pas attention aux passants quand vous faites vos exercices d'étirement. Concentrez-vous sur la bonne technique d'étirement.

Étirez-vous sans forcer
N'étirez jamais vos articulations au-delà de leur capacité ; allez dans le sens naturel du mouvement.

Des exercices de flexibilité

Les exercices présentés ici font travailler les principaux muscles qui sont sollicités durant la marche. Ils visent à améliorer votre flexibilité et la longueur de votre foulée. Pour ces exercices, l'utilisation d'appareils de conditionnement physique tels que les exerciseurs, les bicyclettes ou les rameurs n'est pas nécessaire. Ils peuvent être faits à l'extérieur et intégrés facultativement dans votre échauffement. Ils doivent toutefois faire partie de toute période de récupération (voir page 38). Maintenez chaque étirement de 10 à 30 secondes, puis relâchez vos muscles lentement. Ne faites jamais de mouvements de ressort qui peuvent causer des blessures.

Les mollets

Quand vous marchez, plus des trois quarts de votre propulsion vers l'avant viennent des muscles des mollets (les gastrocnémiens). Il est donc très important d'étirer ces muscles après chaque période de marche.

a Debout, les jambes écartées de la largeur des hanches, faites un pas en arrière. Pliez le genou de la jambe qui est avancée, mais sans aller trop loin. Gardez la jambe arrière bien tendue, le talon au sol. Vos orteils doivent pointer devant et non vers les côtés. Vous devez alors sentir un étirement dans le mollet de cette jambe. Maintenez l'étirement, puis étirez de la même manière l'autre jambe.

b Autre méthode : vous pouvez faire un étirement plus intense en vous servant d'une plate-forme surélevée, comme une marche ou un trottoir. Placez-vous debout sur la marche ou sur le trottoir, en faisant dos à la rue. Reculez un pied, puis appuyez l'avant-pied opposé sur la marche ou le trottoir et abaissez le talon au sol. Poussez dans le talon pour bien étirer votre mollet. Penchez votre corps légèrement en avant afin de garder votre équilibre. Maintenez la position durant quelques secondes, puis faites le même étirement avec l'autre jambe.

La face antérieure de la cuisse

Après avoir marché, les muscles de l'avant des cuisses, les quadriceps, deviennent souvent douloureux. Un bon étirement de vos quadriceps durant la période de récupération préviendra toute raideur.

d Appuyez votre main droite sur une clôture, un arbre ou un mur. Pliez votre jambe gauche derrière vous et attrapez votre pied de la main gauche. Tirez doucement votre pied vers la fesse, aussi loin que vous le pouvez. Gardez la jambe d'appui légèrement fléchie de façon que votre genou ne soit pas bloqué en exten-

sion. Quand vous maintenez la position, vous ressentez l'étirement du muscle sur la face antérieure de votre cuisse. Gardez vos genoux bien rapprochés et basculez le bassin vers l'avant. Maintenez la position, puis relâchez vos muscles lentement. Refaites le même étirement avec la jambe droite.

LA SÉCURITÉ D'ABORD

Si vous n'êtes pas certain d'employer la bonne technique quand vous faites un étirement, il est préférable de ne pas faire l'exercice en question. Si votre équilibre est instable et votre coordination, mauvaise, vous pouvez faire une chute, vous froisser un muscle ou vous déplacer une articulation. Le risque de blessures est bien plus grand si vous faites un étirement de manière inadéquate que si vous omettez simplement l'exercice. Lorsque vous en aurez la chance, demandez à un professionnel de l'activité physique de corriger votre technique, au besoin, quand vous faites vos étirements.

La face postérieure de la cuisse

Les muscles situés sur la face postérieure de la cuisse, les ischio-jambiers, jouent un rôle important dans la longueur de la foulée et dans la posture (voir page 32). Il faut donc les étirer suffisamment après chaque marche.

d Placez le pied gauche 0,5 m (2 pi) devant l'autre et posez le talon au sol, le pied fléchi, les orteils pointant vers le haut. Pliez le genou droit et posez les mains sur votre cuisse. Sortez les fesses et gardez le dos droit, la tête soulevée vers l'avant. Vous devriez sentir l'étirement à l'arrière de votre jambe gauche, des fesses jusqu'au genou.

e Autre méthode : vous pouvez utiliser un tronc d'arbre, le banc d'un parc ou tout autre appui pour poser le talon de la jambe tendue. Faites le même étirement que précédemment, mais placez le haut du corps par en avant pour augmenter l'étirement. Maintenez la position, puis refaites le même exercice de l'autre jambe.

Le devant de la jambe

Les muscles situés devant les tibias, les muscles jambiers antérieurs, sont grandement sollicités dans la marche. Or on oublie souvent de les étirer au même titre que d'autres muscles. Il peut en résulter des blessures ou des réactions douloureuses, notamment des périostites tibiales (voir pages 55 et 113).

a En station debout, croisez une jambe par-dessus l'autre et posez la face supérieure des orteils au sol. Fléchissez lentement la jambe d'appui de façon qu'elle vienne pousser contre le mollet de la jambe croisée, appuyée contre votre genou. Vous ressentez alors un étirement sur le devant de cette jambe fléchie. Maintenez l'étirement et étirez de la même manière la jambe opposée. Si vous avez de la difficulté à garder votre équilibre durant l'exercice, appuyez-vous sur un arbre ou une clôture.

Le haut du corps, les bras et les épaules

Voici un bon exercice d'étirement si vous avez fait des tractions avec les bras ou encore si vous désirez ajouter des exercices de renforcement musculaire pour le haut de votre corps. Il peut aussi soulager la tension que vous ressentez après avoir porté un sac à dos.

b Placez-vous debout, les jambes écartées de la largeur des hanches et les genoux légèrement fléchis. Tendez les bras dans le prolongement de votre corps et joignez vos mains, paumes tournées vers le ciel. Exécutez des mouvements de poussée vers le haut sans bloquer les coudes. Faites comme si votre nombril était relié au bas de votre colonne vertébrale et rentrez votre abdomen, sans cambrer votre dos. Maintenez l'étirement, puis relâchez vos muscles.

La cage thoracique

Voici un exercice d'étirement destiné à faire travailler le haut de votre corps, et plus spécifiquement les muscles qui donnent l'élan pour balancer les bras.

c Joignez vos mains derrière le dos, les coudes légèrement pliés. Soulevez doucement vos bras le plus loin que vous pouvez tolérer, sans que ce mouvement devienne douloureux. Évitez de vous pencher en avant ou de cambrer le bas du dos. Vous devez alors ressentir un étirement à l'avant de votre cage thoracique. Maintenez l'étirement, puis relâchez vos muscles.

d Autre méthode : si votre torse et vos épaules ne sont pas très flexibles et que vous n'arrivez pas à joindre vos mains, étirez tout simplement les bras derrière vous, les mains placées latéralement et les paumes se faisant face. Maintenez l'étirement quelques secondes, puis recommencez l'étirement.

✔ PEUT-ON FAIRE DES ÉTIREMENTS SANS RISQUE ?

❏ **Vérifiez votre technique.** Faites-vous vos exercices d'étirement correctement ? Si vous en doutez, ne les faites pas.

❏ **Connaissez vos limites.** Étirez vos muscles jusqu'à la limite que vous pouvez tolérer, sans que l'étirement devienne douloureux. Si vous ressentez une douleur, cessez l'étirement.

❏ **Ne faites aucun mouvement de ressort.** Faites chaque étirement de manière progressive et maintenez-le de 10 à 30 secondes.

❏ **Une fois réchauffé, étirez-vous.** Faites des exercices légers durant 5 à 10 minutes pour réchauffer votre corps avant de vous étirer.

❏ **Équilibrez vos étirements.** Lorsque vous étirez une jambe, assurez-vous de toujours étirer la jambe opposée de la même manière.

TRAVAILLER **PLUS FORT**

Tout programme d'entraînement physique repose principalement sur un concept de « surcharge », c'est-à-dire qu'on cherche à repousser les limites de ses capacités un peu plus loin chaque fois que l'on s'entraîne en vue d'améliorer sa performance.

Une surcharge de travail implique des battements de cœur plus rapides ou plus forts, ou une plus grande sollicitation des muscles pour qu'ils se contractent avec plus de force ou de rapidité. Ainsi, les haltérophiles cherchent à se dépasser en levant progressivement des poids de plus en plus lourds pour accroître leur force et augmenter le volume de leurs muscles. C'est ce que font tous les adeptes de l'activité physique, quelle qu'elle soit. Si vous augmentez la charge de travail musculaire de votre corps, vos muscles se renforceront. Il ne faut pas oublier que le cœur est aussi un muscle et qu'il répondra à une surcharge de travail de la même façon que tout autre muscle.

Si vous respectez votre programme de marche, vous obtiendrez peu à peu les résultats escomptés : votre respiration sera moins pénible, votre foulée sera plus énergique et vous serez moins fatigué à la fin de la journée. C'est à ce moment-là qu'il convient d'introduire une difficulté supplémentaire, c'est-à-dire une surcharge, dans votre programme. Il y a trois façons d'accroître la charge de travail. On peut augmenter la durée, la fréquence ou l'intensité des marches. Ces paramètres peuvent être combinés ou pris un à la fois, selon l'objectif visé. Pour ce qui est de l'intensité de la marche, on peut l'augmenter de diverses manières : marcher plus rapidement, ajouter une résistance, utiliser davantage les bras ou monter des pentes, par exemple.

Les trucs du marcheur expérimenté

MARCHER EST UN MODE DE VIE

Montez les escaliers

Si vous habitez un logement ou travaillez dans un édifice à bureaux, évitez de prendre l'ascenseur ; empruntez plutôt les escaliers. Si votre emploi est de nature sédentaire, déplacez-vous pour discuter avec un collègue au lieu de lui téléphoner.

Déplacez-vous à pied

Marchez au lieu d'utiliser votre voiture pour rendre visite à un ami.

Faites un détour

Si la boutique où vous devez vous rendre est située à proximité de chez vous, changez d'itinéraire pour marcher davantage.

Marchez plus longtemps

Le manque de temps est le prétexte que l'on invoque habituellement pour ne pas faire d'exercice. Si le manque de temps est ce qui vous empêche de marcher, il peut vous paraître alors difficile d'augmenter la durée de vos marches. Mais est-ce un obstacle réel? Pour beaucoup de personnes qui se sont mises à pratiquer la marche régulièrement, le temps a fini par ne plus poser problème. Ayant pris plaisir à marcher, elles réussissent toujours à trouver un moment dans leur journée pour vaquer à cette activité.

Si vous commencez à marcher, ne vous découragez pas si vous ne pouvez vraiment pas consacrer plus de temps à la marche. Quand vous serez en meilleure forme physique, vous arriverez à faire le même trajet en moins de temps. S'il vous est toujours impossible de trouver plus de temps, essayez d'augmenter un peu la distance à parcourir. Évitez les raccourcis; refaites même une partie de votre parcours. Essayez également d'augmenter l'intensité de vos marches. Vous pouvez aussi augmenter la durée totale de votre exercice si vous ajoutez plusieurs courtes marches dans votre journée. Ainsi, il est facile d'ajouter deux ou trois périodes de 10 minutes au temps total que vous consacrez à votre marche quotidienne. Par exemple, vous pouvez marcher durant votre pause-repas, grimper les escaliers au lieu de prendre l'ascenseur, porter un message à pied à son destinataire ou encore descendre de l'autobus un arrêt avant et marcher jusqu'à votre destination. Ces petits ajouts contribuent à accroître la durée de vos marches et, en conséquence, vous aident à atteindre vos objectifs.

Marchez plus souvent

Marcher plus souvent et marcher plus longtemps peuvent aller de pair. En ajoutant de courtes périodes de marche dans votre journée, vous marcherez évidemment plus souvent. Si vous ne parvenez pas à vous libérer pour de plus grandes périodes de manière régulière, il faut alors que vous marchiez plus souvent pour arriver à améliorer votre condition physique. Marcher trois fois par semaine pendant une demi-heure vous sera plus bénéfique que marcher pendant trois heures une seule fois par semaine.

Accélérez l'allure

L'intensité de votre marche dépendra de l'énergie que vous dépensez à chacune de vos foulées. La façon la plus aisée d'accroître l'intensité de votre marche est d'augmenter votre vitesse. Vous pouvez toutefois travailler plus fort en variant des éléments de votre marche (voir page 46), en utilisant vos bras ou des bâtons de marche (voir page 50), ou en accélérant la cadence par la technique de la marche-course (voir page 52).

Allez plus vite devrait être votre objectif. L'allure constitue un des éléments variables importants de votre programme de marche. Chronométrez la durée de votre marche habituelle, puis essayez de parcourir la même distance en moins de temps. Vous pouvez aussi synchroniser vos pas avec ceux d'un autre marcheur plus rapide ou tenter de devancer un marcheur placé loin devant vous. La compagnie d'un marcheur plus rapide vous permettra de progresser grâce aux encouragements mutuels.

N'augmentez votre vitesse qu'une fois que vous maîtrisez une bonne technique de marche et que vous êtes capable de maintenir une bonne posture. Si vous accélérez le pas et que votre technique n'est pas adéquate, vous courez le risque de vous blesser. Quand vous marcherez plus vite, vous devrez vous pencher légèrement en avant pour conserver votre équilibre. Concentrez-vous alors sur les muscles qui se contractent. Même si vos jambes vous sembleront plus raides, votre foulée sera plus courte et vos jambes avanceront plus rapidement. Maintenez votre rythme tout en vous assurant que vous êtes bien à l'aise et que vous ne faites aucun mouvement de ressort.

Descendez de l'autobus plus tôt
Descendez de l'autobus un ou deux arrêts avant l'arrêt prévu, puis marchez jusqu'à votre destination.

Accompagnez les enfants à l'école à pied
Marchez avec vos enfants qui se rendent à l'école le matin. Cela vous donnera un regain d'énergie avant d'entreprendre votre journée. Allongez le pas sur le chemin du retour à la maison.

Prenez une bonne habitude
Marchez toujours au même moment de la journée. Vous intégrerez ainsi l'activité de la marche dans votre horaire et prendrez une bonne habitude. Il faut savoir qu'il est aussi difficile de se défaire des bonnes habitudes que des mauvaises.

Ajoutez une résistance

Si vous voulez accroître l'intensité de votre marche et ajouter un peu de variété, partez explorer de nouveaux parcours. Il est toujours stimulant de marcher dans des conditions différentes, en particulier si vous empruntez une nouvelle route qui présente des difficultés inhabituelles. Augmentez d'abord l'intensité de votre marche en vous servant des éléments naturels tels que le sable, la neige ou le vent. Il est aussi possible d'employer des méthodes artificielles, comme les tapis roulants et les simulateurs d'escalier.

Laisser ses empreintes dans le sable

Marcher sur une surface asphaltée et marcher sur un sentier gazonné sont des activités comparables qui demandent la même énergie. Toutefois, si vous marchez sur un terrain couvert de sable, vous travaillerez plus fort. En effet, il vous faudra plus d'énergie pour soulever vos pieds puisque le sable absorbe le mouvement descendant qui accompagne chaque foulée. De la même manière, marcher dans la neige nécessite trois fois plus d'énergie que marcher sur un trottoir. Lorsque vous prévoyez marcher à un nouvel endroit (voir pages 68 et 81), vous devez bien vous préparer à attaquer la surface sur laquelle vous marcherez.

Marcher sous le vent

Nous avons tous connu des situations dans lesquelles les conditions météorologiques rendent la marche difficile, où chaque pas devient une lutte contre les éléments de la nature. Un temps venteux en est un bon exemple. En effet,

il est bien plus ardu de marcher contre le vent que de marcher sous un ciel clément, sans vent. Quand vous affrontez le vent, votre corps est repoussé en sens inverse. Des études faites auprès de coureurs montrent que ces derniers dépensent 5 % plus d'énergie lorsqu'ils affrontent un vent de 16 km/h (10 mi/h) que lorsqu'ils courent par une journée sans vent. Si vous chronométrez votre temps de marche, tenez compte de ce facteur de résistance et ne vous découragez pas si vous n'avez pas pris moins de temps. En fait, votre marche ne sera que plus bénéfique, car vos muscles travailleront plus fort pour lutter contre la force du vent et vous vous en sentirez plus revigoré.

Expérimenter la marche sur tapis roulant

Même si vous préférez marcher à l'extérieur, il peut arriver que la température ou d'autres motifs reliés à l'emplacement ou à la sécurité ne vous permettent pas de vous livrer à votre activité. Voilà l'occasion indiquée d'essayer les tapis roulants du gymnase du coin ou de votre centre de conditionnement physique. De plus, votre marche à l'intérieur apportera un complément à votre marche à l'extérieur. En effet, vous pourrez contrôler plus facilement votre vitesse, votre temps de marche et la distance parcourue et les faire varier. Si vous prenez ces données en note et si vous augmentez ces éléments progressivement durant plusieurs semaines, vous pouvez alors établir facilement l'intensité de votre marche. Certains appareils peuvent être munis d'une pente optionnelle (voir page 48) qui vous permet de varier l'intensité de l'effort. Ils peuvent aussi être dotés de programmes prééta-

Marcher sur le sable

Marcher sur la plage entraîne une dépense énergétique qui sera environ deux fois plus grande que si vous marchiez sur une surface dure ou sur une pelouse.

Marcher contre le vent

Lorsqu'on marche contre un vent fort, l'énergie requise pour maintenir son allure habituelle augmente d'environ 40 %.

blis qui comprennent des séances de travail cardiovasculaire ou de travail d'amaigrissement (en vue de brûler les graisses). Pour ces séances, la vitesse et la pente varieront automatiquement durant de nombreux intervalles au cours de votre marche. Certains tapis roulants plus complexes vous indiquent votre fréquence cardiaque au cours de l'exercice, de même que les calories dépensées. Ils peuvent aussi être munis d'une ceinture élastique qui aide à amortir la force de l'impact et à réduire la tension sur vos articulations.

Les tapis roulants offrent également d'autres avantages. Ils sont souvent placés devant des miroirs qui recouvrent entièrement les murs de la salle, de sorte que vous pouvez surveiller facilement votre posture. De plus, leur surface lisse assure une répartition égale du poids sur chaque jambe et, de ce fait, diminue le risque de trébucher ou de tomber.

Si vous songez à vous procurer un tapis roulant, optez pour un appareil qui a une courroie transporteuse motorisée à vitesse réglable, une pente et de bonnes rampes de sécurité. Demandez l'avis des spécialistes, car un bon tapis roulant est dispendieux. En outre, celui-ci doit répondre à vos besoins particuliers. La toute première fois que vous vous installerez sur cet appareil, demandez l'aide d'un instructeur pour en connaître le fonctionnement et vérifier si votre posture est adéquate quand vous marchez. Procédez de cette manière :

■ **Prenez le départ.** Debout, pieds écartés de part et d'autre du tapis roulant, réglez l'appareil à une vitesse lente d'environ 3 km/h (2 mi/h). Appuyez-vous sur les rampes, puis prenez place sur le tapis et commencez à marcher d'un pas lent.

■ **Augmentez votre vitesse.** Lorsque le rythme de départ devient trop facile, augmentez la vitesse de l'appareil. Quand vous vous sentirez en sécurité, lâchez vos prises sur les rampes. Ces prises vous permettent de travailler sans utiliser la poussée de vos bras, donc de fournir un effort moins grand. Elles vous permettent également de vous concentrer plus facilement sur votre technique de marche.

■ **Surveillez votre posture.** Quand vous marchez sur place, il est plus facile de vous concentrer sur votre posture. En soulevant les pieds, vérifiez si celle-ci correspond bien à celle que vous adoptez quotidiennement dans votre technique de marche (voir page 26).

■ **Poussez vos capacités.** Si vous ne suivez pas un programme d'entraînement préétabli, réglez manuellement l'appareil de façon que votre cadence soit rapide, sans toutefois vous fatiguer. Si vous vous retrouvez à l'arrière du tapis roulant, la vitesse est peut-être trop rapide.

Monter une pente

Pour accroître l'intensité de votre marche et ajouter ainsi une surcharge de travail, vous pouvez marcher sur une surface inclinée ou un terrain en pente. Si vous êtes branché à un moniteur de fréquence cardiaque (voir page 133), vous serez étonné de constater à quel point la fréquence cardiaque augmente rapidement quand vous montez une pente. Le fait de déplacer le poids de votre corps à la verticale plutôt qu'à l'horizontale augmente de façon importante la charge de travail musculaire et, par conséquent, l'intensité de votre effort et les battements de votre cœur. Plus vous êtes pesant, plus l'effort sera grand. Sur des terrains très inclinés, la fréquence cardiaque augmente d'environ 20 % même chez une personne en forme.

La dépense énergétique moyenne pour une personne de 70 kg (150 lb) marchant à 5,5 km/h (3,5 mi/h) en terrain plat est de 350 calories par heure. Cette personne marchant à la même vitesse sur un terrain dont l'inclinaison est de 4 % dépenserait 400 calories par heure et 500 calories sur un terrain dont l'inclinaison est de 10 %. Une pente de 4 % est considérée comme une pente moyenne ; à 10 %, on parle de pente raide et, à 15 %, de pente très abrupte. Lorsque vous parvenez à maintenir votre rythme en montant une pente douce sans succomber à la tentation de ralentir le pas, votre marche est bien plus profitable.

Descendre une pente

Pendant longtemps, on a cru que descendre une pente demandait beaucoup moins d'énergie que marcher en terrain plat. Si cette croyance était fondée, le travail effectué sur des surfaces inclinées dans tout programme de marche serait un travail « négatif » puisque la descente viendrait annuler le travail de l'ascension. Aujourd'hui, on sait que cette croyance est fausse. En effet, quand nous descendons une pente, nos muscles doivent lutter contre la gravité et se contracter pour nous ralentir.

Descendre une pente très inclinée peut représenter un exercice bien plus exigeant que marcher en terrain plat. Toutefois, dans l'ensemble, la descente consomme environ la même quantité d'énergie que la marche en terrain plat. Or l'énergie totale dépensée au cours d'une marche sur un terrain incliné, si l'on inclut la montée et la descente, excédera habituellement l'énergie qui est dépensée sur un terrain plat pour une même distance. N'hésitez donc pas à attaquer les terrains en pente.

À l'assaut des côtes

Monter et descendre une pente font appel à des techniques passablement différentes de celles qu'on emploie pour marcher en terrain plat.

a Dans la montée, il est préférable de réduire la longueur de sa foulée. **b** Imaginez que la pente est un escalier dont les contremarches ont 20 cm (8 po) de haut. Les marches vous forcent à effectuer un petit pas et font principalement travailler les muscles larges de vos cuisses, les quadriceps. Inclinez-vous légèrement en avant afin de maintenir votre équilibre. Sur un terrain en pente comme sur un terrain plat, il convient de marcher à un pas qui n'excède pas votre capacité.

Descendre une pente raide soumet les genoux et les articulations des hanches fragiles à une grande tension. La force gravitationnelle qui s'ajoute peut rendre la descente plus difficile que la montée. **c** Faites de plus petits pas sans vous incliner en arrière. Ne bloquez pas les genoux ; fléchissez-les légèrement.

d Si la pente est très forte, descendez-la en diagonale, en prenant les virages accentués comme s'il s'agissait d'une route sinueuse qui longerait le flanc d'une montagne. Obliquez à gauche et à droite au lieu de descendre tout droit jusqu'au bas de la côte.

a

b

c

d

Utilisez vos bras et des bâtons

En marchant, rien ne vous empêche de faire travailler d'autres muscles que ceux du bas de votre corps, notamment ceux de vos jambes. Pour que chacune de vos marches soit encore plus bénéfique sans en augmenter la durée ou la distance, vous pouvez faire travailler vos bras en utilisant une bonne technique. Que vous les balanciez simplement avec plus d'élan ou que vous utilisiez des bâtons de marche, vous faites travailler tout le haut de votre corps, notamment vos bras et vos épaules. Vous augmentez donc votre fréquence cardiaque et brûlez plus de calories. Le mouvement additionnel des bras améliore également la force musculaire de ces membres.

Certaines personnes croient que l'ajout de lest ou de poids aux chevilles ou aux bras augmente l'intensité de l'exercice de marche. Or s'il est vrai de dire que, dans des conditions de laboratoire, un marcheur en bonne forme physique et bien entraîné dépensera plus d'énergie s'il utilise des poids, il en va tout autrement dans la pratique ordinaire de la marche. Le fait de porter des poids altère la démarche naturelle du marcheur. De plus, la tension qui est créée durant le balancement des bras peut causer des blessures aux articulations des coudes et des épaules. Enfin, il n'est pas naturel de transporter des poids. En outre, comme ces derniers sont encombrants, vous ne retirerez aucun plaisir à marcher ainsi lesté. Il demeure que le plus grand attrait de la marche est cette liberté qu'elle procure. Le fait de ne pas avoir besoin d'équipement pour s'adonner à cette activité est l'un des plus grands incitatifs à marcher. D'ailleurs, vous pouvez accroître l'intensité de votre marche sans utiliser de poids, et ce, sans risque et tout en étant parfaitement à l'aise. Il vous suffit d'augmenter la vitesse de votre marche ou d'en accroître l'intensité en gravissant une pente. Si vous souhaitez utiliser davantage vos bras, concentrez-vous sur leur mouvement de balancement ou utilisez des bâtons de marche.

Améliorez l'élan de vos bras

Pour faire jouer un rôle aux bras, il faut modifier leur mouvement. Assurez-vous que vous respectez la position générale des bras décrite à la page 27 — ils doivent former un angle de 90 degrés — et effectuez des mouvements successifs rapides et précis. Si vous désirez augmenter votre vitesse, ces mouvements des bras vous aideront, car plus vous les

a   b   c

Une intensité redoublée

*En plus d'augmenter la dépense énergétique,
les bâtons de marche servent à maintenir
l'équilibre sur des terrains difficiles.*

COMMENT UTILISER
DES BÂTONS DE MARCHE

L'usage de bâtons de trekking (randonnée pédestre en montagne) devrait enrichir votre technique de marche habituelle et non la remplacer. Il convient donc de laisser aller le mouvement d'oscillation des bâtons de façon relâchée, selon le même rythme que le mouvement naturel des bras. Placez vos bâtons près de votre corps. Passez vos mains dans les dragonnes et gardez une prise décontractée sur les poignées (**a**). Quand le pied actif amorce l'enjambée, ramenez le bâton opposé en avant et plantez-le dans le sol à égalité avec ce pied (**b**). Utilisez ce bâton pour vous propulser en avant et relâchez votre prise sur la poignée quand le bâton oscille vers l'avant. Rappelez-vous qu'il faut pousser sur le bâton vers l'arrière et non perpendiculairement au sol. Quand le pied arrière est ramené devant, balancez l'autre bâton par en avant (**c**). Tenez vos épaules basses et détendues quand vous marchez et déplacez vos bâtons en balançant la partie supérieure de votre torse et vos hanches.

balancez, plus vite les pieds suivront. Vos bras doivent être maintenus à la hauteur de la poitrine et balancer de l'avant à l'arrière et non latéralement.

Utilisez des bâtons de marche

Au cours des dernières années, de plus en plus de marcheurs ont commencé à utiliser des bâtons de marche. Contrairement aux poids, ils sont assez légers pour ne pas gêner le balancement naturel des bras et ils facilitent la progression, car vous vous en servez pour vous propulser. En outre, leur usage peut augmenter la dépense d'énergie d'au moins 30 %. Quand vous plantez les bâtons dans le sol et poussez à chaque pas, vous créez une résistance contre le sol. L'importante masse musculaire du haut du corps est alors sollicitée, notamment les bras, les épaules et la poitrine, ce qui accroît la dépense énergétique. La technique d'utilisation des bâtons de marche requiert un certain apprentissage (voir l'encadré à gauche), et des instructions sont habituellement fournies, sur papier et parfois sur vidéo. Les bâtons de marche sont tout indiqués pour les chemins et les sentiers dans la nature, mais ils ne conviennent pas pour les surfaces dures et le bitume, car l'impact risque d'endommager les articulations de vos épaules et de vos coudes. Pour obtenir plus de renseignements sur l'achat de ces bâtons, reportez-vous aux pages 134 et 135.

COURIR

Comme pour la marche, assurez-vous d'avoir une bonne posture lorsque vous courez. Concentrez-vous d'abord sur vos pieds, puis sur le reste de votre corps en remontant jusqu'à votre tête. Attaquez le sol avec le talon, puis « déroulez » votre pied jusqu'aux orteils. Repoussez alors le sol avec les orteils. Gardez l'abdomen rentré, basculez le bassin en arrière et rentrez les muscles fessiers. Quand vous courez, ne courbez pas le dos : allongez-le plutôt, tout en vous inclinant légèrement vers l'avant. Pliez vos bras selon un angle légèrement inférieur à 90 degrés et balancez-les, bien droits, d'avant en arrière. Évitez de les croiser devant votre corps. Relâchez vos épaules et votre cou. Votre tête doit rester centrée entre vos épaules, le menton relevé, parallèle au sol.

La technique de la marche-course

Même si la marche demeure leur activité principale, certains aiment inclure la course dans leur programme pour y apporter un peu de variété. Il importe de préciser que la marche n'est pas un exercice moins bon que la course à pied. En effet, la marche régulière et intense peut être tout aussi exigeante que la course, sans toutefois présenter de risques de blessures. C'est pourquoi de plus en plus d'athlètes optent pour la marche qui, tout en étant sans risque, demeure la meilleure façon de garder la forme physique. Toutefois, quand vous atteignez une vitesse supérieure à 7 km/h (4,5 mi/h), votre marche prend l'allure d'une course, car un temps de suspension (phase aérienne) sépare les phases d'appui unilatéral, de sorte que votre corps n'est plus toujours en contact avec le sol.

À une vitesse de marche de plus de 7 km/h (4,5 mi/h), la course devient plus économique sur le plan du travail. À cette allure, en luttant contre l'envie de courir, mais en continuant à marcher, vous améliorerez grandement votre condition physique. Il semble qu'il soit plus facile de courir à cette vitesse en raison de la propulsion naturelle transmise par les voûtes plantaires. Celles-ci emmagasinent l'énergie qui leur est appliquée au moment de la prise de contact avec le sol, puis agissent comme un ressort de suspension en la restituant aux jambes en action. Si les articulations de vos chevilles, de vos genoux et de vos hanches tolèrent bien les chocs qu'elles reçoivent durant la course, si votre corps est en bonne forme physique générale (voir pages 140 à 147), si vous avez déjà consulté votre médecin et si vous connaissez les risques inhérents à la pratique de la course (voir page 97), pourquoi alors ne pas intégrer un programme de marche-course dans votre programme de marche régulier ?

Quand votre corps sera prêt, vous pourrez passer tout naturellement au pas de course. D'abord, vous ressentirez probablement le besoin de courir quand vous descendrez une pente douce. La course en alternance avec la marche

LE PROGRAMME D'ENTRAÎNEMENT TYPE	
Semaine	**Activité à accomplir 4 jours par semaine**
1	Courez pendant 2 minutes, marchez pendant 4 minutes. Faites l'exercice 5 fois.
2	Courez pendant 4 minutes, marchez pendant 2 minutes. Faites l'exercice 5 fois.
3	Courez pendant 5 minutes, marchez pendant 2,5 minutes. Faites l'exercice 4 fois.
4	Courez pendant 7 minutes, marchez pendant 3 minutes. Faites l'exercice 3 fois.
5	Courez pendant 8 minutes, marchez pendant 2 minutes. Faites l'exercice 3 fois.

devient un exercice très stimulant et peut, en fin de compte, accroître l'intensité de votre exercice (voir page 44). Introduisez lentement la course dans votre programme de marche (voir l'encadré ci-dessous). Si la course nuit à votre vitesse de marche, attendez d'être en meilleure forme physique avant de courir.

Quand vous définissez votre programme de marche-course, vous pouvez prévoir un temps pour chacun des intervalles de marche et de course ou vous servir de points de repère apparaissant sur votre parcours pour savoir quand changer de rythme. Essayez le programme de cinq semaines que présente le tableau de la page précédente ; mettez-le en pratique les lundis, les mercredis, les vendredis et les samedis et prenez deux jours de repos. Le programme alloue 30 minutes par jour à cette activité et est établi en fonction d'une augmentation progressive du temps de course en relation avec le temps de marche.

LA SÉCURITÉ D'ABORD

Ne vous épuisez pas. Rappelez-vous que la marche-course est facultative. Si vous poussez trop loin vos limites lorsque vous commencez à courir et que vous n'êtes pas suffisamment en forme, vous pouvez vous décourager et décider d'abandonner votre programme de marche. Soyez à l'écoute de votre corps et allez-y progressivement pour éviter toute blessure susceptible de vous ramener loin en arrière, au début de votre entraînement.

LA MARCHE-COURSE

Courez pendant une minute, marchez un peu, puis courez de nouveau quand vous vous en sentez capable. Marchez entre deux points de repère précis, comme des lampadaires ou des arbres, puis courez entre deux autres, jusqu'à ce que vous ayez atteint votre limite. Gardez un bon rythme, sans toutefois vous épuiser. Ainsi, vos muscles travailleront plus fort et cet exercice sera bien plus bénéfique. Prévoyez toujours du temps, vers la fin, pour ralentir votre rythme et récupérer.

LA TECHNIQUE — DÉPANNAGE

Vous avez commencé à suivre un programme de marche et vous faites des progrès. Cependant, certaines douleurs vous empêchent d'aller plus loin. Si l'un des problèmes suivants vous est familier, voici des éléments de solution.

J'ai mal aux pieds après avoir marché. Est-ce que je marche correctement?

Il vous faut porter des chaussures bien rembourrées et dont la semelle a une bonne adhérence au sol. Procurez-vous des chaussures confortables chez un marchand spécialisé reconnu. Remplacez-les au bout de 560 km (350 mi), ou avant, selon votre poids corporel. Reportez-vous aux pages 123 à 127 pour savoir comment trouver les bonnes chaussures.

J'ai peur d'avoir mal au dos quand je marche. Que puis-je faire pour ne pas souffrir de maux de dos?

Les maux de dos sont la plupart du temps dus à une mauvaise posture. Respectez la technique décrite précédemment (voir pages 26 et 27) et assurez-vous de ne pas courber les épaules ou cambrer le dos. Demandez à quelqu'un de se placer devant vous et d'observer votre démarche, ou encore marchez sur un tapis roulant et étudiez votre posture dans un miroir. Si vos muscles ischio-jambiers sont raides, ils peuvent aussi causer une douleur au bas de votre dos. Essayez alors d'améliorer la flexibilité de ces muscles à l'aide d'exercices particuliers (voir page 41). Si la douleur persiste après quelques jours, consultez votre médecin.

Je ressens souvent une tension et une douleur aux épaules et dans le haut du dos après avoir marché. Pourquoi donc?

La position du haut de votre corps n'est peut-être pas adéquate. Si vos épaules sont voûtées et vos bras, contractés, il s'ensuit une tension dans la ceinture scapulaire, qui peut causer de la douleur. À ce moment, essayez plutôt de voir la marche comme une activité de détente et non comme une autre tâche à accomplir dans votre journée très chargée.

J'ai de la difficulté à maintenir le rythme de ma respiration quand je marche. Que puis-je faire?

Essayez de vous donner un rythme en comptant quatre temps pour une inspiration et trois temps pour une expiration. Vous pouvez aussi coordonner votre respiration avec vos pas (voir page 31). Notez cependant que vous devrez la rajuster si vous accélérez ou ralentissez l'allure. À la longue, vous devriez arriver à ne plus penser à votre respiration. Si vous ressentez un point de côté, changez votre façon de respirer (voir page 31).

J'essaie d'avoir une bonne technique de marche, mais j'ai l'impression qu'il y a quelque chose qui cloche. Qu'est-ce qui ne va pas?

Rien. Si vous avez marché de façon incorrecte pendant toute votre vie et que vous avez modifié votre démarche pour adopter une bonne technique de marche, vous êtes conscient que vous utilisez maintenant vos muscles d'une manière différente. Il y a un problème si l'on ressent une douleur quelconque. Ne modifiez pas votre technique à moins d'éprouver des douleurs particulières qui persistent après une période de repos. En pareil cas, consultez votre médecin.

J'ai une douleur sur le devant de la jambe. Qu'est-ce que c'est? Comment puis-je prévenir cette douleur?

Les marcheurs débutants se plaignent souvent de douleurs aiguës au bas des jambes, sur le devant des tibias. Lorsque vous marchez rapidement, les muscles situés sur le devant des tibias se contractent et s'allongent pour faire fléchir et pointer les pieds. Or ces muscles sont grandement sollicités dans la marche et, quand on ne les utilise pas souvent — ce qui est le cas pour la plupart des gens —, ils peuvent devenir douloureux et une inflammation peut se manifester (périostite). Si vous avez porté des chaussures à talons hauts pendant des années, il est alors possible que les muscles situés sur le devant de vos tibias ne s'étirent pas dans toute leur amplitude. Le repos peut atténuer la douleur. Si cette dernière persiste, consultez votre médecin. Consacrez aussi plus de temps à votre échauffement et assurez-vous de porter des chaussures adéquates (voir également page 113).

J'ai souvent des crampes après avoir marché. Comment faire pour les prévenir?

Si votre marche a été trop exigeante, il est normal que vous soyez pris de crampes aux pieds, aux mollets ou aux cuisses peu de temps après votre exercice. À ce moment, c'est l'accumulation d'acide lactique et d'autres substances chimiques dans vos muscles qui est en cause. Il peut également y avoir de petites lésions dans les fibres musculaires. Les crampes surviennent aussi lorsqu'on transpire abondamment; il en résulte une perte de sodium qui perturbe l'activité des fibres musculaires. Ainsi, une marche qui exige un grand effort par temps très chaud peut être à l'origine de crampes semblables. Quand vous avez des crampes, étirez les muscles touchés et massez-les (voir page 113). Les crampes ne devraient durer que quelques minutes. Si elles persistent plus d'une heure, consultez votre médecin.

FAIRE PREUVE
D'INITIATIVE

3

Découvrir comment la marche peut vous amener bien plus loin,
seul ou accompagné, partir à la découverte d'environnements
bien particuliers et connaître les précautions
à prendre en ces endroits.

MARCHER **SEUL**

Des sondages ont révélé que plus de la moitié des marcheurs préfèrent marcher seuls. Que vous vous promeniez au son de la musique ou dans la quiétude, marcher seul n'est certes pas une activité ennuyeuse.

Le grand attrait de la marche en solitaire est que vous allez à votre pas, tout à votre aise, sans être poussé par qui que ce soit ou sans être ralenti par un marcheur moins rapide que vous. Marcher avec un ami est sans aucun doute une bonne source de motivation. Toutefois, en raison des contraintes de temps de celui-ci, il est possible que vous ne puissiez aller marcher aussi souvent que vous le souhaiteriez. Par ailleurs, si vous choisissez de marcher seul, en particulier dans un endroit isolé, suivez toujours les règles de sécurité énoncées à la page 94.

La marche, un temps pour vous occuper

Même si le temps passe vite quand vous marchez seul, vous aurez parfois besoin d'encouragements ou de stimulations supplémentaires. Or vous pouvez utiliser le temps de votre marche pour en retirer bien d'autres avantages.

Améliorez votre mémoire

Quand vous marchez, prêtez une attention particulière aux noms des rues et des boutiques sur votre parcours et essayez de vous les rappeler la prochaine fois. Vous pouvez aussi vous remémorer les dates d'anniversaire ou les numéros de téléphone de parents ou d'amis. Si vous vous préparez en vue d'un examen, utilisez une méthode mnémotechnique par repérage des lieux pour vous aider. Vous garderez ainsi en mémoire des événements, des mots ou des dates, en faisant des associations mentales avec des points de repère sur votre route. Il vous suffira de revoir votre parcours de marche pour vous les rappeler par la suite.

Méditez en marchant

Dans les méthodes habituelles de méditation comme le yoga, on vous isole à l'intérieur d'une pièce où règne le silence. Vous vous immobilisez dans une position que vous maintenez tout en vous concentrant sur une image ou sur un mantra — un mot ou une phrase que vous répétez mentalement —, ou encore sur le rythme de votre respiration. De manière semblable, vous pouvez méditer en marchant, à cette différence que, pour atteindre une paix intérieure, vous vous concentrez sur votre corps en action.

Promenez votre chien

Des études montrent que la compagnie d'animaux domestiques réduit considérablement le stress. Les chiens sont de bons compagnons de marche.

LES CASSETTES ET LES DISQUES COMPACTS DE MARCHE | Des explications

Les cassettes et les disques compacts de marche sont conçus pour faciliter le rythme de votre marche. Ils contiennent de la musique à différents battements par minute (bpm) qui peut se synchroniser avec vos pas. Les enregistrements destinés aux débutants comptent en moyenne 155 bpm. Certains ont un tempo différent pour les périodes d'échauffement et de récupération, ainsi que pour d'autres étapes de votre marche. Au lieu d'acheter ces disques et cassettes, vous pouvez vous en créer. Comptez pendant 15 secondes le nombre de battements dans une chanson, puis multipliez ce nombre par quatre pour connaître le nombre de battements par minute. Par exemple, les chansons *When the Going Gets Tough* de Billy Ocean et *Like a Virgin* de Madonna ont un tempo moyen de 120 bpm, alors que le tempo de *Crocodile Rock* d'Elton John est d'environ 160 bpm.

Voici quelques règles pour la marche méditative :

■ **Trouver un parcours.** Trouvez un endroit où vous pouvez marcher dans la tranquillité durant 10 minutes et vous y sentir en sécurité. Vous pouvez, par exemple, marcher dans un parc ou dans une forêt et, idéalement, à proximité d'un cours d'eau. Marchez lentement, mais gardez une allure normale.

■ **Se concentrer sur son corps.** Concentrez-vous sur chaque partie de votre corps, en remontant des pieds, des chevilles et des mollets vers les hanches, l'abdomen et la colonne vertébrale. Prenez conscience des mouvements de vos articulations et de l'action conjointe de toutes les parties de votre corps.

■ **Se détendre et se laisser aller.** Concentrez-vous sur vos muscles. S'ils sont raides, essayez de vous détendre et de relâcher toute tension. Si vous constatez que certaines préoccupations envahissent votre pensée, laissez-leur libre cours, puis concentrez-vous de nouveau. Imprégnez-vous des sensations de votre corps.

■ **Ralentir, puis s'arrêter.** À la fin de votre marche, ralentissez peu à peu. Profitez de la période d'étirement

pour vous détendre en prenant conscience de tout votre corps. La marche méditative nécessite un certain entraînement. Refaites le même parcours plusieurs fois chaque semaine. Commencez par des périodes de 5 à 10 minutes, puis augmentez-les jusqu'à 20 minutes. Quand vous aurez pris l'habitude de méditer en marchant, votre esprit sera libre de toute distraction et vous vous sentirez agréablement détendu.

Écoutez de la musique en marchant

Écouter de la musique est une activité qui permet de s'évader. Combinée avec une activité aérobique, telle que la marche, elle vous aidera à vous détendre. Vous pouvez opter pour une musique instrumentale douce, qui a un effet calmant, ou pour une musique rythmée, qui vous aidera à trouver un bon rythme de marche. Vous pouvez également vous procurer des cassettes ou des disques compacts destinés aux marcheurs et choisir le tempo qui convient à votre rythme de marche (voir l'encadré ci-dessus).

Si vous écoutez de la musique en marchant, ne vous laissez pas absorber par celle-ci au point de ne plus vous rendre compte de ce qui se passe autour de vous. On a souvent tendance à oublier combien est utile le sens de l'ouïe pour traverser les rues. Vous devez être vigilant et pouvoir entendre arriver les gens derrière vous. C'est pourquoi il est préférable que vous n'utilisiez qu'un seul écouteur.

GARDEZ VOTRE CERVEAU ACTIF

La recherche a montré que les gens qui font de l'exercice aérobique, comme la marche, obtiennent de meilleurs résultats dans les tests d'intelligence que ceux qui sont sédentaires. Le phénomène s'explique ainsi : la marche active la circulation sanguine et, par voie de conséquence, augmente l'apport d'oxygène au cerveau, ce qui garde ce dernier alerte et retarde le vieillissement naturel des cellules du cerveau.

MARCHER **ACCOMPAGNÉ**

L'homme est un être sociable. Quand on marche en compagnie d'autres marcheurs, on se sent plus fort et plus à l'aise. Il y a aussi d'autres avantages à marcher en groupe, particulièrement lorsque l'exercice de marche est bien planifié.

Il vous est probablement déjà arrivé, un jour, de commencer à suivre un programme d'exercices prometteur avec enthousiasme. Cependant, après quelques semaines, vous avez trouvé difficile de poursuivre votre entraînement et vous l'avez alors abandonné. À vrai dire, le manque de motivation est l'un des plus gros obstacles à la pratique régulière d'une activité. Or la marche en compagnie d'autres personnes peut vous apporter la motivation nécessaire.

Être membre d'un club ou d'un groupe de marche, c'est comme avoir son propre entraîneur auprès de soi. Par exemple, vous obtenez des encouragements, recevez des conseils techniques utiles et n'avez pas à vous soucier de votre sécurité. En outre, vous échangez des idées nouvelles. Le fait d'appartenir à un groupe de marche vous permet en plus de vous adonner à votre activité sans frais et de vous faire de nouveaux amis.

Il a été prouvé que les gens sont plus enclins à rester attachés à un groupe de marche lorsque celui-ci se trouve à proximité de chez eux. Pour cette raison, essayez de vous joindre à un groupe de marcheurs de votre quartier. Vous trouverez des renseignements sur un tel groupe à votre bibliothèque locale, dans les journaux et sur les sites Internet. S'il n'en existe pas, pourquoi alors n'en créeriez-vous pas un (voir page 62) ?

La force d'un groupe

La présence d'autres personnes stimule bien des gens à pousser leurs limites plus loin. Comme la plupart des clubs ou des groupes de marche se composent de diverses catégories de marcheurs, vous ne vous sentirez jamais mis à l'écart et vous y trouverez toujours quelqu'un pour vous encourager et vous motiver si vous commencez à vous décourager. De plus, l'appartenance à un groupe est propre à vous inciter à marcher régulièrement, surtout si l'activité a lieu à une heure fixe chaque semaine. Vos marches en groupe vous permettront aussi de découvrir de nouveaux endroits, que ce soit au cœur même d'une ville, au fond de la campagne ou ailleurs, à l'étranger.

Plus on est nombreux, moins il y a de danger

Dans un sondage récent, plus de 70 % des femmes interrogées ont dit ne pas se sentir en sécurité lorsqu'elles marchent seules. La sécurité est l'une des principales raisons invoquées pour adhérer à un groupe de marche ou pour former un tel groupe. Lorsqu'on marche avec d'autres, on se sent en bonne compagnie et rassuré, de sorte qu'on ne craint pas de sortir pour marcher au moment et à l'endroit voulus. En outre, la marche en groupe vous permet d'éviter de vous blesser. En effet, il y aura toujours quelqu'un auprès

Partir à l'aventure
En marchant avec d'autres, vous courez la chance de découvrir de nouveaux endroits où vous ne seriez peut-être pas allé seul.

de vous pour corriger votre technique et s'assurer que vous travaillez selon vos capacités, sans excès. Par ailleurs, les marcheurs de tête ont habituellement une formation en premiers soins. Il est donc rassurant de savoir que quelqu'un du groupe peut prêter assistance à tout marcheur qui se blesse.

Les relations sociales

Nos obligations familiales et professionnelles limitent souvent les occasions de nous faire de nouveaux amis dans le voisinage. Les clubs ou les groupes de marche offrent de telles occasions en vous accueillant au sein d'une communauté amicale et solidaire, ce qui, en soi, est rassurant. Votre cercle social s'élargit alors. Vous rencontrez des gens avec qui vous avez des affinités, et des liens d'amitié durables peuvent se tisser. Vous pouvez trouver qu'il est si agréable de marcher accompagné que vous en oubliez même votre objectif premier, qui est d'améliorer votre condition physique par la marche.

Marcher pour le bien de la collectivité

Si vous êtes déjà en excellente forme physique et que vous marchez régulièrement, pourquoi ne pas vous joindre à un groupe de gens qui marchent pour une cause. Ces marches organisées pour des œuvres de charité constituent une bonne façon de vous engager dans votre collectivité et de travailler pour son bien. En plus, elles contribuent à sensibiliser les gens à une cause et permettent d'amasser des fonds. Le nombre de participants peut varier de 20 à 20 000 personnes et la distance à parcourir va de 3 à 5 km (2 à 3 mi). Il peut s'agir de marches dans les parcs locaux ou de longues randonnées pédestres dans les sentiers nationaux. Ces marches peuvent même vous entraîner dans des endroits exotiques, tels que les chaînes montagneuses Atlas de l'Afrique du Nord ou les glaciers de l'Islande.

Plusieurs associations caritatives nationales organisent des « marchethons » annuels. Vous pouvez vous renseigner sur de telles marches en communiquant directement avec ces associations ou encore en cherchant des informations sur leurs activités dans les journaux ou sur les tableaux d'affichage. Vous pouvez aussi organiser vous-même un marchethon dans votre propre quartier afin d'amasser des fonds pour l'hôpital ou l'école du coin. Essayez alors de trouver des commanditaires bien longtemps à l'avance. Outre les dons que vous obtiendrez de vos parents, amis et voisins, demandez à votre employeur ou à des entreprises locales de s'engager à verser une contribution.

Les trucs du marcheur expérimenté

S'IMPLIQUER

Marchez en vacances

Marcher quand on est en vacances est une excellente façon de rencontrer des gens qui ont les mêmes centres d'intérêt et qui poursuivent les mêmes objectifs, tout en découvrant de nouveaux paysages et de nouvelles cultures.

Marchez dans les centres commerciaux

Marcher parmi d'autres gens qui font leurs emplettes est une excellente façon de marcher en société sans s'impliquer dans un groupe.

Formez un groupe de marche

Si vous connaissez le motif qui vous incite à marcher, vous trouverez gratifiant d'amener des gens qui ont des motifs semblables à se joindre à vous.

Marchez pour une œuvre de charité

Marcher pour recueillir des fonds destinés à une œuvre de charité est une bonne façon de se sentir utile à la communauté.

Devenez membre d'une association

Si vous préférez un type de marche particulier, tel que la marche athlétique ou la course d'orientation, renseignez-vous auprès d'une association nationale afin de connaître les activités des groupes de marche de votre région.

Comment former un groupe de marche

Former un groupe de marche est une expérience très valorisante. Non seulement pourrez-vous aider à améliorer le bien-être physique et moral des autres participants, mais vous contribuerez aussi à sauver des vies. Si vous arrivez à faire marcher de 60 à 70 personnes dans la quarantaine ou la cinquantaine, qui sont au préalable en bonne santé mais sédentaires, chaque année, vous aurez évité à l'une de ces personnes d'être foudroyée par un infarctus ou un accident vasculaire cérébral. Vous retirerez une grande satisfaction de cet accomplissement, sans compter la joie, la confiance et la paix intérieure que procure l'agréable compagnie d'autrui.

Faites des recherches

Vous avez peut-être déjà cherché à savoir s'il existait un groupe de marche dans votre région et constaté qu'il ne répondait pas à vos attentes. Pourquoi alors ne pas former le vôtre ? Si vous venez de commencer à pratiquer la marche, vous pouvez rassembler d'autres personnes qui veulent s'initier à cette activité et parcourir de courtes distances dans votre quartier.

Si vous décidez de former un groupe de marche, communiquez avec une organisation nationale de marche semblable au mouvement *Walking the Way to Health* du Royaume-Uni. Créé grâce au soutien de la Countryside Agency et de la British Heart Foundation, ce mouvement gère tous les clubs et groupes de marche du pays. Il offre aux chefs de groupe bénévoles des programmes d'entraînement, leur prodigue des conseils utiles et leur permet d'établir des liens avec d'autres personnes. D'autres organisations nationales de marche peuvent aussi avoir déjà des succursales dans votre région ou peuvent vouloir en créer. Grâce à leur appui, vous pourrez former un groupe de marche plus facilement.

Vous pouvez aussi vous adresser à des groupes de marche existants, même si le type de marche qu'ils pratiquent ne correspond pas à celui qui vous intéresse. Par exemple, les groupes de marche athlétique ou de randonnée pédestre peuvent vous être utiles et vous orienter vers les organisations que vous recherchez. Il sera bon de maintenir une relation avec ces groupes, car ils pourront diriger de nouveaux membres vers votre propre groupe et, en retour, vous pourrez leur en envoyer. Pour faire appel à ces groupes, les journaux, le réseau Internet et la bibliothèque municipale vous fourniront les renseignements voulus.

La sécurité avant tout

Si vous êtes habituellement le responsable des marches d'un groupe, il vous faudra envisager de souscrire une bonne

---

Les trucs du marcheur expérimenté

LES RÈGLES DU GROUPE

Comprenez bien les objectifs
Assurez-vous que vous comprenez bien ce que vous devez être en mesure de faire (par exemple, en ce qui concerne la durée de l'activité et la distance à parcourir) et que cela vous convient.

Restez groupé
Ne laissez pas le peloton de queue loin derrière. Attendez qu'il vous rattrape, à moins que vous n'ayez reçu d'autres consignes. Puis, accordez à ces marcheurs plus lents le temps de reprendre leur souffle.

Prenez soin des autres
Si l'un des membres du groupe ne se sent pas bien ou se blesse, il faudra qu'au moins un marcheur demeure auprès de cette personne pendant que d'autres iront chercher de l'aide.

Respectez les autres
Vous pouvez bavarder tout en marchant, mais respectez les gens qui préfèrent marcher en silence. Dans un groupe composé d'un bon nombre de marcheurs, il est habituellement facile de trouver des gens qui ont des affinités semblables.

Demandez la permission d'emmener votre chien
N'emmenez votre chien que si cela ne gêne personne du groupe. Si certains n'apprécient pas la présence de votre chien, vous pouvez envisager de vous joindre à un groupe dans lequel les chiens accompagnent leur maître, ou encore former un tel groupe.

LA PLANIFICATION DU PARCOURS | Des explications

Si vous créez un groupe de marche, il vous faudra prévoir un itinéraire et choisir des trajets adaptés aux capacités des gens. La planification d'une marche peut devenir une réalisation artistique à un certain point de vue, car vous tenterez d'y introduire de la variété — édifices, parcs, champs, forêts — de façon qu'elle soit intéressante et équilibrée. Vous pouvez choisir une destination, comme un parc ou une église, propre à inspirer un sentiment d'appartenance. Il est très stimulant d'aller dans un endroit magnifique, alors qu'un parcours sans attraction est déprimant et fait paraître la destination inaccessible. Il est également préférable de gravir des pentes lorsque le groupe a effectué la moitié du parcours, c'est-à-dire après que les marcheurs se sont bien échauffés, mais avant qu'ils soient fatigués. Faites vous-même le trajet avant de le proposer aux autres. Ainsi, vous connaîtrez la durée du parcours et tous les détails qui l'agrémenteront, de même que les dangers mineurs qui pourront se présenter, tels qu'un pavé en mauvais état. Planifiez un parcours circulaire (une boucle) ou encore fixez une destination, puis revenez sur vos pas. Il est étonnant de constater combien un chemin peut être différent si on le prend simplement en sens inverse.

police d'assurance. Les organisations de marche seront probablement en mesure de vous conseiller quant aux meilleurs assureurs ou pourront vous offrir leurs propres services d'assurances. Pour bénéficier d'une protection complète, vous devrez sans doute satisfaire à certaines exigences imposées par les assureurs. Par exemple, vous aurez peut-être à remplir des questionnaires sur l'état de santé de chacun des membres du groupe et à vous adjoindre deux personnes formées en premiers soins pour chacune de vos marches.

À titre de chef ou d'organisateur d'un groupe de marche, vous serez responsable de la santé et de la sécurité des membres de votre groupe. C'est pourquoi chaque nouveau membre devra remplir un questionnaire sur son état de santé (comme celui de la page 97). Ainsi, vous saurez si certaines personnes ont besoin de consulter un médecin avant d'intensifier leur activité et vous pourrez établir un programme adapté au niveau de chacun. Vous devrez avoir suivi auparavant un cours de premiers soins, notamment un cours de réanimation cardiorespiratoire (voir l'encadré, page 116) et porter en tout temps un téléphone cellulaire. Si quelqu'un se blesse ou a un malaise, vous devez demeurer auprès de cette personne et envoyer deux marcheurs chercher du secours.

En campagne de recrutement

Vous pouvez former un groupe de marche avec les membres de votre famille et avec vos amis. Toutefois, plus il y aura de participants, plus l'activité sera productive et amusante, avec des personnes de divers âges et horizons qui marchent à différents moments de la semaine. Vous pouvez aussi organiser une assemblée au centre communautaire de votre quartier pour voir si des gens sont intéressés à faire partie d'un groupe de marche et pour connaître le moment qui leur conviendrait le mieux pour marcher. Par la même occasion, vous pouvez aussi recruter des meneurs. Enfin, demandez à un professionnel de la santé de venir parler des effets bénéfiques de la marche pour la santé au cours de cette assemblée et d'appuyer votre projet.

Pour recruter de nouveaux adeptes de la marche, placez des annonces dans les journaux locaux, les bureaux de médecins, les centres commerciaux et les gymnases des environs, ainsi que sur les tableaux d'affichage communautaires. Indiquez vos coordonnées (numéro de téléphone et adresse de courrier électronique) pour que les gens puissent vous contacter et pour que vous puissiez avoir une idée du nombre de personnes intéressées à se joindre à votre groupe.

Les buts et les attentes

Le plus grand avantage de la marche en groupe est que vous pouvez partager votre enthousiasme avec des gens qui poursuivent des objectifs semblables. Il vous faudra toutefois bien connaître les attentes des autres au sein du groupe. Si vous faites de la marche athlétique (voir page 86) en groupe, tous les membres doivent au préalable être de même niveau et être capables de marcher d'un pas rapide. Si vous formez un groupe de débutants, établissez clairement dès le départ le niveau de l'activité afin de ne pas décevoir personne. Pour obtenir plus de renseignements sur l'organisation et la planification des marches, reportez-vous aux pages 174 à 177.

Un dépaysement total

Les voyages organisés de randonnée pédestre peuvent vous amener en des lieux que vous n'auriez jamais la chance de visiter si vous vous déplaciez en voiture ou en autobus. Les déserts, les gorges, les canyons, de même que les pâturages alpestres et la zone littorale sont autant d'endroits susceptibles de captiver le randonneur. Une randonnée pédestre effectuée pour vous rendre à un monument ou à des ruines peut aussi être éducative et vous renseigner sur le milieu culturel et l'histoire du pays. Il existe des sentiers pédestres bien connus, notamment la route des Incas, au Pérou, qui mène à la cité perdue de Machu Picchu, le sentier qui longe la Grande Muraille de Chine et la route des Conquérants, au Mexique, qui traverse des canyons profonds, des vallées verdoyantes, des forêts tropicales et des sources thermales.

Se préparer
pour un voyage de randonnée pédestre

Les voyages organisés pour les marcheurs ne ressemblent en rien aux voyages en circuit où l'on se dit : « C'est mardi aujourd'hui, nous devons donc être en Grèce. » En effet, au lieu de visiter rapidement un grand nombre de pays sans vraiment retenir quoi que ce soit de l'endroit, vous découvrirez un pays, ou une partie de celui-ci, de fond en comble. Vous vous familiariserez avec sa campagne et ses villes, visiterez les points d'intérêt, goûterez à la nourriture typique de l'endroit et côtoierez la population locale.

Il existe différents types de voyages organisés. Choisissez bien celui qui vous convient : certaines agences proposent des itinéraires de groupe détaillés, alors que d'autres se limitent à vous amener à destination, vous donnent l'information nécessaire sur place et vous laissent planifier l'itinéraire de vos randonnées. Informez-vous également du nombre de marcheurs dans le groupe.

Avant de réserver, vérifiez si les vacances ne demandent pas une préparation au-delà de vos capacités. Soyez ambitieux, mais réaliste. Si vous êtes un marcheur inexpérimenté, n'essayez pas de traverser le désert de Gobi en trois semaines, une excursion que vous apprécierez alors davantage si vous n'êtes pas pressé par le temps. En revanche, les pentes les plus douces des Alpes pourraient vous convenir. Vous pourrez choisir de vous installer à un endroit et d'explorer la région à fond ou de vous déplacer constamment d'un point à un autre en suivant un itinéraire établi. Si vous retenez cette dernière option et ne souhaitez pas transporter vos bagages, faites affaire avec un voyagiste qui s'occupera de faire prendre vos bagages chaque matin et de les faire déposer à votre nouvel hôtel. Informez-vous également de la distance quotidienne à parcourir et du type de terrain sur lequel vous marcherez, de façon à vous préparer adéquatement. La préparation n'est pas la même s'il s'agit de marches quotidiennes de deux heures en terrain plat ou de randonnées en montagne à raison de cinq heures par jour. Les programmes de marche présentés au chapitre 6 vous serviront à bien vous préparer. Un voyage de randonnée pédestre est une belle expérience qui devrait vous revigorer.

Des recherches utiles

Si vous projetez de faire un voyage de randonnée pédestre, il est bon d'acquérir certaines connaissances au préalable. Il importe d'abord de se renseigner sur la température de la région à visiter. Le site <www.metoffice.com> donne les prévisions météorologiques pour presque tous les endroits dans le monde, pour les cinq prochains jours. Renseignez-vous aussi sur la culture, la faune et la flore de la région. Si vous êtes capable de communiquer avec les gens du pays dans leur propre langue, ils l'apprécieront et y verront un

témoignage de respect. En outre, vous profiterez plus pleinement de votre voyage si vous pouvez identifier les oiseaux, les mammifères et les plantes indigènes et si vous connaissez les événements qui ont marqué l'histoire de la région.

La santé en vacances

Assurez-vous de recevoir tous les vaccins nécessaires en temps opportun — à l'avance et non à la toute dernière minute — de sorte qu'ils vous protègent convenablement. La malaria est une maladie qui prend de l'expansion partout dans le monde. Chaque année, des milliers de personnes ayant voyagé à l'étranger reviennent dans leur pays atteintes de cette maladie, principalement parce qu'elles n'ont pas pris de comprimés contre la malaria ou ne les ont pas pris pendant le temps prescrit. Assurez-vous de prendre vos médicaments au moment recommandé et d'en connaître la posologie et veillez à apporter avec vous la bonne quantité de comprimés.

Si le choléra est une maladie endémique dans les régions que vous visitez, lavez bien tous les fruits, les légumes et la laitue avant de les consommer, et ce, à l'eau embouteillée. N'utilisez que de l'eau embouteillée pour boire et pour vous brosser les dents. Discutez avec votre médecin de tout ce qui touche la santé relativement à votre destination ou rendez-vous dans une clinique du voyageur. Le centre local de services communautaires (CLSC) de votre localité peut vous donner des conseils en matière de prévention. Si vous prenez des médicaments de façon régulière, assurez-vous d'en apporter suffisamment et même en surplus. Vous devrez peut-être présenter aux douaniers une lettre de votre médecin qui justifie votre ordonnance, en particulier si vous transportez des seringues. Apportez un bon insectifuge qui contient au moins 40 % de DEET (diéthyltoluamide), un ingrédient actif employé pour repousser les insectes.

Le parfait bagage

La règle à suivre est de ne pas apporter trop de choses dans vos bagages, en particulier si vous devez transporter tous vos biens sur votre dos. Voici les objets essentiels : un appareil photo, de l'argent, un téléphone cellulaire, une trousse de premiers soins, une bouteille d'eau et des vêtements adéquats. Les livres volumineux et les grosses jumelles lourdes peuvent perdre tout leur attrait à mi-chemin de l'ascension des monts torrides de la Sicile.

Le climat de l'endroit détermine les vêtements dont vous aurez besoin. N'oubliez pas qu'une température de 15 °C (59°F) peut sembler froide si vous êtes à l'arrêt, mais que vous vous réchaufferez rapidement en marchant, en raison de la chaleur corporelle que vous produisez. Si vous marchez dans les montagnes, portez des vêtements de dessus légers et imperméables de bonne qualité. Ces vêtements doivent être assez légers pour ne pas alourdir vos bagages lorsqu'il fait très chaud, mais doivent toutefois pouvoir vous garder au chaud si la température devient froide ou humide. Si vous avez de nouvelles bottes de marche, portez-les pendant un bon mois avant votre voyage pour les assouplir.

Faire un pèlerinage

Depuis toujours, les gens font des pèlerinages à des lieux saints ou à des endroits qui sont sacrés pour eux. Pour certains, ce sont des motifs religieux qui les y amènent. Pour d'autres, c'est une quête personnelle à un moment donné de leur vie. Le pèlerinage est aussi une occasion de marcher en solitaire et de s'imprégner de pensées profondes ou encore de marcher en groupe pour un motif commun. Mais quelle qu'en soit la raison, le voyage comme tel peut prendre autant d'importance que la destination.

Chaque année, le nombre de personnes qui vont en pèlerinage augmente. De manière traditionnelle, les pèlerins font la route à pied et le pèlerinage s'étend sur des semaines, voire des mois, et ce, en tenant compte du temps consacré à la contemplation et à la prière. En certains endroits, on peut même demander conseil à des chefs religieux. Plusieurs choisissent le pèlerinage en fonction de leur religion. Ainsi, les pèlerins musulmans se rendent à La Mecque, les pèlerins catholiques, à Lourdes, et les chrétiens, en Terre sainte. Les pèlerinages peuvent aussi être faits sans motif religieux, simplement pour jouir de l'attrait de l'endroit et de la beauté du parcours. Si vous désirez obtenir plus d'informations sur les voyages de pèlerinage, renseignez-vous auprès de votre centre communautaire, auprès des églises de votre municipalité ou auprès de voyagistes spécialisés, dont la plupart possèdent un site Internet. Certaines entreprises ont des tarifs spéciaux et peuvent même vous offrir de voyager gratuitement si vous réservez un voyage pour un groupe et que vous l'organisez vous-même.

Se préparer à un pèlerinage

Les routes traditionnelles de pèlerinage peuvent couvrir plusieurs centaines de kilomètres et vous devez vous assurer d'être capable d'atteindre vos objectifs personnels, même si vous choisissez de ne faire qu'une partie du parcours. Il vous faudra donc vous préparer ainsi :

- **Lire.** Au moins trois mois à l'avance, procurez-vous autant de cartes et de livres que vous pouvez sur le pèlerinage qui vous intéresse.
- **Demander conseil.** Discutez avec des gens qui ont déjà fait le pèlerinage. Les pèlerins écrivent souvent le compte rendu de leur voyage sur les sites Web consacrés à des destinations précises. Dans le cas des pèlerinages plus populaires, vous pouvez même participer à des ateliers où l'on vous donnera des trucs et des conseils utiles pour le voyage.

Mon père a toujours considéré qu'une marche dans les montagnes équivalait à une visite à l'église.

ALDOUS HUXLEY

LES PÈLERINAGES *et leurs bienfaits pour la santé*

▶ Marcher avec un objectif précis donne un grand sens du devoir.

▶ Si vous cherchez l'inspiration, il n'y a rien de mieux qu'une route imprégnée d'histoire et d'émotions.

▶ En suivant une telle route, il est plus facile pour bien des gens d'oublier le tumulte quotidien et de réfléchir.

▶ Un pèlerinage peut vous amener en des endroits que vous n'auriez jamais songé à visiter et vous faire vivre une parfaite harmonie avec la nature.

▶ En sachant que de nombreux pèlerins ont foulé le même sol, vous pourrez ressentir un respect fervent combiné avec une agréable sensation de paix intérieure.

▶ Tout au long de la route, vous pouvez visiter des endroits tranquilles et des édifices religieux qui vous instruiront sur la méditation et la recherche spirituelle.

Le toit du monde

Sur la route qui mène au mont Everest, des drapeaux de prières flottent au-dessus d'un stûpa bouddhiste. Des randonneurs venant de partout dans le monde se rendent au Népal, attirés par les lieux saints hindous et bouddhistes et par le paysage incomparable de ses montagnes.

Les chemins de Saint-Jacques

Il s'agit d'un pèlerinage célèbre qui mène à Saint-Jacques-de-Compostelle, une ville située dans le nord de l'Espagne. Le parcours traditionnel compte 800 km (500 mi) et il faut un mois pour l'effectuer.

- ■ **Planifier votre horaire.** Quand vous aurez en main toutes les informations nécessaires, planifiez votre horaire. Établissez la distance que vous pouvez parcourir dans une journée (voir page 83), en prenant en considération le temps requis pour traverser les terrains difficiles et pour visiter les centres d'intérêt. Prévoyez également du temps pour vous reposer, soit au moins une journée par semaine.

- ■ **Vous mettre en forme.** Quand vous connaîtrez la distance à parcourir chaque jour, suivez un programme d'entraînement adéquat. Le programme de niveau intermédiaire (voir pages 152 et 153) vous permettra d'atteindre une bonne forme physique. Par la suite, augmentez graduellement la durée de vos marches chaque semaine. Si, au bout de six semaines, vous jugez que l'exercice est trop exigeant, vous devrez envisager de modifier votre projet.

- ■ **Prévoir le logement.** Plusieurs parcours offrent des gîtes aux pèlerins — anciens monastères, refuges, auberges, hôtels —, mais il vous faudra peut-être réserver. Renseignez-vous sur les endroits où il vous sera possible de vous approvisionner en nourriture et en eau, car il se peut que vous soyez obligé de transporter vos vivres avec vous sur une partie de votre trajet.

EXPLORER **DE NOUVEAUX ENDROITS**

Si vous effectuez toujours le même parcours, vous ne savez pas ce que vous manquez. Cette section vous propose divers endroits où vous pouvez marcher ainsi que des trucs pour vous sentir à l'aise sur différents types de terrains et sous des climats variés.

Avez-vous déjà marché le long des sentiers de votre municipalité ou le long des rives d'un cours d'eau environnant? Saviez-vous que les chemins de cette colline mènent à un charmant bistrot? Il existe peut-être des endroits dans les alentours que vous ne connaissez pas encore. Pourquoi ne pas regarder sur une carte de la région et essayer de trouver un nouveau parcours? Si vous souhaitez voyager encore plus loin et vous attaquer à des terrains très exigeants, tels qu'une région montagneuse ou un désert, pourquoi ne pas le faire? Voilà des endroits passionnants et stimulants où marcher. Il importe toutefois de bien se préparer afin de pouvoir y marcher en toute sécurité. Pour des projets ambitieux de voyage d'aventure, vous devrez

porter des vêtements adéquats et posséder certaines connaissances de base. En revanche, si vous faites de courtes marches dans votre voisinage, une préparation minimale suffit.

Marcher en milieu urbain

D'ordinaire, vous n'avez qu'à franchir le seuil de votre porte pour vous adonner à la marche. Comme la plupart d'entre nous habitons une ville ou une municipalité, nous n'avons généralement pas à planifier notre itinéraire ni à emprunter une voiture pour pouvoir marcher. La plupart du temps, votre parcours est tout près et vous n'avez qu'à vous vêtir convenablement selon la température et à apporter un télé-

Les trucs du marcheur expérimenté

LES ESCAPADES DANS LA VILLE

Les parcs et les terrains de jeu
Les parcs des villes offrent des attractions variées : des lacs, des aires de jeu, des patinoires et même des zoos. Parfois aussi, des sentiers aménagés mènent d'un parc à l'autre. De plus, les terrains de jeu permettent de pratiquer de nombreuses activités sportives.

Les rivières et autres cours d'eau
Souvent, des sentiers sont aménagés sur les rives d'un cours d'eau ou d'une rivière et traversent un grand nombre de villes.

Les terrains de golf et les domaines privés
Certains propriétaires permettent aux gens de marcher sur le périmètre de leur terrain de golf et des propriétaires fonciers donnent accès au public à leur domaine.

Les rues de banlieue
En banlieue, les rues sont tranquilles, bien éclairées et bordées d'arbres.

LES POLLUANTS | Des explications

De nos jours, on trouve des résidus chimiques presque partout dans l'atmosphère. Les principaux polluants sont : l'ozone des basses couches de l'atmosphère, qui résulte de l'action des rayons ultraviolets sur les gaz d'échappement des véhicules ; les oxydes d'azote (NOX), qui proviennent des véhicules et des usines qui utilisent du carburant ; les particules en suspension dans l'air (polluants) en provenance des moteurs diesels ; le dioxyde de soufre (SO2), un produit de la combustion d'huile et de charbon. Le plomb, utilisé notamment comme additif incorporé aux carburants et présent dans les gaz d'échappement des véhicules, constitue aussi un polluant important, quoique de moins en moins avec le bannissement de l'essence au plomb. Les personnes asthmatiques sont plus particulièrement vulnérables à ces substances polluantes (voir page 102), mais quiconque est exposé à une concentration élevée de polluants peut éprouver des problèmes respiratoires. Pour les gens qui souffrent de bronchite ou d'emphysème, les niveaux de pollution élevés constituent des facteurs de risque. Cependant, il est rare que le niveau de pollution soit élevé au point de constituer un risque pour votre santé lorsque vous marchez à l'extérieur. Vérifiez les prévisions météorologiques ou les prévisions de qualité de l'air (voir le site Web d'Environnement Canada : <http://www.mscsmc.ec. gc.ca/aq_smog/index_f. cfm>) et évitez de marcher à proximité des zones de circulation intense où la concentration des gaz d'échappement des véhicules est forte. Marchez lorsque la pollution est moins importante, soit le matin, avant ou après les heures de pointe.

Les centres commerciaux

Les centres commerciaux sont bien éclairés. Ils sont aussi recommandés si vous désirez marcher en sécurité ou si le mauvais temps vous empêche de marcher à l'extérieur.

Les voies ferrées désaffectées

Les voies ferrées désaffectées sont souvent converties en sentiers de marche. C'est un excellent endroit où marcher, car ces sentiers s'étendent à perte de vue sur des surfaces aplanies.

Les visites guidées

Les visites guidées vous feront mieux connaître votre propre ville ou une nouvelle ville. Les guides vous divertiront et vous renseigneront sur l'origine de la ville en question, sur sa croissance et son développement. Pour connaître les excursions qui sont organisées à proximité de chez vous, feuilletez les répertoires des magazines locaux ou rendez-vous dans un bureau de tourisme.

phone cellulaire, un peu de monnaie et peut-être aussi une petite bouteille d'eau.

La sécurité dans la ville

Quand on marche dans une ville, il faut prendre en considération l'aspect sécurité. Il existe des moyens judicieux de prévenir le danger. Par exemple, il faut éviter de marcher dans les endroits où la circulation est dense et privilégier les sentiers pédestres et les parcs. Vous vous reposerez ainsi de la vie trépidante de la ville et vous éloignerez de la pollution. Portez des vêtements aux couleurs vives et à bandes réfléchissantes, de façon que les conducteurs de véhicules motorisés vous voient facilement et ne risquez pas votre vie lorsque vous traversez des rues achalandées (voir page 94). Dans presque toutes les villes, il y a des endroits où l'on ne se sent pas vraiment en sécurité. Si vous ne connaissez pas ces endroits, demandez aux agents de police municipaux de votre quartier de vous renseigner sur les lieux à éviter. De vieilles seringues, des cannettes de bière ou des vieilles bouteilles de whisky traînant au sol sont autant d'indices de lieux qu'il ne faut pas fréquenter. Choisissez des endroits où les gens vivent en collectivité ou, si vous préférez, marchez avec un ami, ou encore emmenez votre chien.

Le meilleur moment pour marcher

Lorsque vous marchez en milieu urbain, il importe de vous rappeler que vous partagez la rue avec les autres. Vous devez être à l'affût de tout ce qui bouge : les gens qui se rendent au travail, ceux qui font leurs courses, de même que les automobiles, les autobus ou les camions de livraison. Vous devez être en mesure de prévoir leurs mouvements selon leur rôle respectif. C'est pourquoi il faut bien choisir le moment où vous marchez afin d'éviter les heures de va-et-vient intense. Il est inutile d'avoir à affronter la cohue et à lutter pour vous frayer un passage dans la foule. En plus d'engendrer une frustration inutile, cette situation stressante risque de modifier votre technique de marche. De fait, vous aurez de la difficulté à maintenir votre allure et votre posture en souffrira également. Par ailleurs, si vous n'aimez pas marcher le soir, allez-y tôt en matinée, lorsque les rues sont bien tranquilles et que la ville se réveille doucement.

La planification d'un itinéraire

Si vous habitez dans un quartier où les rues principales sont toujours achalandées, même tôt le matin, il vous faudra planifier un itinéraire empruntant des rues tranquilles, loin de la circulation, mais qui sont facilement accessibles depuis votre demeure. Le parcours ne doit pas être trop compliqué, de sorte que vous puissiez vous concentrer sur votre cadence et sur votre technique de marche. Vous ne devez donc pas être constamment en train de chercher à vous rappeler le trajet prévu. Si vous tenez absolument à changer de décor, prenez l'autobus ou le taxi pour vous rendre dans un endroit de la ville qui vous est moins familier et revenez à pied.

Quand vous marchez en milieu urbain, vous devez contourner bien des obstacles. En contrepartie, la ville demeure un endroit fascinant à découvrir et où il est toujours agréable d'observer l'agitation perpétuelle des gens. Pourquoi ne pas prévoir, dans la planification de votre itinéraire, un arrêt à votre café préféré pour y prendre un instant de répit et observer l'agitation autour de vous, avant de revenir à votre domicile ? Ou encore, pourquoi ne pas combiner vos agréables promenades matinales avec vos tâches et faire vos courses du même coup ?

Marcher à l'intérieur

Si vous ne trouvez aucun endroit agréable où marcher dans le quartier que vous habitez, ne laissez pas ce problème vous empêcher de pratiquer votre activité de façon assidue. Vous pouvez marcher à l'intérieur durant la semaine et à l'extérieur la fin de semaine, lorsque vous disposez de plus de temps pour vous éloigner et vous rendre à l'endroit désiré en voiture ou en autobus. Vous n'avez qu'à vous inscrire à un centre de conditionnement physique ou à un gymnase du coin pour y marcher. Dans la plupart des gymnases, vous trouverez des tapis roulants, qui sont faciles à utiliser et qui vous permettront de varier la durée et l'intensité de votre marche, tout en suivant vos progrès. (Pour plus d'informations sur les tapis roulants, reportez-vous aux pages 46 et 47.) Il vous sera également possible d'y faire des exercices en vue de renforcer vos muscles et vos articulations. Un instructeur pourra vous conseiller sur place.

Marcher en toute saison

Pour les gens âgés, les centres commerciaux sont des endroits tout désignés pour marcher : leur surface est plane et nivelée, et la température, adéquate.

LA MARCHE DANS UN CENTRE COMMERCIAL
et ses bienfaits pour la santé

▶ Même par mauvais temps, vous pouvez toujours pratiquer la marche dans un centre commercial, où la température est adéquate et la surface, plane.

▶ Quel que soit l'âge ou la condition physique des marcheurs, tous peuvent marcher dans un centre commercial et fractionner aisément les distances à parcourir.

▶ Les centres commerciaux sont propices à la marche en raison des commodités et des nombreux services qu'on y trouve, tels que des fontaines d'eau potable, des toilettes, des cafés et des postes de secours.

▶ Les centres commerciaux sont des lieux tout désignés pour ceux qui habitent la ville et qui doivent parcourir une très grande distance pour trouver un endroit convenable où marcher à l'extérieur.

Le voyage le plus long commence avec le premier pas et non avec un simple tour de la clé de contact.

EDWARD ABBEY,
auteur de l'essai The Journey Home

Marcher
dans un centre commercial

Une initiative des plus louables a vu le jour récemment aux États-Unis : la marche dans les centres commerciaux. Cette idée a commencé à remporter du succès un peu partout dans les grands centres commerciaux et auprès des clubs ou groupes de marche. La marche dans un centre commercial est comparable en tous points à la marche à l'extérieur. Toutefois, les centres commerciaux offrent des services supplémentaires (voir l'encadré ci-dessus). C'est donc une solution de rechange particulièrement intéressante pour les gens de la ville qui ne peuvent pratiquer la marche à proximité de leur demeure. En outre, la température ne constitue plus un obstacle et on y trouve des services tels que des toilettes publiques et des fontaines d'eau potable. Enfin, des gardiens assurent également la sécurité des gens.

La prochaine fois que vous vous rendrez dans un grand centre commercial, marchez le long d'une allée, puis parcourez toutes les ailes et revenez par l'autre allée. Vous serez étonné de la distance parcourue. Choisissez votre vitesse de marche. Pourquoi ne pas marcher rapidement le long des ailes et d'un pas normal le long des grandes allées ? Les marcheurs débutants et les personnes âgées apprécieront ces marches puisqu'elles peuvent être sectionnées en de courtes distances. En outre, des bancs installés à intervalles réguliers sont mis à la disposition des gens.

Quand vous vous rendez dans un centre commercial pour marcher, vous n'avez pas besoin d'équipement ou de vêtements particuliers puisque vous serez à l'intérieur pratiquement tout le temps. Toutefois, vous pouvez apporter une petite bouteille d'eau. Comme la surface est rigide, procurez-vous des chaussures de marche munies de bonnes semelles intercalaires flexibles et bien matelassées (voir page 124).

Marchez à l'heure où les boutiques du centre commercial commencent à ouvrir ou aux heures où tout le monde travaille. Ce sont les meilleurs moments pour éviter l'affluence. En effet, lorsque les ailes du centre commercial sont prises d'assaut par les clients des boutiques, votre progression sera plus ardue et, forcément, ralentie. Vous pouvez aussi vous récompenser et arrêter dans un petit café pour siroter une boisson chaude en compagnie d'un ami. Si vous avez parcouru toutes les ailes du centre commercial en tous sens, durant une bonne heure, et résisté à l'envie de vous arrêter dans une pâtisserie qui ouvre ses portes, vous vous sentirez encore plus méritant.

Si vous aimez déambuler devant les boutiques, vous pouvez partager votre enthousiasme avec d'autres et former un groupe de marche « boutiquaire ». Adressez-vous au directeur du centre commercial le plus rapproché pour vous assurer que votre projet ne pose aucun problème. Peut-être vous apportera-t-il son soutien, à vous et à tout le groupe ; il pourra vous remettre le plan du centre commercial, vous autoriser à placarder des affiches publicitaires ou même vous faire profiter de rabais chez certains commerçants.

Marcher à la campagne

Si vous pouvez vous rendre à la campagne, vos pas vous conduiront en des lieux où vous vous imprégnerez de tranquillité, jouirez d'un décor magnifique et serez à même d'observer les effets des changements de saison. Dans une sorte d'interaction appelée «biophilie» (voir page 19), votre esprit oubliera la vie trépidante quotidienne et s'ouvrira à une nature qui favorise la paix intérieure.

Où marcher

Au Royaume-Uni, les marcheurs ont la possibilité d'explorer diverses régions de la campagne, depuis les forêts et les exploitations agricoles jusqu'aux collines et au littoral. Les visiteurs ont accès à ces lieux publics qui totalisent plus de 169 000 km (105 000 mi). Les droits de passage relèvent des autorités responsables des voies publiques qui ont, conjointement avec les propriétaires fonciers, le devoir d'entretenir et de baliser les sentiers ouverts au public. En outre, il existe de nombreux sentiers nationaux (National Trails) couvrant de grandes distances qui permettent de faire des excursions de plusieurs jours. Ces pistes sont identifiées à l'aide d'un symbole, le gland. On peut se procurer des guides de ces sentiers nationaux dans les librairies. Pour obtenir des informations sur les droits de passage, sur les sentiers nationaux et sur les routes de campagne en général, communiquez avec The Countryside Agency.

La plupart des terrains accessibles au public, au Royaume-Uni, appartiennent au National Trust. La mission de cette société est de préserver le littoral et la campagne. Elle se donne également un rôle éducatif en visant à faire connaître et apprécier l'héritage national du pays. La société donne des dépliants aux marcheurs dans ses bureaux régionaux (pour obtenir des renseignements plus détaillés, communiquez avec le siège social). On peut trouver des guides et des cartes d'état-major ou encore des cartes topographiques de ces sentiers pédestres de cette région dans certaines librairies.

Prendre garde aux animaux

Si vous avez la chance de croiser des chevreuils, des lapins ou des renards sur votre chemin en pleine nature, gardez vos distances pour les admirer. La plupart des animaux sauvages ne sont pas dangereux et s'éloigneront de vous. Toutefois, si vous les approchez de trop près, ils seront sur la défensive. Par exemple, les écureuils peuvent parfois mordre ou donner des coups de griffe s'ils se sentent menacés. Les plaies de morsures ou de coups de griffe peuvent s'infecter. C'est pourquoi il ne faut pas essayer de toucher aux animaux.

Pareillement, demeurez dans les sentiers aménagés et évitez de vous approcher du bétail, car vous risquez d'effrayer les bêtes. Si vous croisez des moutons dans un champ,

✔ LE CODE DU SAVOIR-VIVRE À LA CAMPAGNE ?

❏ **L'appréciation.** Appréciez la campagne en respectant les êtres qui y vivent et leurs activités.

❏ **La prévention d'incendie.** Soyez vigilant et essayez d'empêcher qu'un incendie ne se déclare.

❏ **Le respect de la propriété.** Refermez toutes les barrières.

❏ **La surveillance des chiens.** Tenez bien vos chiens en laisse.

❏ **L'accès.** Restez sur les sentiers publics qui traversent les exploitations agricoles.

❏ **Le soin.** Utilisez les barrières et les échaliers pour franchir les clôtures, les haies et les murailles.

❏ **Le respect.** Ne touchez pas aux cultures, ainsi qu'au bétail ou à la machinerie.

❏ **La propreté.** Rapportez vos détritus.

❏ **La propreté de l'eau.** Gardez tout cours d'eau propre.

❏ **La préservation.** Préservez la vie des animaux sauvages et gardez la végétation intacte.

❏ **La sécurité routière.** Soyez très vigilant sur la route.

❏ **Le bonheur tranquille.** Ne troublez pas la paix inutilement.

tenez bien vos chiens en laisse et surveillez-les. De leur côté, les fermiers sont responsables de leurs animaux et doivent veiller à ce que les taureaux, qui sont des animaux plus agressifs, ne se trouvent pas dans les champs traversés par des sentiers publics.

Lorsqu'on s'intéresse à la vie des animaux sauvages à la campagne, il faut savoir la préserver. Tout marcheur a le devoir de respecter la nature et de rapporter ses détritus. De plus, il faut éviter de nourrir les animaux, car nos aliments ne leur conviennent peut-être pas. Ceux-ci peuvent nuire à leur régime alimentaire naturel.

En route pour la campagne

Si vous faites une escapade de plusieurs heures à la campagne, vous devez prévoir la possibilité d'un changement de température. Dans certaines régions, les changements de température sont plus marqués. Vérifiez toujours les prévisions météorologiques avant de vous mettre en route et apportez des vêtements supplémentaires ainsi que des vêtements imperméables. Portez des vêtements à manches longues, des pantalons et des bottes qui recouvrent au moins vos chevilles pour vous protéger des ronces, des plantes et des insectes. Les guêtres (voir page 129) sont aussi utiles à cet égard et vous préservent des éclaboussures de boue.

Une marche avec thème

Plusieurs parcs naturels proposent des programmes d'activités, dont la marche avec thème. Pourquoi ne pas axer votre marche sur un thème spécifique ? Le centre de loisirs de votre quartier ou votre journal local pourront vous renseigner en ce qui a trait à la programmation des activités de marche avec thème. Si aucune des activités prévues ne vous intéresse, pourquoi alors ne pas former un groupe de marche et recruter des gens qui ont les mêmes champs d'intérêt que vous ? Vous pourriez, par exemple, choisir l'un de ces thèmes :

- **L'observation des oiseaux.** Des randonnées pédestres pour observer les oiseaux sont fréquemment organisées. Prenez vos observations en note, puis consultez des ouvrages sur le sujet à votre retour.
- **L'observation des étoiles.** Le soir venu, les aires ouvertes loin des lumières de la ville sont préférables pour étudier le ciel étoilé. Profitez de l'occasion pour marcher. Apportez une lampe torche (ou une lampe de poche), une carte du ciel et des jumelles.
- **L'horticulture.** Les passionnés du jardinage pourront apprendre des trucs auprès d'horticulteurs professionnels au cours de promenades dans des jardins ou des domaines qui ont été confiés à des mains expertes.

Les trucs du marcheur expérimenté

SI L'ORAGE ÉCLATE

Trouvez un abri
Vous avez peut-être le temps de vous mettre à l'abri. Comptez le nombre de secondes qui s'écoulent entre l'éclair et le tonnerre et divisez-le par trois pour évaluer le nombre de kilomètres (ou par cinq pour évaluer le nombre de milles) qui vous séparent de l'endroit où la foudre tombe.

Quittez les hauteurs
Descendez des endroits surélevés, car vous y courez un plus grand risque d'être frappé par la foudre.

Dispersez-vous
Si vous marchez en groupe, dispersez-vous afin d'éviter que les membres du groupe ne soient tous frappés par la foudre, s'il y avait lieu.

Évitez de vous abriter sous des structures élevées
Ne restez pas sous un arbre ni à proximité des lignes électriques ou de tout autre objet surélevé. La foudre risque d'y tomber.

Ne portez pas d'objets conducteurs
Tenez loin de votre corps tout objet qui contient du métal, comme un parapluie ou un sac à dos muni d'une armature.

Baissez-vous
Évitez d'être la cible la plus élevée ; accroupissez-vous, agenouillez-vous ou allongez-vous au sol.

Marcher le long d'un cours d'eau

Que le clapotis des vagues s'écrasant sur le rivage vous stimule ou que la quiétude d'un lac miroitant au soleil vous calme, l'eau exerce sans contredit une action bienfaisante sur le bien-être émotif et fournit un cadre enchanteur pour la marche.

Habituellement, il est possible de marcher le long des cours d'eau, dans des environnements bien variés. Si vous n'habitez pas en bordure de l'eau, vous trouverez sûrement un ruisseau, une rivière ou un lac à proximité de chez vous, où vous pourrez faire d'agréables promenades. Faites des recherches à la bibliothèque de votre quartier ou informez-vous auprès d'un bureau de tourisme pour connaître les sentiers des environs.

Explorer la côte

Que le temps soit ensoleillé, pluvieux ou venteux, les plages sont toujours une promesse de découvertes, en particulier tôt à l'aube ou au crépuscule, lorsqu'elles sont désertes. Marcher sur le sable est un excellent exercice pour les muscles des jambes. Quand vos pieds s'enfoncent dans le sable, vous devez forcer davantage pour soulever les pieds de nouveau. Votre travail de marche est alors plus intense et vos muscles se raffermissent (voir aussi page 46). Lorsque le sable est bien sec, il vous sera difficile de marcher si votre condition physique n'est pas bonne. Vos articulations en souffriront également. Si cet exercice est trop exigeant pour vous, restez sur le sable mouillé, près du rivage.

Vous pouvez aussi marcher en eau peu profonde pour intensifier votre exercice. En effet, la résistance de l'eau est de 12 à 14 fois supérieure à celle de l'air. L'eau ne doit pas arriver plus haut que vos cuisses de façon que vous ne perdiez pas l'équilibre. Prenez garde aux fonds rocheux et aux récifs non apparents. De plus, comme l'eau et le sable reflètent la lumière du soleil, appliquez un écran solaire sur votre peau.

Avant d'aller marcher sur un fond vaseux ou sur un promontoire, renseignez-vous au sujet des marées (voir l'encadré ci-dessous) pour ne pas vous faire surprendre par le courant. Il faut surveiller les enfants curieux qui cherchent à s'approcher du bord des falaises et les empêcher d'explorer les grottes. Évitez de vous promener sous les surplombs des montagnes au cas où il se produirait un éboulement de rochers.

Suivre la rive d'un fleuve ou d'une rivière

Il est important de bien se renseigner sur les sentiers qui longent les fleuves, car l'environnement peut changer radicalement à chaque tournant. En effet, il peut bien arriver qu'après avoir traversé un grand complexe industriel construit en bordure du fleuve vous vous retrouviez dans un refuge bordé d'arbres où ne filtrent que quelques rayons de soleil. Les oiseaux aquatiques et les insectes bourdonnants, ou encore les voiliers et les canots qui avancent sur l'eau, il y a toujours une foule de choses à observer quand on marche le long d'un fleuve ou d'une rivière.

> *J'entends le clapotement*
> *des vagues sur le rivage...*
> *Je l'entends du plus profond*
> *de mon cœur.*
>
> ### W. B. YEATS

LES MARÉES | Des explications

La montée et la baisse en alternance du niveau de l'océan sont dues à la force d'attraction exercée par la Lune et, dans une moindre mesure, par le Soleil. Cette attraction est plus forte sur la partie de la Terre qui fait face à la Lune. L'attraction déforme la masse d'eau de l'océan, qui se bombe alors de ce côté : c'est la marée haute. En même temps, sur le côté opposé de la Terre, là où l'attraction de la Lune est plus faible, il se produit également un renflement de la surface de l'eau, ce qui provoque aussi une marée haute. En raison de la rotation de la Terre, il y a 2 marées hautes par 24 heures, coupées par 2 marées basses, et ce, presque partout dans le monde. L'horaire des marées est difficile à prévoir de manière précise. Vous pouvez cependant obtenir des informations relatives aux marées dans les journaux, dans les bulletins météorologiques locaux ou sur les babillards des plages.

Si vous devez mettre les pieds à l'eau ou si vous devez traverser une rivière, soyez extrêmement prudent, car même si l'eau est claire, il est très difficile d'évaluer la profondeur d'un cours d'eau en raison du phénomène de réfraction de la lumière par l'eau. Le lit de la rivière semble donc bien plus proche qu'il ne l'est en réalité. Pour plus d'informations sur ce propos, lisez l'encadré ci-contre.

Dans certains pays, vous devrez prendre garde aux crues éclair. Elles sont particulièrement dangereuses, notamment dans les montagnes et les gorges étroites, et elles peuvent survenir seulement quelques minutes ou quelques heures après une pluie abondante. Elles peuvent aussi être causées par une défaillance d'un barrage. Prenez garde également aux orages qui progressent lentement ou aux pluies fortes annonciatrices d'ouragans ou de tempêtes. Si vous êtes surpris par une inondation, grimpez sur toute structure surélevée et évitez de marcher dans l'eau en crue. En effet, même si la profondeur de l'eau n'est que de 15 cm (6 po), le courant peut vous faire perdre pied et vous entraîner. Si vous prévoyez marcher le long d'un cours d'eau dans un endroit qui ne vous est pas familier, vérifiez d'abord les prévisions météorologiques locales dans les médias ou auprès d'un bureau de tourisme afin de vous assurer qu'il n'y a pas d'avertissement déjà émis.

À la découverte des lacs

Marcher autour d'un lac est l'occasion idéale pour vous détendre. Vous trouverez qu'il est très agréable de suivre la route qui ceinture un petit lac. Lorsque vous planifiez de parcourir une telle route, vous devez vous assurer de pouvoir en faire le tour dans le temps prévu, avant la tombée du jour. S'il s'agit d'un petit lac, vous pourrez estimer à vue d'œil le temps de marche requis. Pour des lacs plus grands, il ne faut pas vous fier aux apparences. Vérifiez la distance à parcourir dans un topo-guide ou encore évaluez-la sur une carte à l'aide d'un bout de ficelle : entourez le lac avec la ficelle, puis mesurez, au moyen d'une règle, la longueur qui a été nécessaire et enfin calculez la circonférence du lac en vous référant à l'échelle de la carte. Apportez suffisamment d'eau et

TRAVERSER UNE RIVIÈRE

Si vous devez traverser une rivière à pied, faites-le à l'endroit le moins profond et exempt de courants forts. Si vous pouvez avancer de pierre en pierre, allez-y prudemment en vous assurant que vous êtes bien stable à chaque pas. Si vous devez marcher dans l'eau, traversez lentement en posant chaque pied avec précaution au fond de l'eau. Servez-vous d'un bâton de marche ou d'une branche pour vérifier la profondeur de l'eau et vous aider à garder votre équilibre. Portez toujours des bottes pour ne pas vous blesser sur des pierres ou de la vitre. Si votre sac à dos est lourd, détachez les sangles de façon que vous puissiez vous en défaire facilement si vous tombez à l'eau.

de provisions dans vos bagages. N'oubliez pas de prendre votre téléphone cellulaire et un peu d'argent. Prévenez quelqu'un de votre entourage de l'endroit où vous prévoyez marcher ainsi que de l'heure de votre retour.

Il est toujours risqué de traverser un lac gelé. En effet, il est difficile de déterminer avec précision l'épaisseur de la glace, qui peut se briser facilement. Si vous vous retrouvez par hasard sur une telle surface gelée, par exemple lorsqu'elle est recouverte de neige, enlevez votre sac à dos et allongez-vous pour mieux répartir votre poids. Appelez à l'aide et rampez jusqu'au rivage.

LA SÉCURITÉ D'ABORD

Si l'un des marcheurs de votre groupe, ou qui que ce soit d'autre, tombe à l'eau, rappelez-vous cette règle de sécurité : essayez d'atteindre la personne en détresse en vous agrippant à un objet fixe ou lancez-lui un objet qui flotte, mais n'y allez surtout pas ! Lancez-lui un gilet de sauvetage, une branche ou un bâton, ou encore faites une chaîne humaine dans l'eau. Il importe de vous rappeler que vous ne devez jamais risquer votre vie pour tenter de sauver celle des autres. Ne laissez pas la personne en détresse vous agripper et vous entraîner sous l'eau avec elle. Criez pour demander du secours, même si vous croyez qu'il n'y a personne aux alentours.

Rafraîchissez-vous

Marcher quand il fait très chaud peut élever la température du corps. Buvez alors beaucoup d'eau et rafraîchissez-vous en vous aspergeant le visage ou en arrosant complètement votre tête.

Marcher par temps chaud

Quoi de mieux que de marcher par une belle journée ensoleillée ou par une soirée d'été longue et chaude ? Le frôlement des vêtements légers sur la peau procure un sentiment de liberté et les chauds rayons du soleil sur le visage remontent le moral. Toutefois, marcher par temps chaud requiert une certaine préparation.

Soyez à l'écoute de votre corps

Soyez attentif aux besoins de votre corps et évitez de pousser vos limites trop loin. La chose la plus importante à vous rappeler lorsque vous marchez par temps chaud est qu'il faudra vous hydrater, c'est-à-dire boire, boire et boire encore. Le corps humain se refroidit par la sueur sécrétée par les glandes sudoripares de la peau. Habituellement, les gouttes de sueur s'évaporent au contact de l'air, refroidissant ainsi l'extérieur du corps. Le corps humain possède près de cinq millions de glandes sudoripares qui, ensemble, produisent de un à deux litres (une pinte à une pinte et demie) de sueur par heure. Or ce liquide doit être remplacé pour éviter que la température du corps ne s'élève trop, c'est-à-dire éviter un épuisement dû à la chaleur ou même un coup de chaleur (voir page 116). Pour cette raison, vous devez boire au moins 0,6 l (20 oz) d'eau avant de commencer votre exercice ainsi qu'à la fin de celui-ci, et, toutes les 15 à 20 minutes au cours de votre marche, la quantité que vous êtes capable d'absorber. Si vous marchez pendant plus d'une heure, il serait bon d'apporter une boisson pour sportifs afin de remplacer le sodium évacué dans votre sueur (voir page 93) ou encore de prendre une collation tout en buvant.

Lorsque la chaleur vous fait suer à grosses gouttes et que vous êtes couvert de sueur, vous n'êtes plus à l'aise dans vos vêtements. Or il existe des vêtements faits de fibres synthétiques qui permettent l'évacuation de la transpiration et aident le corps à se refroidir. Les vêtements de coton sont aussi propres à garder le corps au frais par temps chaud.

Soyez attentif à la température et à ses effets

Demeurez à l'écoute de votre corps et surveillez les effets de la température sur celui-ci. La température de l'air ambiant idéale pour votre corps est 18 °C (66 °F). Lorsqu'elle se situe entre 18 °C (66 °F) et 26 °C (80 °F), votre corps peut se refroidir suffisamment par lui-même. Si elle est supérieure à 26 °C (80 °F), vous devriez marcher d'un pas lent, à l'ombre des arbres, et vous arrêter souvent pour vous rafraîchir.

Il faut également vous méfier des rayons du soleil. En effet, ce sont les rayons ultraviolets (UV) qui sont responsables des brûlures de votre peau. Ces rayons du spectre ultraviolet se divisent en trois bandes : les rayons UVA, les rayons UVB et les rayons UVC. Les rayons UVB brûlent directement la peau, les rayons UVA endommagent insidieusement la peau sans que vous en sentiez les effets immédiatement. De fait, l'exposition aux rayons UVA est la principale cause du cancer de la peau et de l'accélération du vieillissement de la peau. Vous pouvez toutefois vous protéger de ces rayons en appliquant sur votre peau un écran solaire qui bloque ces deux types de rayons. Pour ce qui est des rayons UVC, très peu atteignent la Terre, car ils sont filtrés par l'atmosphère. Appliquez un écran solaire ayant un facteur de protection solaire (FPS) d'au moins 15 : un FPS de 15 signifie que vous pouvez vous exposer 15 fois plus longtemps au soleil que vous ne pourriez le faire sans protection. Rappelez-vous qu'un simple coup d'œil à votre peau n'est pas toujours suffisant pour déterminer s'il y a une brûlure. Pressez fortement votre peau à l'aide d'un doigt. Si elle devient pâle, puis présente une rougeur, c'est que vous avez probablement déjà un coup de soleil. Vous pouvez attraper un coup de soleil même si le ciel est voilé et que le soleil est dissimulé derrière les nuages. En effet, les nuages ne filtrent que certains rayons du soleil. Les surfaces réfléchissantes telles que l'eau, le sable et la neige reflètent les rayons solaires et vous exposent également au rayonnement nocif du soleil. Reportez-vous à la page 114 pour de plus amples renseignements sur le traitement des coups de soleil.

Plus le temps est humide et plus vous transpirez. Votre sueur ne peut alors s'évaporer et la température de votre corps ne peut se refroidir. Voilà pourquoi les journées très chaudes et très humides sont inconfortables. Ces conditions sont par ailleurs propices à la multiplication des insectes, ce qui devient encore plus désagréable (voir page 115). Si l'air est chaud et le temps très humide, soit à plus de 50 % d'humidité relative, choisissez plutôt de marcher une autre journée. Cependant, si une brise fraîche souffle, la circulation de l'air facilitera l'évaporation de la sueur à la surface de votre peau.

✔ COMMENT AFFRONTER LA CHALEUR ?

❑ **De l'eau ou des boissons pour sportifs.** Buvez 0,6 l (20 oz) de liquide avant de partir. Durant la marche, buvez toutes les 15 ou 20 minutes. À votre retour, buvez encore 0,6 l (20 oz) de liquide.

❑ **Un chapeau.** Portez toujours un chapeau. Votre tête peut absorber bien plus de chaleur que vous ne croyez, en particulier entre 11 heures et 15 heures, quand le soleil est haut dans le ciel.

❑ **Un écran solaire.** Appliquez un écran solaire ayant un FPS d'au moins 15. N'oubliez pas de protéger le bout de vos oreilles, votre cou et l'arrière de vos jambes.

❑ **Des lunettes de soleil.** Vérifiez si vos lunettes assurent une protection contre le rayonnement UV, car le soleil peut causer du tort à vos yeux.

❑ **Des vêtements réfléchissants**. Il est préférable de protéger sa peau quand l'indice de rayonnement UV est élevé. Certains vêtements ont subi un traitement pour assurer une protection contre le rayonnement UV. Ainsi, les vêtements de couleur blanche sont habituellement traités au moyen d'agents d'azurage qui favorisent la réflexion des rayons UV.

L'INDICE ULTRAVIOLET

L'indice UV est une mesure de la force du soleil. Celle-ci dépend des conditions atmosphériques ainsi que de la région où vous habitez. Au Royaume-Uni, durant une journée d'été, l'indice UV ne dépassera normalement pas 8. Dans le bassin méditerranéen, il peut s'élever à 8 ou 9, alors qu'il peut atteindre 16 en zone équatoriale. Les informations relatives à l'indice UV sont données, durant la saison estivale, dans la plupart des journaux ou dans les bulletins météorologiques télévisés. Déterminez votre type de peau et servez-vous du tableau ci-contre pour établir combien de temps vous pouvez vous exposer aux rayons du soleil sans protection en fonction de l'indice UV.

Indice UV	Type de peau			
	Peau blanche qui brûle facilement ; ne bronze pas	Peau blanche qui bronze facilement	Teint olive	Peau noire
1 à 2	☼	☼	☼	☼
3 à 4	☼☼	☼	☼	☼
5	☼☼☼	☼☼	☼	☼
6	☼☼☼☼	☼☼	☼☼	☼
7	☼☼☼☼	☼☼☼	☼☼	☼☼
8	☼☼☼☼	☼☼☼	☼☼	☼☼
9	☼☼☼☼	☼☼☼	☼☼	☼☼
10 et plus	☼☼☼☼	☼☼☼	☼☼☼	☼☼

Légende ☼ Rayons inoffensifs
☼☼ Exposition sans coup de soleil : 1 à 2 heures
☼☼☼ Exposition sans coup de soleil : 30 à 60 minutes
☼☼☼☼ Exposition avec brûlure importante : 20 à 30 minutes

Marcher par temps froid

En hiver, il est tentant de se blottir devant un feu de foyer. Or notre corps produit plus de chaleur quand nous sommes actifs. C'est pourquoi le fait de marcher par temps froid est une bonne façon de maintenir sa température corporelle. À une température extérieure de 0 °C (32 °F), une personne vêtue convenablement selon les conditions ambiantes, mais qui demeure statique, n'aura pas plus chaud qu'une autre qui marche intensément à une température de 10 °C au-dessous de zéro (14 °F). Après votre marche, si vous continuez de faire de l'exercice à votre retour à la maison, vous garderez votre corps au chaud puisque l'activité physique aide à activer la circulation sanguine.

La perte de chaleur

La température du corps humain doit être maintenue à 37 °C (98,4 °F) pour que celui-ci fonctionne au mieux. Quand l'air ambiant est froid, votre corps perd de la chaleur par la peau, la transpiration et la respiration. Les extrémités de votre corps, notamment vos mains, vos pieds et votre nez, sont alors particulièrement vulnérables, car, sous l'effet du froid ambiant, le corps détourne la circulation du sang de ces parties du corps pour la diriger vers des tissus et des organes plus importants. Les vaisseaux sanguins de la peau se contractent pour empêcher la perte de chaleur. Cette constriction peut entraîner des engelures rougeâtres accompagnées de démangeaisons. Cependant, marcher devrait vous aider à prévenir une telle situation, car la circulation sanguine est alors activée. Dans les cas extrêmes, la réorientation du sang peut causer une gelure, ce qui se produit lorsque les tissus de la peau des extrémités du corps gèlent. Si la température interne de votre corps s'abaisse au-dessous de 35 °C (95 °F), vous risquez de souffrir d'hypothermie (voir pages 116 et 117).

Conserver sa chaleur

Le corps est doté de mécanismes qui servent à produire de la chaleur et à la conserver. Vous pouvez faciliter grandement la tâche de ces mécanismes. Par exemple, si vous prévoyez marcher durant une journée froide, consommez suffisamment de glucides (voir page 90). Le corps transforme la nourriture ingérée en énergie sous forme de chaleur. Les muscles doivent donc recevoir un approvisionnement suffisant en combustible. Pareillement, il ne faut pas oublier de boire beaucoup d'eau.

L'activité musculaire est essentielle pour retenir la chaleur. Elle peut être involontaire, c'est le cas des frissons, ou volontaire, sous la forme du mouvement. Lorsque vous frissonnez en marchant, c'est que la température de votre corps s'est abaissée trop rapidement. Si vous avez interrompu votre marche pour vous reposer, remettez-vous en route afin de faire remonter votre température. Si, à la fin de votre promenade, vous vous attardez à bavarder avec vos compagnons de marche, n'oubliez pas que le corps se refroidit rapidement. Continuez à bouger, ajoutez une épaisseur de vêtements ou mettez-vous à l'abri du vent, car l'air qui circule a un effet de refroidissement plus important que l'air qui ne se déplace pas. Rappelez-vous également que vous devrez consacrer plus de temps à vos exercices d'échauffement et de récupération lorsqu'il fait froid, car vos muscles, vos articulations et vos tendons seront plus longs à se réchauffer.

PLUSIEURS COUCHES DE VÊTEMENTS Des explications

Pour garder sa chaleur corporelle par temps froid, il convient de porter plusieurs épaisseurs de vêtements. Notre corps se réchauffe encore bien plus si l'on porte deux épaisseurs de vêtements faits d'un matériel mince plutôt qu'un seul vêtement fait d'un tissu plus épais. C'est l'air confiné entre les vêtements qui réchauffe alors le corps. La chaleur du corps réchauffe cet air confiné qui sert en même temps d'isolant en empêchant le froid de pénétrer dans cet espace. Un vêtement de tissu isolant, tel le molleton, est tout indiqué comme dernière épaisseur. Il est préférable de porter plusieurs couches de vêtements, car vous pourrez ainsi en retirer au fur et à mesure que vous vous réchaufferez. À la fin de votre marche, ou si vous faites une pause plus ou moins longue, n'oubliez pas de les remettre, car le corps peut perdre sa chaleur rapidement lorsqu'on reste immobile.

Se vêtir pour affronter le froid

Pour garder votre corps au chaud, il faut vous vêtir convenablement. Portez toujours plusieurs épaisseurs de vêtements (voir l'encadré à la page précédente) que vous pourrez ôter peu à peu si vous avez trop chaud. Quand il fait froid, prêtez une attention particulière aux points suivants :

■ **Restez au sec.** L'eau conduit la chaleur 26 fois plus rapidement que l'air. Quand il fait froid, cependant, vous devez vous garder au sec pour conserver votre chaleur. En effet, lorsque vos vêtements deviennent humides, ils agissent comme une énorme éponge et l'eau prend la place de l'air qui circule habituellement entre les coutures des tissus. C'est pourquoi un parka qui est imperméable et qui respire est votre meilleure défense contre le froid. Si vous êtes trempé, changez de vêtements dès que vous serez revenu à votre voiture ou à votre domicile.

■ **Choisissez des vêtements en tissu synthétique.** Plusieurs tissus « de haute technologie » vous garderont plus au chaud, par temps humide, que les fibres naturelles comme le coton. Ces nouveaux tissus agissent comme une mèche en éloignant la sueur de votre corps ; ils sèchent aussi plus rapidement que les fibres naturelles. Si la sueur restait sur votre peau, vous auriez encore plus froid, car celle-ci vous ferait perdre votre chaleur. Les vêtements de laine sont aussi un bon choix. Recherchez plutôt des tissus dont le tissage est bien serré, de sorte que le vent ne les traverse pas. À cet égard, le molleton est idéal, en plus d'être très léger.

■ **Portez un chapeau.** La moitié de la chaleur de votre corps se perd par la tête ; il est par conséquent essentiel de porter un chapeau.

■ **Protégez vos extrémités.** Votre nez et vos mains sont les premiers à souffrir du froid. Mettez un foulard ou un cache-cou par-dessus votre nez et portez des gants bien chauds ou, mieux encore, des mitaines.

■ **Réchauffez vos pieds.** Portez des chaussettes faites d'un tricot en point de bouclette (voir page 127) qui emprisonnent la chaleur tout en permettant à vos pieds de respirer.

■ **Gardez votre équilibre.** Les surfaces glacées représentent un danger quand vous marchez. Portez des semelles cloutées afin de ne pas glisser. Ces dernières sont faites de chaînettes ou de caoutchouc et se glissent sur les semelles d'usure.

Le corps qui bouge est une vraie fournaise.

ROALD AMUNDSEN,
le premier à atteindre le pôle Sud

✓ **COMMENT SE GARDER AU CHAUD ?**

❑ **Bien se vêtir.** Portez plusieurs couches de vêtements, ainsi que des gants, un chapeau et un foulard.

❑ **Se protéger du vent.** Choisissez une route qui ne vous expose pas au vent. Marchez vent arrière quand vous commencez votre activité et allez contre le vent quand vous serez réchauffé.

❑ **Se garder au sec.** Tout comme pour le haut de votre corps, gardez vos jambes et vos pieds au sec en portant des pantalons et des chaussures imperméables.

❑ **Rester en mouvement.** Le simple fait de rester immobile durant quelques minutes après avoir marché abaissera la température de votre corps. Continuez à bouger.

❑ **Bien s'alimenter.** Optez pour des aliments riches en glucides (hydrates de carbone) et apportez une boisson chaude dans une bouteille isolante si vous prévoyez marcher à l'extérieur pendant plus de deux heures.

Les trucs du marcheur expérimenté

AFFRONTER LES HAUTES MONTAGNES

Marchez lentement, lentement

Gardez une allure lente et soyez à l'écoute de votre corps. Au mont Kilimandjaro, les guides locaux vous répéteront : « Lentement, lentement ! »

Grimpez «haut» et dormez «bas»

Vous pouvez gravir plus de 300 m (1000 pi) par jour à condition que vous descendiez pour dormir à une altitude inférieure. Dormez toujours à moins de 300 m (1000 pi) au-dessus de l'altitude de la nuit précédente.

Surveillez votre état de santé

Si des symptômes du mal aigu des montagnes se manifestent, ne poursuivez votre ascension qu'une fois qu'ils auront disparu.

Hydratez-vous bien

Buvez au moins de 3,5 à 4,5 l (3 à 4 pt) d'eau par jour.

Prenez des aliments énergétiques

Consommez des aliments riches en glucides, ainsi que des collations constituées de raisins, de noix et de barres énergétiques.

Maximisez votre respiration

Évitez de consommer des boissons alcoolisées et de fumer pour ne pas diminuer votre apport d'oxygène.

Marcher en altitude

Au cours des dernières années, la popularité croissante des forfaits de vacances en des endroits inusités amène de plus en plus de gens à sillonner les hautes comme les basses altitudes. Les marcheurs éprouvent peu de difficulté dans les endroits situés en basse altitude. D'ailleurs, il n'existe qu'un nombre restreint d'endroits au-dessous du niveau de la mer, entre autres la Vallée de la Mort, en Californie, et la mer Morte, en Israël. Là, il faut surtout prendre garde à la chaleur, car elle est plus intense à cette altitude. En revanche, les destinations en haute altitude sont plus nombreuses. Si vous faites du trekking dans les plus hautes montagnes du monde, soit dans la cordillère des Andes ou dans la chaîne de l'Himalaya, vous serez en haute altitude. L'escalade de ces montagnes est incroyablement excitante et passionnante. Vous pourrez y vivre l'expérience unique de paysages grandioses qui vous inciteront à dépasser vos limites physiques. Vous devrez donc vous préparer adéquatement. Ne comptez pas trop sur votre agent de voyages pour vous fournir tous les renseignements nécessaires ; il vous faudra faire vos propres recherches.

Bien comprendre l'altitude

Une altitude élevée correspond à une hauteur de 2500 m (8000 pi) et plus. À cette hauteur, il faut tenir compte du terrain irrégulier, des rayons ultraviolets, du vent, du froid, de la difficulté à trouver de l'eau potable et des problèmes liés à l'éloignement, comme la distance qui vous sépare des ressources médicales. Mais c'est la rareté de l'air en haute altitude qui constitue le plus grand danger.

Au niveau de la mer, l'air contient environ 20 % d'oxygène. À un niveau supérieur, l'air est moins dense, de sorte que vous absorbez moins de molécules d'oxygène à chacune de vos inspirations. À une hauteur de 3700 m (12 000 pi), il y a environ 40 % moins de molécules d'oxygène dans l'air qu'au niveau de la mer. En conséquence, il vous faut respirer deux fois plus rapidement pour obtenir la même quantité d'oxygène dans votre sang. Quand vous marchez, votre cœur et vos muscles ont besoin de plus d'oxygène. La fréquence respiratoire doit donc augmenter considérablement pour répondre à la demande accrue d'oxygène.

S'acclimater

Le métabolisme subit de faibles changements afin de permettre au corps de s'adapter à une quantité moindre d'oxygène. Ce processus s'appelle l'acclimatation. Avec le temps, le corps arrive à s'adapter à de très hautes altitudes, ce qui explique pourquoi des populations entières sont capables de vivre à une altitude de plus de 4500 m (15 000 pi). Si, toutefois, vous habitez ordinairement dans une région située au niveau de la mer et que vous vous rendez en haute altitude sans que votre corps ait le temps de s'acclimater, vous risquez d'éprouver des difficultés respiratoires. La rapidité d'adaptation du corps ne dépend pas de l'âge, du sexe, de la race ou de la condition physique. Toutes les personnes qui visitent une région en haute altitude doivent s'acclimater.

Si vous marchez en altitude, il vous faudra gravir la montagne graduellement. Ne vous rendez pas directement à une altitude élevée. Commencez à une hauteur inférieure à 3000 m (10 000 pi) et reposez-vous pendant quelques jours avant de vous remettre en route. Si vous vous lancez directement à l'assaut des hauteurs, ne faites pas d'exercices vigoureux durant 24 heures. Apprenez à connaître vos limites. À une altitude de plus de 3000 m (10 000 pi), restreignez votre ascension à 300 m (1000 pi) par jour et, pour chaque 1000 m (3000 pi) gravi, prenez une journée de repos.

Travailler son endurance musculaire

Vous pouvez aider vos muscles à s'adapter aux conditions exigeantes des montagnes en montant et en descendant des pentes au cours des semaines qui précèdent vos vacances. Monter des pentes raides fait travailler les grands muscles de la face antérieure des cuisses, les quadriceps, de même que les fessiers, parce que vous devez lever vos jambes plus haut que si vous marchiez en terrain plat. La descente, quant à elle, soumet les genoux et les tibias à une tension. Un entraînement en vue de renforcer les muscles qui sont sollicités au cours de la descente préviendra les tensions, les douleurs et les périostites tibiales (inflammations des muscles sur le devant des tibias). Essayez de faire au moins 20 minutes de montée par jour au cours de la semaine précédant votre départ.

S'équiper

Si vous demeurez sur les parcours balisés et que vous évitez les endroits périlleux, vous n'aurez pas besoin d'un équipement spécialisé pour gravir les montagnes. Choisissez toutefois vos vêtements et vos bottes avec soin. De bonnes bottes de randonnée pédestre munies d'un support à la cheville sont nécessaires. Apportez toujours des vêtements de rechange imperméables. En effet, la température peut changer rapidement dans les montagnes. Il est essentiel d'appliquer un écran solaire et de porter des lunettes de soleil, non seulement parce que la neige reflète la lumière, mais aussi parce que le rayonnement solaire augmente de 4 % tous les 300 m (1000 pi). Enfin, les bâtons de marche peuvent être utiles pour vous aider à garder l'équilibre dans les descentes escarpées.

**Préparer son sac
pour une excursion en montagne**
Un grand sac à dos de promenade est idéal pour transporter des vêtements et des chaussettes supplémentaires, l'écran solaire et les collations dont vous aurez besoin. Un sac d'hydratation est indispensable pour apporter toute la quantité d'eau voulue.

LA SÉCURITÉ D'ABORD

Près de 75 % des gens qui voyagent à une altitude de plus de 3000 m (10 000 pi) souffrent du mal aigu des montagnes, dont les symptômes sont : maux de tête, étourdissements, fatigue, souffle court et nausées. Si vous présentez des symptômes de faible intensité, le fait de rester 24 heures à la même altitude peut régler le problème. Si les symptômes persistent ou s'ils s'aggravent, descendez, car vous risquez d'être touché par une maladie beaucoup plus grave.

POUSSER SES CAPACITÉS PLUS LOIN

Lorsque vous aurez atteint une bonne forme physique, vous voudrez peut-être essayer d'autres styles de marche. Cette section traite d'activités telles que la randonnée pédestre, la course d'orientation, la marche athlétique et le marathon.

Les styles de marche décrits dans les prochaines pages mettront grandement vos capacités physiques à l'épreuve et vous obligeront à apprendre de nouvelles techniques, s'il y a lieu. Ils sont particulièrement bénéfiques sur le plan de la santé cardiovasculaire, sans toutefois présenter les risques de blessures qui sont souvent associés à la course.

La randonnée pédestre et le trekking

Si vous désirez parcourir de plus grandes distances, la randonnée pédestre et le trekking sont tout indiqués. Ces activités sont très semblables : elles comprennent de longues marches sur des terrains naturels, à la différence que le trekking implique de franchir de plus grandes distances en transportant tout l'équipement nécessaire et de voyager plusieurs jours d'affilée. Ces deux types de marche vous permettent d'explorer des endroits éloignés et de jouir du plein air. Ils vous offrent l'occasion de voir des paysages fascinants et de découvrir la vie sauvage tout en vous évadant de la routine habituelle pour une période prolongée. Pour obtenir plus de renseignements sur ces activités, consultez les répertoires des lieux de marche.

La planification et la préparation

Si vous n'avez jamais fait de randonnée pédestre auparavant, vous devrez avoir des attentes réalistes. Ainsi, quand vous aurez terminé le programme de niveau intermédiaire des pages 152 et 153, vous apprécierez probablement une randonnée modérée d'une journée. Si vous prévoyez faire une plus longue randonnée en terrain plus exigeant, dans le cadre, peut-être, d'un voyage d'aventure, vous aimerez davantage cette expérience si vous vous êtes entraîné au préalable. Suivez tout le programme de niveau avancé des pages 154 et 155. Choisissez ensuite une randonnée qui vous permettra de modifier, en cours de route, votre vitesse et même votre itinéraire, et ce, jusqu'à ce que vous ayez pris de l'assurance. Exercez-vous à marcher pendant au moins une heure en transportant votre sac à dos bien rempli. Est-il confortable et ajusté correctement ? Avez-vous réellement besoin de tout ce que vous y avez mis ?

Avant de vous mettre en route, familiarisez-vous avec le trajet prévu. Anticipez toutes les situations possibles. Si vous n'êtes pas accompagné d'un guide local, vous aurez besoin d'un topo-guide récent de l'endroit. Les sentiers ou les pistes que vous emprunterez seront probablement balisés.

Le matériel de randonnée pédestre

Vous ne tenez certainement pas à porter un sac si lourd qu'il rende votre randonnée pénible. N'apportez que le strict nécessaire : des vêtements légers et imperméables, des chaussures robustes et confortables, une trousse de premiers soins, des collations énergétiques, de l'eau en grande quantité et une carte géographique. Apportez aussi des vêtements de rechange et d'autres chaussures pour les conditions humides.

Cependant, si vous établissez votre propre itinéraire, une carte topographique ou une carte distribuée par les bureaux de tourisme vous sera utile. Assurez-vous de savoir lire la carte adéquatement et d'être capable de faire des relèvements au compas au cas où vous perdriez votre route (voir page 85). Vous devez d'abord comprendre les courbes de niveau. Sur une carte topographique, elles correspondent aux lignes de couleur marron qui relient entre eux les points situés à une même altitude. Plus les courbes sont rapprochées, plus la pente est abrupte, plus la randonnée sera exigeante. Il vous faudra également connaître la signification des différents symboles apparaissant sur la carte et être capable de calculer les distances ainsi que le temps qui vous sera nécessaire pour effectuer un parcours.

Si la randonnée pédestre est une nouvelle activité pour vous, mais que vous marchez régulièrement, vous serez en mesure de parcourir de 12 à 20 km (7,5 à 12,5 mi) par jour — moins si la route est difficile ou si la température n'est pas clémente. Si vous montez une pente, prévoyez 30 minutes de plus pour chaque 300 m (1000 pi) d'ascension. N'oubliez pas d'ajouter le temps qu'il vous faudra pour vous rendre à votre point de départ ainsi que celui des pauses que vous prendrez le long de votre parcours. Prévoyez arriver à votre destination au moins une heure avant le crépuscule, ce qui vous laisse une certaine latitude en cas d'erreur dans votre évaluation du temps. Si vous envisagez de sortir des sentiers battus, informez quelqu'un du moment prévu de votre retour ainsi que de l'itinéraire que vous suivrez. Si vous n'êtes pas certain du chemin que vous prendrez ou si vous doutez de vos capacités à lire une carte, ne vous aventurez pas seul. Rappelez-vous également que les téléphones cellulaires ne fonctionnent pas toujours dans les endroits éloignés.

✔ QUE DOIS-JE APPORTER DANS MON SAC ?

❑ **De la nourriture.** Apportez des sandwichs, des fruits, ainsi que des collations riches en glucides. Vous aurez besoin de plus de nourriture qu'à l'ordinaire, et plus encore s'il fait froid.

❑ **De l'eau.** Prévoyez de 3,5 à 4,5 l (3 à 4 pt) d'eau par jour. Renseignez-vous sur les lieux où vous pourrez vous approvisionner en eau sur votre parcours ou apportez un filtre à eau pour ne pas devoir transporter toute l'eau dont vous aurez besoin (voir page 132).

❑ **Des vêtements.** Apportez un vêtement imperméable de surplus.

❑ **Un réchaud de camping.** Les feux de camp peuvent être dangereux en certains endroits. Un réchaud portatif est indispensable pour faire cuire vos aliments.

❑ **Une trousse d'urgence.** Apportez un téléphone cellulaire, un canif, une trousse de premiers soins et un sifflet — le signal international de détresse est composé de trois coups de sifflet.

❑ **Des instruments pour vous orienter.** Apportez une boussole et une carte, ainsi qu'une lampe torche (ou une lampe de poche) et une ampoule de rechange.

❑ **Une tente et un sac de couchage.** Ces articles doivent être légers, imperméables et compacts.

Les chaussures et les vêtements

Étant donné que les randonnées pédestres se font habituellement hors route, en terrain accidenté, vous devrez vous procurer des chaussures tout-terrain ou des bottes de randonnée, qui vous assureront un bon support et une bonne protection (en particulier de la plante du pied et des chevilles) sur les terrains raboteux. Les bottes de randonnée rigides en cuir offrent une excellente stabilité, mais leurs semelles sont peu flexibles (pour plus d'informations, voir pages 123 à 127). Ne portez pas de bottes trop lourdes : sur 1,6 km (1 mi) parcouru en terrain plat, vos jambes les soulèveront et les poseront au sol environ 2500 fois. Si vous projetez de faire une courte randonnée pédestre en terrain plat, des chaussures tout-terrain ou des chaussures de marche d'approche conviendront. Reportez-vous aux pages 128 à 130 pour plus de détails sur les vêtements. Enfin, soyez toujours prudent et apportez un vêtement de surplus en prévision d'un changement de température.

LA COURSE D'ORIENTATION | Des explications

La course d'orientation (*orienteering*) a été décrite comme « une course qu'on fait tout en jouant une partie d'échecs » parce qu'elle met à contribution tant les capacités physiques que les capacités intellectuelles. Elle se pratique à pied, au pas de marche ou au pas de course, en divers types de terrains — forêts, parcs, champs, déserts —, et on peut même s'y adonner en skis dans les montagnes. La course d'orientation consiste à suivre un parcours donné et à trouver les repères inscrits sur une carte topographique détaillée au moyen d'une boussole. Elle peut faire l'objet de compétitions et les participants doivent alors découvrir chacun des points de contrôle dans l'ordre numérique en prenant le moins de temps possible. La vitesse de déplacement importe moins que l'habileté à trouver le chemin le plus rapide pour se rendre à chacun des points de contrôle numérotés. Si vous cherchez une façon de marcher plus énergique, la course d'orientation est un sport qui saura vous plaire. La Fédération québécoise de la marche de même que la Fédération québécoise d'orientering sont des sources précieuses de renseignements auprès desquelles vous trouverez des idées d'activités intéressantes.

Boire et manger

La randonnée pédestre demande un grand apport énergétique. Il vous faudra donc boire et manger beaucoup pour maintenir votre niveau énergétique (voir pages 90 à 93). Si vous faites une randonnée pédestre de plus d'une journée, prévoyez un itinéraire qui traverse des villes ou des villages pour éviter d'avoir à transporter trop de matériel. Rappelez-vous que vous aurez besoin d'au moins 3,5 l (3 pt) d'eau par jour, et plus encore s'il fait chaud. Un sac d'hydratation que vous pourrez transporter sur votre dos et qui contient plus d'eau que la plupart des bouteilles est une bonne solution. Mangez à des heures régulières ou buvez des boissons pour sportifs pour maintenir vos taux de glucides et de sel. Sans supplément d'énergie, vous vous épuiserez rapidement et, sans boissons pour sportifs, vous risquez de souffrir de crampes.

Si vous prévoyez faire une longue randonnée pédestre et ne pouvez transporter toute l'eau dont vous avez besoin, assurez-vous qu'il existe des endroits où vous pourrez vous approvisionner en eau le long de votre route. Apportez des comprimés pour purifier l'eau ou un filtre à eau (voir page 132) si vous doutez de la qualité de l'eau.

Les séjours de nuit

Avant d'entreprendre une grande randonnée pédestre, il faut planifier les arrêts de façon méticuleuse. Pour certains trajets, il existe des répertoires d'hôtels et d'auberges, des ressources précieuses pour les randonneurs. Si vous ne trouvez pas une telle liste d'endroits où séjourner, recherchez ces renseignements dans un topo-guide ou informez-vous auprès du bureau de tourisme de la région. En saison, les terrains de camping, les auberges et les hôtels affichent complet rapidement. C'est pourquoi il importe de planifier votre excursion bien à l'avance. Si vous devez camper, informez-vous au sujet des commodités et de la possibilité de vous y approvisionner en denrées. On trouve des toilettes et de l'eau potable dans la plupart des terrains de camping. Vous pourrez également, en règle générale, y obtenir des renseignements sur la région et sur les conditions météorologiques. Calculez les distances à parcourir et assurez-vous de pouvoir atteindre facilement le terrain de camping avant le crépuscule.

Il n'est pas convenable de camper aux endroits qui ne se destinent pas à cette fin, la plupart des terrains étant des propriétés privées. Toutefois, si vous savez où vous désirez vous arrêter, vous pouvez communiquer d'avance avec le propriétaire et lui demander la permission de camper sur son terrain.

Choisir une carte

Que vous ayez planifié votre parcours, que vous disposiez d'un topo-guide, qu'un guide expérimenté vous accompagne ou que vous fassiez partie d'un groupe, apportez toujours une carte topographique de la région où vous marcherez et apprenez à vous en servir avant votre départ. En effet, des ponts peuvent avoir été emportés et des sentiers être bloqués et il vous faudra alors trouver un nouveau chemin. Par ailleurs, si un accident se produit, vous devrez peut-être quitter votre groupe pour aller chercher de l'aide. Durant vos haltes, cherchez votre position sur la carte afin de pouvoir vous retrouver en tout temps. C'est aussi une façon de découvrir de nouvelles routes pour vos prochaines randonnées pédestres.

Les cartes ne sont pas toutes construites selon la même échelle. Les cartes topographiques présentent deux séries qui sont particulièrement utiles aux marcheurs. Les cartes pour gardes-forestiers ont une échelle de 1/50 000, où 2 cm sur la carte correspondent à 1 km sur le terrain (1¼ po = 1 mi). Ces cartes sont très utiles pour planifier une route, quand vous désirez obtenir une vue d'ensemble de la région. Vous pouvez y repérer des endroits intéressants, des terrains de camping, et y trouver des informations quant aux droits de passage, aux routes principales et aux courbes de niveau. Les cartes d'exploration ont une échelle de 1/25 000, où 4 cm sur la carte correspondent à 1 km sur le terrain (2½ po = 1 mi). Elles vous aideront à vous repérer au cours d'une randonnée et vous seront d'une grande utilité pour une promenade en région rurale.

Vous trouverez des cartes topographiques dans les boutiques des terrains de camping, ainsi que des cartes des sentiers de randonnée les plus fréquentés. En ce qui concerne les cartes de randonnée plus détaillées, vous devrez sans doute vous rendre dans les magasins de la région visitée.

Vous pouvez également acheter des cartes topographiques en ligne, sur le réseau Internet.

Utiliser une boussole

Si vous ne pouvez déterminer où vous vous trouvez ni la direction que vous devez suivre au moyen de points de repère sur le terrain, servez-vous d'une boussole pour faire un relèvement (voir l'encadré ci-dessous). Lorsque vous utilisez une boussole, vous devez vous rappeler qu'il existe plusieurs nord. Le nord vrai correspond au nord géographique. Le nord magnétique est déterminé par le champ magnétique de la Terre et c'est ce dernier nord que vous indiquera la boussole. Le nord du quadrillage, enfin, est la direction indiquée par les lignes verticales du quadrillage de la carte, en allant vers le haut de celle-ci. Ces différents nord varient selon l'endroit où vous vous trouvez dans le monde ; il faut donc en tenir compte.

Il existe une différence entre le nord magnétique qu'indique la boussole et le nord du quadrillage. Pour vous orienter correctement, il vous faudra procéder aux additions ou soustractions nécessaires afin de tenir compte de cette différence. Cette dernière est indiquée sur les cartes topographiques. Dans les environs de Montréal, par exemple, elle est d'environ 15 degrés ; si vous faites un relèvement sur le terrain et que vous le reportez sur votre carte, vous devrez soustraire 15 degrés de ce premier nombre. À l'inverse, si vous faites un relèvement sur votre carte pour l'utiliser sur le terrain, vous devrez ajouter 15 degrés au chiffre de la carte.

COMMENT UTILISER UNE BOUSSOLE

Posez la boussole sur votre carte topographique et alignez la base de la boussole entre le point de départ et d'arrivée de votre itinéraire, le devant de la boussole pointant vers le point d'arrivée. Faites pivoter le cadran jusqu'à ce que la flèche d'orientation pointe vers le nord de la carte. Les lignes méridiennes de la boussole devraient alors être parallèles aux lignes longitudinales (verticales) de la carte. Prenez la boussole dans votre main et tournez sur vous-même jusqu'à ce que la partie rouge de l'aiguille aimantée soit centrée sur la partie nord de la flèche d'orientation de la boussole. Il vous suffit alors de suivre la direction indiquée par le devant de la boussole pour vous rendre à destination.

Je veux pouvoir dormir en plein air, voyager à l'ouest et marcher librement la nuit.

SYLVIA PLATH

La marche athlétique

Bien que la marche comme moyen de se maintenir en bonne condition physique soit plus populaire que la course, la marche athlétique (aussi connue sous le nom de marche rapide) reste un sport pratiqué par une minorité et auquel les médias n'accordent que peu d'attention. Il s'agit toutefois d'une activité qui gagne en popularité, car un nombre grandissant de marcheurs cherchent à pousser plus loin leurs capacités et à relever de nouveaux défis.

La marche athlétique de 50 km (32 mi) est tout aussi exigeante qu'un marathon de course. Peut-être ne reçoit-elle pas la couverture médiatique qu'elle mérite en raison de la démarche étrange, souvent qualifiée de ridicule, de ceux qui la pratiquent (voir l'encadré ci-dessous). La marche athlétique est pourtant un sport vigoureux; pour en maîtriser la technique, des heures d'entraînement sont nécessaires, et il faudra plusieurs années d'entraînement si l'on désire atteindre la vitesse des marcheurs d'élite. La plupart des bons marcheurs athlétiques peuvent parcourir 1,6 km (1 mi) en moins de 10 minutes et de 9,5 à 11 km (6 à 7 mi) en une heure. Si vous aimez la compétition ou si vous désirez faire de la marche plus sportive, pensez à vous joindre à un groupe de marche athlétique.

Le marathon de marche

Si vous cherchez à relever un grand défi, il n'existe rien de plus satisfaisant que de terminer un marathon de marche. Celui-ci est doublement gratifiant parce qu'il est souvent fait au profit d'œuvres charitables.

Les marathons de marche se déroulent sur le même parcours standard de 42 km (26,2 mi) que les marathons de course ou empruntent des trajets sur mesure de longueur variable. De plus en plus souvent, les marathons de course comprennent une catégorie «marcheurs» — les marathons de Portland et de Vancouver, par exemple — et il n'est pas rare de voir des participants au marathon de New York ou à celui de Londres effectuer tout le parcours en marchant. Souvent aussi, des marathons de marche de 5 km et de 20 km ont lieu parallèlement aux marathons classiques sur un parcours qui longe la piste de la course principale, mais qui n'interfère pas avec celle-ci.

LA MARCHE ATHLÉTIQUE

La marche athlétique consiste en une succession de pas sans perte visible de contact avec le sol. Le pied avant doit donc toucher le sol avant que le pied arrière se soulève, faute de quoi le marcheur est officiellement considéré comme étant en train de courir. C'est cette fine distinction entre la course et la marche qui, dans une compétition, rend les marcheurs susceptibles d'être disqualifiés pour «soulèvement». Par ailleurs, pour être un bon marcheur athlétique, il faut maîtriser le mouvement de rotation du bassin qui permet de propulser le corps vers l'avant. Même si tous les types de marche nécessitent un certain mouvement de rotation du bassin, ce mouvement est nettement amplifié dans la marche athlétique. En inclinant le bassin vers le bas et le côté externe de la jambe d'appui, on se trouve à abaisser le centre de gravité, ce qui réduit le mouvement naturel de redressement et d'abaissement du tronc. En tournant la hanche vers l'avant, le marcheur athlétique peut aussi placer un pied presque directement en avant de l'autre, comme s'il marchait sur une ligne droite. Cela contribue à empêcher le balancement du corps de gauche à droite, de sorte que l'élan est plus efficace. Toutefois, ce type de marche soumet les articulations à une tension plus grande que ne le ferait tout autre type de marche rapide ordinaire (mais présente moins de risque de blessures que la course). Si vous arrivez à maîtriser le mouvement des hanches, vous devriez être capable de pratiquer la marche athlétique. Consultez cependant votre médecin si vous souffrez de maux de hanches ou de douleurs lombaires.

La préparation est de première importance pour qui veut prendre part à un marathon de marche. Même si vous n'ambitionnez pas de parcourir toute la distance du marathon, mais que vous souhaitiez franchir une grande distance à des fins caritatives, vous devrez consacrer du temps et des efforts à vous y préparer. Vous pouvez vous entraîner au gymnase régulièrement. Cependant, votre préparation ne sera peut-être pas complète, car la marche ne sollicite pas les mêmes muscles que d'autres activités physiques, y compris la course.

L'entraînement nécessaire pour effectuer un long marathon de marche consiste à augmenter graduellement la distance d'une ou deux de vos marches hebdomadaires. Étant donné le caractère exigeant de ce genre de marche, il vous faudra prévoir des journées de repos dans votre programme d'entraînement. Quand vous serez capable de marcher pendant au moins 30 minutes presque tous les jours et pendant 90 minutes une fois par semaine, et ce, sans douleur ou malaise, vous serez alors prêt à vous entraîner. Si vous partez de zéro et ne marchez jamais, il vous faudra alors compter 6 semaines avant de pouvoir faire une longue marche de 90 minutes : ajoutez 15 minutes de plus chaque semaine à vos marches quotidiennes de 30 minutes. Pour participer à un marathon de marche rapide, prévoyez de 15 à 18 semaines de préparation. Essayez d'intégrer à votre horaire hebdomadaire 3 journées d'entraînement intensif de marche, à raison d'une marche de 45 à 60 minutes à la fois. Introduisez une marche de deux heures durant la première semaine, que vous augmenterez à trois heures à la cinquième semaine et à cinq heures à la quatorzième semaine.

Un défi sur un long parcours

Le Marathon annuel de la Grande Muraille attire des coureurs d'élite ainsi que des marcheurs athlétiques en provenance de partout dans le monde. Les compétiteurs doivent monter 3700 marches sur le parcours.

LE PROGRAMME TYPE D'ENTRAÎNEMENT DE SEPT JOURS

Le tableau ci-dessous présente un bon programme d'entraînement hebdomadaire en prévision d'un marathon de marche. Il est conçu pour une personne qui marche déjà pendant au moins 30 minutes par jour.

Jour	Activité quotidienne
1	45 à 60 minutes de marche
2	2 à 5 heures de marche
3	Repos
4	45 à 60 minutes de marche
5	Repos
6	45 à 60 minutes de marche
7	Repos

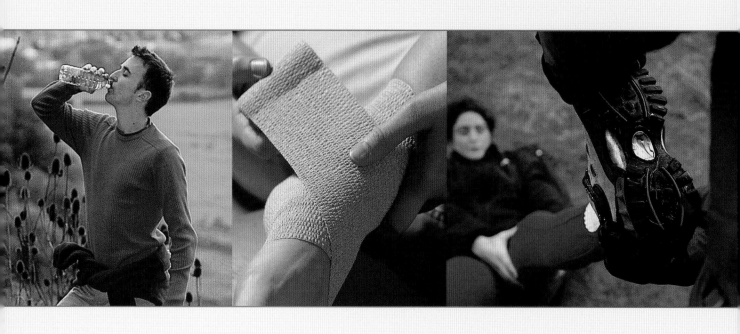

EN MATIÈRE DE SANTÉ

4

Ce que vous pouvez faire pour vous maintenir dans une condition physique optimale. Si vous avez des problèmes de santé particuliers, ce que vous devez surveiller.

MANGER ET BOIRE

La marche n'exige pas que vous apportiez de grands changements dans votre alimentation, pourvu que vous mangiez suffisamment pour disposer de l'énergie nécessaire et buviez assez pour remplacer les liquides que vous fait perdre l'exercice. Vous trouverez dans cette section des conseils utiles relativement à votre alimentation.

En suivant un programme de marche, vous améliorerez sûrement votre santé et votre bien-être. Pour profiter au maximum des bienfaits de cet exercice, vous devez porter une attention particulière à votre régime alimentaire.

Les aliments, une source d'énergie

Que vous parcouriez une petite ou une grande distance, vos muscles ont besoin, pour accomplir adéquatement leur travail, d'énergie, et celle-ci leur vient des aliments que vous consommez. Sauf si vous marchez pendant plus de deux ou trois heures, vous n'avez pas à ingérer une grande quantité d'aliments avant votre exercice. Vous ne devez pas non plus vous satisfaire de n'importe quel type d'aliments comme sources énergétiques. Certains apportent plus d'énergie, tout en étant meilleurs pour votre santé. Un régime alimentaire quotidien riche en glucides (hydrates de carbone) vous fournira assez d'énergie pour la plupart de vos marches.

Les sources énergétiques saines

Ce sont les glucides qui fournissent l'apport énergétique nécessaire pour faire une marche exigeante (voir l'encadré ci-dessous). Des repas riches en bons glucides et pauvres en matières grasses vous aideront à maximiser les bienfaits de votre marche.

Les meilleurs glucides sont les sucres et les amidons naturels plutôt que les sucres et les amidons raffinés (comme le pain blanc, le riz blanc, les pâtes blanches, les biscuits, les gâteaux et les friandises). Voici de bons choix alimentaires:

- **Sucres naturels:** fruits frais ou secs, jus de fruits et certains légumes;
- **Amidons naturels:** pain et pâtes de blé entier, céréales entières, riz brun, noix, bananes, pommes de terre, pois et autres légumes, fèves et autres légumineuses.

LES GLUCIDES | Des explications

Quand les glucides sont digérés, ils sont transformés en glucose, un sucre que le corps utilise comme combustible. Le glucose qui n'est pas utilisé immédiatement par l'organisme est transformé en glycogène et mis en réserve dans les muscles et dans le foie. Si votre corps requiert un supplément d'énergie, ce glycogène peut être transformé de nouveau en glucose. Plus votre organisme libère ce sucre lentement, plus votre niveau d'énergie est stable. Étant donné que l'organisme transforme plus lentement les glucides (sucres) non raffinés, ceux-ci constituent donc une meilleure source énergétique que les glucides (sucres) raffinés, ces derniers ayant déjà été partiellement transformés par les fabricants (comme le riz qui est décortiqué pour produire le riz blanc).

Si vous manquez d'énergie durant vos marches, c'est peut-être en raison de vos choix et de vos habitudes alimentaires. À ce moment, vous devrez probablement augmenter la quantité de glucides que vous consommez. Les aliments riches en glucides contiennent en général plus de fibres, ce qui facilitera votre digestion et réduira le risque de cancer de l'intestin. Cependant, prenez soin d'augmenter votre consommation de fibres graduellement, de façon à éviter les douleurs abdominales, les ballonnements et les flatulences. De plus, il est essentiel d'accroître votre consommation de liquides.

Bien s'alimenter pour perdre du poids

Votre alimentation est également très importante si vous pratiquez la marche afin de contrôler votre poids. Une trop grande diminution de votre apport énergétique vous rendra faible et incapable de poursuivre votre entraînement en vue de perdre du poids. Modifiez vos habitudes alimentaires en diminuant votre consommation de matières grasses, d'amidons et de sucres raffinés et en augmentant votre consommation de glucides non raffinés. Comme ces derniers libèrent de l'énergie plus lentement, vous vous sentirez alors moins affamé. Les fruits et les barres de céréales constituent un bon choix de collation. Si vous ne pensez qu'à manger, la marche saura vous distraire.

Se préparer à marcher

Si vous planifiez une randonnée d'une journée, vous devez prévoir vos repas en conséquence. Commencez votre journée en prenant un petit-déjeuner riche en glucides (de préférence des céréales entières et du pain de blé entier) deux heures avant votre départ. Au cours de votre randonnée, vous aurez sans doute besoin de refaire le plein d'énergie toutes les deux ou trois heures. Les meilleurs sandwichs sont ceux qui sont faits avec du pain, des bagels ou des pitas de blé entier et qui contiennent du beurre d'arachide, du thon ou du jambon. Comme collation, optez pour des muffins à grains entiers, des fruits frais ou secs, des bretzels ou des chips de maïs, des barres de céréales ou des légumes crus, comme des bâtonnets de carottes. Buvez de l'eau, du jus de fruits ou de légumes, ou du yogourt fouetté. En mangeant peu à la fois mais souvent, vous assurerez un apport constant d'énergie aux muscles sollicités par la marche. Le grignotage sera donc un bon compromis si vous ne désirez pas interrompre votre randonnée pour prendre un repas normal. Le fait de grignoter pourra aussi vous aider à contrôler vos taux de glycémie et de cholestérol, tout en intensifiant votre métabolisme et en brûlant de ce fait plus de calories. Deux heures après l'exercice, prenez toujours un repas ou une collation énergétique.

Des aliments énergétiques sains
Quand vous préparez un repas, assurez-vous d'y inclure des glucides naturels qui vous fourniront suffisamment d'énergie sans vous faire prendre de poids.

Les liquides, un élément constitutif

L'eau est essentielle pour vivre et elle compose de 50 à 70 % de votre poids corporel total. Le corps des hommes renferme plus de liquides que celui des femmes, mais contient moins de tissus adipeux. Un apport adéquat en liquides est vital tant pour l'homme que pour la femme afin de permettre à leur organisme de fonctionner efficacement. L'eau remplit de nombreuses fonctions (voir l'encadré ci-dessous), et lorsque l'organisme ne reçoit pas suffisamment de liquides, il commence à se déshydrater. La déshydratation se manifeste par de la fatigue, des étourdissements, des maux de tête et une sensation d'apathie. Si vous éprouvez l'un de ces symptômes quand vous marchez, c'est que votre apport en liquides est insuffisant.

Quand faut-il boire ?

Beaucoup de gens ne boivent que lorsqu'ils ont soif. Or la soif n'est pas la meilleure façon d'évaluer les besoins du corps en liquides. En effet, quand vous ressentez la soif, vous êtes déjà en train de vous déshydrater. Pour vérifier si vous consommez suffisamment de liquides, observez la couleur de votre urine et la quantité évacuée. Si elle est presque incolore et abondante, c'est que vous buvez suffisamment. Si elle est jaune ou de couleur plus foncée, c'est qu'il est temps de boire. La quantité de liquide normalement nécessaire à l'organisme est d'environ 2,5 l (2 pt) d'eau par jour, ce qui équivaut à huit verres de 225 ml (8 oz).

Lorsque vous faites de l'exercice, cependant, il vous faut boire plus, parce que l'activité augmente l'élimination des liquides de votre organisme. Chaque fois que vos muscles travaillent, que ce soit à l'occasion d'une promenade à pied par un beau dimanche après-midi ou à l'occasion d'une randonnée pédestre d'un jour à la campagne, ils produisent une chaleur qui sera évacuée par la transpiration, et ce, afin de maintenir la température de votre corps constante. La production de sueur prévient donc l'épuisement dû à la chaleur (voir page 116). L'évaporation de la sueur refroidit votre peau qui, en retour, refroidit votre sang et votre corps. Or plus vous transpirerez et plus vous aurez besoin de boire pour refaire le plein de liquides dans votre organisme.

Avant d'aller marcher, vous devez prévoir la sorte de boissons que vous consommerez, de même que la quantité que vous boirez et le moment où vous le ferez. Si vous prévoyez une marche de 10 à 20 minutes seulement, buvez un ou deux verres d'eau ou de jus, ou encore une boisson pour sportifs, avant votre départ. Si vous projetez de faire un trajet plus long, buvez deux ou trois verres d'eau deux heures avant votre départ et encore un ou deux juste au moment de partir. Au cours de votre marche, buvez autant que vous le pouvez toutes les 15 à 20 minutes. Quand la température

> *Toutes les grandes idées viennent en marchant.*
>
> FRIEDRICH NIETZSCHE

L'EAU *et ses bienfaits pour la santé*

▶ En buvant régulièrement, vous aidez votre organisme à éliminer ses déchets et ses toxines, et votre peau demeure éclatante de santé.

▶ Pour bien fonctionner, vos organes ont besoin d'un apport d'eau suffisant, en particulier les reins — l'eau prévient les infections urinaires comme les cystites — et les intestins — l'eau réduit les risques d'infection et de constipation.

▶ L'eau est nécessaire à la production d'enzymes digestives, lesquelles jouent un rôle dans la distribution, dans tout l'organisme, des sucres, nutriments et vitamines essentiels obtenus à partir de la nourriture ingérée.

▶ Il est particulièrement important de boire par temps chaud afin de maintenir votre température corporelle constante.

▶ En restant hydraté, vous serez plus alerte et plus énergique.

▶ Si vous êtes déshydraté, vous pouvez souffrir de maux de tête ; buvez de l'eau régulièrement pour prévenir cette situation.

extérieure est chaude et humide, il est prudent d'augmenter la quantité de liquides absorbés. En effet, dans ces conditions, le corps ne se refroidit pas aussi efficacement et doit fournir un effort plus grand pour maintenir sa température à 37 °C (98,4 °F).

Que faut-il boire?

Si vous marchez pendant moins d'une heure, boire de l'eau est suffisant. Vous boirez simplement pour vous maintenir hydraté plutôt que pour fournir de l'énergie à votre corps. Si vous préférez le lait, l'eau aromatisée ou les jus de fruits, ce sont aussi de bons choix. En fait, toutes les boissons constituent un bon apport en liquides, même le thé, le café et la bière. Évidemment, les boissons qui contiennent de la caféine de même que les boissons alcoolisées doivent être consommées avec modération, parce que les agents chimiques et les additifs qu'elles contiennent peuvent entraîner une déshydratation. Si vous décidez de vous arrêter pour prendre une collation, assurez-vous de boire une boisson avec vos aliments. Rappelez-vous aussi de vérifier régulièrement la couleur de votre urine.

Du côté des sportifs

Vous voudrez peut-être prendre en considération les quantités de sucre et de sel que renferment vos boissons. Si vous marchez pendant plus d'une heure, les boissons isotoniques pour sportifs qui contiennent des glucides sont tout indiquées. Celles-ci maximisent vos réserves de combustible et vous fournissent un supplément d'énergie. Une boisson de 225 ml (8 oz) contenant de 50 à 80 calories de sucre peut réduire votre fatigue et vous maintenir hydraté. Si vous marchez pendant quatre à huit heures, vous devez alors prendre des boissons pour sportifs qui contiennent du sodium (sel), cela pour compenser la perte de sodium par la sueur. Vous pouvez vous procurer ces boissons en plusieurs endroits, en particulier dans les gymnases et les centres sportifs. Lisez bien l'étiquette sur les contenants pour vérifier les teneurs en sucre et en sel des boissons. Vous pouvez aussi fabriquer votre propre boisson isotonique pour sportifs. Mélangez simplement un litre (4 tasses) de jus de fruits pur avec un litre (4 tasses) d'eau. Ajoutez-y ensuite 2,5 ml (½ cuillerée à thé) de sel et brassez.

Les trucs du marcheur expérimenté

SE MAINTENIR HYDRATÉ

Préparez-vous
Apportez une bouteille d'eau lorsque vous marchez pendant plus de 20 minutes.

Appréciez votre boisson
Choisissez une boisson que vous aimez. Peu importe ce que vous buvez, il est toujours préférable de boire plutôt que de vous déshydrater.

Anticipez
Buvez avant d'avoir soif. Si vous avez soif, c'est que vous êtes probablement déjà déshydraté.

Dosez votre apport de liquides
Pendant que vous marchez, buvez fréquemment et par petites gorgées.

Tenez compte de la température extérieure
Buvez plus par temps chaud et humide. Évitez de porter des vêtements lourds ou inadéquats pour ne pas trop transpirer.

Rafraîchissez-vous
Gardez votre boisson au frais dans une bouteille isolante ou enveloppez le contenant d'une gaine isotherme.

LA SÉCURITÉ PERSONNELLE

Que vous marchiez en ville, en banlieue ou à la campagne, vous devez prendre des précautions pour vous protéger et protéger vos biens. Les mesures préventives deviennent encore plus importantes si vous marchez le soir.

Pour votre sécurité, il est toujours préférable de marcher avec un compagnon de route, et ce, que vous soyez un homme ou une femme. En effet, les hommes risquent autant que les femmes d'être victimes d'un assaut. Cependant, il arrive inévitablement que vous deviez marcher seul. Vous pouvez réduire les possibilités d'agression en évaluant consciencieusement les risques et en prenant certaines précautions.

Avertissez

Il est conseillé de toujours aviser quelqu'un de l'endroit où vous allez. Indiquez votre parcours à un membre de la famille, un voisin ou un ami, ainsi que l'heure à laquelle vous prévoyez être de retour. S'il n'y a personne, laissez une note manuscrite, ou encore un message dans votre boîte vocale ou sur votre répondeur téléphonique. Apportez un téléphone cellulaire dans votre sac à dos de promenade ou dans votre sac banane et assurez-vous que la pile est chargée. Si vous ne possédez pas de téléphone cellulaire, il serait judicieux de vous en procurer un.

Portez des vêtements visibles

Si vous marchez à la brunante ou plus tard le soir, ou encore par temps brumeux, portez un vêtement blanc ou un vêtement de couleur claire garni de bandes réfléchissantes. Laissez votre argent et tout objet de valeur chez vous. Ne portez pas trop de bijoux, car ils peuvent être attrayants même s'ils n'ont aucune valeur. Le soir, ne prenez pas votre baladeur, car, en plus d'attirer les voleurs, il peut vous empêcher d'entendre les voitures ou les pas de quelqu'un qui marche derrière vous. Il est aussi recommandé de ne pas s'encombrer pour marcher. Quand il pleut, ne prenez pas votre parapluie; portez plutôt un imperméable. Transportez vos choses dans un sac à dos de promenade pour garder vos bras et vos mains libres.

Par ailleurs, prenez soin d'avoir sur vous une carte d'identité, votre carte d'assurance maladie ainsi que toute information médicale pertinente, concernant, par exemple, une allergie aux médicaments, une maladie comme l'épilepsie ou une médication particulière.

Faites une visite de reconnaissance

Familiarisez-vous au préalable avec votre trajet afin de vous sentir plus en sécurité. Les endroits inconnus paraissent parfois menaçants. Faites une visite de reconnaissance le jour, avant de vous y rendre le soir. Notez les obstacles, les carrefours dangereux ou les endroits particulièrement isolés. Pour ne pas devenir la victime éventuelle d'un agresseur, variez le plus possible l'heure à laquelle vous sortez ainsi que les endroits où vous marchez. Évitez de vous promener seul le soir en des endroits retirés. Si vous ne pouvez marcher que le soir, joignez-vous à un groupe ou allez marcher dans un centre commercial (voir page 71). Recherchez les

---

✓ ÊTES-VOUS EN SÉCURITÉ ?

❑ **Les bijoux et l'argent.** Ne portez pas de bijoux visibles et n'apportez que l'argent nécessaire.

❑ **Un sifflet ou un dispositif d'alarme.** Apportez un objet qui peut capter l'attention et gardez-le à portée de la main.

❑ **Des vêtements réfléchissants.** Si vous sortez le soir, assurez-vous d'être visible en portant des vêtements garnis de bandes réfléchissantes.

❑ **Suivez un entraînement.** Suivez des cours d'auto-défense pour gagner de la confiance en vous-même et apprendre des techniques de défense.

❑ **Avertissez quelqu'un.** Avisez quelqu'un de l'endroit où vous allez ; ayez sur vous une carte d'identité et votre carte d'assurance maladie.

lieux bien éclairés : évitez d'emprunter les ruelles sombres, de vous approcher des haies et de déambuler en des endroits mal éclairés. Soyez aux aguets en tout temps.

Apprenez l'autodéfense

Savoir se défendre en toute situation est primordial. Suivez un cours d'autodéfense pour apprendre à reconnaître les situations dangereuses et savoir comment réagir en cas d'attaque (voir les techniques de défense ci-dessous).

Marchez bien droit, avec assurance. Selon de nombreux experts en autodéfense, moins vous semblez vulnérable et moins vous êtes vulnérable. Évitez tout affrontement avec des piétons, des patineurs, des planchistes ou des cyclistes qui pourraient être dans vos jambes. Ne défiez personne du regard.

Il n'est pas recommandé de porter une arme, quelle qu'elle soit, car elle peut être utilisée contre vous. Vous ris-quez également d'être arrêté pour possession ou usage d'arme offensive. Vous pouvez toutefois recourir à la « force raisonnable » pour vous défendre. Des objets usuels tels qu'une clé, une lampe de poche ou un téléphone cellulaire peuvent être utilisés pour assommer l'agresseur. La meilleure option, cependant, est d'apporter un sifflet stri-dent ou une alarme d'agression ; cela suffit souvent à faire fuir l'assaillant et à attirer l'attention des passants. Assurez-vous surtout que ces objets sont facilement accessibles afin de ne pas perdre des secondes d'importance capitale à les chercher.

Si l'on vous menace au moyen d'une arme ou si l'on vous vole un bien, n'essayez pas de vous battre. Efforcez-vous de bien observer le visage de votre agresseur ainsi que ses vêtements et notez tout trait distinctif, notamment sa voix et son accent. Signalez aussitôt l'agression à la police et donnez la description de votre agresseur.

SE DÉFENDRE CONTRE UNE ATTAQUE PAR-DERRIÈRE

a Si l'agresseur agrippe vos cheveux, criez immédiatement pour appeler à l'aide. Ensuite, appuyez vos pieds solidement au sol et attrapez la main de votre agresseur avec vos deux mains, puis retenez-la for-tement contre votre tête (**a**).

b Pendant que vous maintenez sa main fer-mement sur votre tête, utilisez la force de vos jambes pour pivoter, faire face à votre agresseur et le déséquilibrer (**b**). Écartez vos jambes de la largeur de vos épaules et gardez les genoux légèrement fléchis pour vous donner une bonne stabilité.

c Utilisez maintenant vos genoux, vos pieds et vos mains pour vous défendre et échapper à la poigne de votre agresseur. Si celui-ci a les jambes écartées, donnez-lui un coup de genou ou un coup de poing de toutes vos forces dans l'entre-jambe (**c**).

SOYEZ À L'ÉCOUTE DE VOTRE CORPS

*La décision de pratiquer régulièrement la marche a des implications importantes.
Si votre but est d'être en forme de façon durable, l'exercice assidu devrait alors
faire partie intégrante de votre vie, quel que soit votre état de santé.*

Faire de l'exercice est l'une des décisions les plus importantes que vous prendrez en vue d'améliorer votre état de santé. La marche peut vous aider à atteindre une meilleure forme physique et un mieux-être, et contribuer à prévenir certaines maladies. L'exercice sera bénéfique sur le plan physique, notamment en améliorant votre flexibilité et en augmentant votre force musculaire ainsi que votre résistance aux maladies. Il sera également bénéfique sur le plan psychologique, en rehaussant votre estime de vous-même et en réduisant votre anxiété.

Contrairement à d'autres types d'exercices, la marche peut être pratiquée à peu près par tous, à tout moment de leur vie et quel que soit leur état de santé. Seulement un nombre restreint de maladies s'opposent à la pratique de la marche (voir page 119) et, dans le cas de plusieurs autres maladies, la marche peut en fait être salutaire.

Une étude publiée en 2001 dans la revue *Archives of Internal Medicine* a examiné les effets de l'exercice auprès d'un groupe de 2000 personnes souffrant de maladies chroniques telles que l'hypertension artérielle, le diabète, les maladies cardiaques et l'hypercholestérolémie. Après avoir suivi ces personnes durant trois ans, l'étude a constaté deux fois moins de décès parmi celles qui faisaient seulement 30 minutes d'exercices légers par semaine, comme la marche à proximité de leur domicile, que parmi celles qui ne pratiquaient aucune activité physique. Cette section explique en détail comment la marche peut être bénéfique dans les cas particuliers de maladies cardiaques, de grossesse, d'asthme, d'ostéoporose, d'arthrose et de diabète. Elle vous indique également tous les points à considérer, selon votre état de santé, pour vos exercices de marche.

Pensez positivement

Si vous avez un problème de santé, ne vous en servez pas comme prétexte pour demeurer inactif. Essayez plutôt de voir comment l'activité physique peut vous apporter un soulagement. La volonté de combattre une maladie est parfois plus efficace que le traitement médical. Un esprit sain est l'un de vos meilleurs atouts pour vous mettre sur la voie de la guérison complète.

Allez à votre rythme

Notre corps possède une capacité remarquable à combattre les maladies, à guérir de blessures et à s'adapter à de nouvelles situations. Il est heureux que le corps ait cette faculté d'adaptation étant donné qu'il est souvent soumis à des conditions extrêmes (par exemple, trop ou pas assez de sommeil, d'exercice, etc.). Cette observation s'applique tant à la marche qu'à toute autre activité physique. Pour que votre corps soit au meilleur de sa forme, vous devez bien comprendre son fonctionnement et apprendre à répondre à ses besoins. Ne poussez pas votre corps au-delà de ses limites en faisant trop d'exercice, mais ne le négligez pas non plus en étant peu actif.

POUR GARDER SON AUTONOMIE

Une recherche récente menée à l'Université de Californie montre que plus vous demeurez actif après 65 ans, moins vous risquez de perdre votre autonomie. Une étude effectuée auprès de 6000 femmes âgées de plus de 65 ans révèle que plus les femmes marchaient ou montaient des escaliers de façon régulière, plus elles demeuraient alertes, tant mentalement que physiquement. Dans le groupe des femmes inactives ayant pris part à cette recherche, 24 % présentaient des signes de détérioration mentale considérable, alors que seulement 17 % des femmes actives présentaient des symptômes similaires.

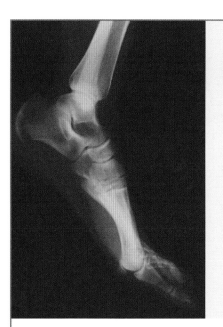

Êtes-vous en bonne forme physique pour marcher?

Si vous prévoyez faire de l'exercice, vous devez d'abord savoir si vous êtes prêt physiquement. Le questionnaire ci-dessous vous aidera à le déterminer. Répondez aux questions aussi honnêtement que possible. Si vous répondez oui à l'une des questions, vous êtes probablement en mesure de pratiquer la marche, mais devriez consulter votre médecin avant d'entreprendre tout programme. Celui-ci pourra vous aider à définir un programme d'exercice adapté à votre condition. Si vous répondez non à toutes les questions, vous êtes alors prêt à commencer votre activité. Toutefois, il est toujours préférable de passer un examen médical avant de commencer tout nouveau programme d'exercice.

❏ Votre médecin vous a-t-il déjà dit que vous aviez l'un de ces troubles ou maladies cardiaques : angine (de poitrine), myocardite, fibrillation auriculaire (trouble du rythme cardiaque)? Ou avez-vous déjà fait une crise cardiaque ou connu un problème de caillot sanguin?

❏ Ressentez-vous une douleur à la poitrine ou à la partie supérieure de votre corps lorsque vous marchez ou en d'autres moments?

❏ Au cours du mois précédent, avez-vous ressenti une douleur à la poitrine ou à la partie supérieure de votre corps quand vous étiez au repos?

❏ Vous est-il déjà arrivé de vous sentir faible, d'avoir des vertiges ou des étourdissements, ou avez-vous déjà perdu conscience?

❏ Avez-vous un problème touchant les os ou les articulations, comme une polyarthrite rhumatoïde ou une tendinite, que la marche pourrait aggraver?

❏ Prenez-vous actuellement un médicament prescrit par le médecin pour traiter l'hypertension artérielle ou tout autre problème cardiaque?

❏ Avez-vous subi une chirurgie au cours des trois derniers mois?

❏ Souffrez-vous d'épilepsie difficile à contrôler?

❏ Êtes-vous diabétique?

❏ Êtes-vous enceinte de jumeaux ou votre grossesse est-elle à risque (voir l'encadré page 100)?

❏ Souffrez-vous d'une maladie que votre médecin n'a pas encore réussi à diagnostiquer?

❏ Souffrez-vous de toute autre maladie qui, selon vous, pourrait vous empêcher de pratiquer la marche?

La marche pour les personnes qui ont des problèmes cardiaques

Si vous souffrez d'un trouble comme l'hypertension artérielle, l'angine, une insuffisance cardiaque ou une fibrillation auriculaire (rythme cardiaque anormal), ou si avez déjà eu un infarctus ou subi une chirurgie cardiaque, une augmentation de l'activité physique vous sera bénéfique. La marche est le moyen le plus facile, le plus sûr et le plus efficace pour renforcer votre cœur.

L'hypertension artérielle

Selon la Société canadienne d'hypertension artérielle, environ cinq millions de Canadiens de plus de 18 ans souffriraient d'hypertension artérielle. Étant donné que l'hypertension est un facteur de risque important en ce qui concerne les crises cardiaques ou les accidents vasculaires cérébraux (blocage ou rupture d'un vaisseau sanguin dans le cerveau), il faut vérifier régulièrement sa tension artérielle.

L'hypertension n'impose aucune restriction quant à la pratique de la marche, à moins que la tension artérielle ne soit égale ou supérieure à 200/110 (voir l'encadré ci-dessous). En pareil cas, vous devez consulter votre médecin avant d'entreprendre toute activité. La marche pratiquée régulièrement est propre à faire baisser la tension artérielle et à l'empêcher d'augmenter.

L'angine de poitrine

L'angine de poitrine se caractérise par une douleur à la poitrine qui se produit lorsque l'artère coronaire qui transporte le sang vers le muscle cardiaque se rétrécit, ce qui réduit l'apport d'oxygène au cœur. Environ 4 % des hommes et 3 % des femmes vont souffrir d'angine au cours de leur vie. La

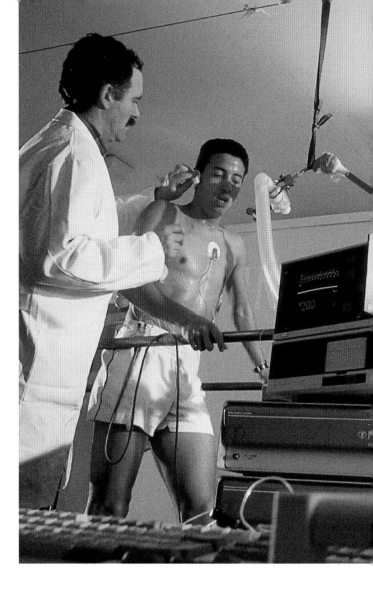

Évaluation de la forme physique
Après avoir été victime d'une crise cardiaque, vous pourrez faire évaluer votre forme physique en marchant sur un tapis roulant.

LA TENSION ARTÉRIELLE — Des explications

L'élasticité et la santé de vos artères se reflètent dans la mesure de votre tension artérielle. Cette mesure comprend deux valeurs, par exemple 120/70. La première valeur est celle de la pression systolique. Elle représente la pression maximale exercée sur les artères par le sang quand le muscle cardiaque se contracte. La seconde valeur est celle de la pression diastolique, c'est-à-dire la pression minimale exercée sur les artères lorsque le cœur est au repos. Si votre tension artérielle s'élève à 150/95, vous pouvez abaisser celle-ci à une mesure plus normale de 120/80 en faisant de l'exercice régulièrement et en diminuant votre consommation de sel.

marche aide à réduire les risques d'angine de poitrine en renforçant le cœur et en facilitant l'acheminement de l'oxygène vers le muscle cardiaque. Si vous éprouvez une douleur à la poitrine pendant que vous marchez, cessez votre activité. Prenez vos médicaments immédiatement si vous êtes traité pour l'angine. La douleur devrait disparaître et vous devriez être en mesure de continuer votre marche plus lentement. Cependant, si la douleur persiste plus de 15 minutes ou si elle est accompagnée de sueur ou d'une sensation de faiblesse, demandez de l'aide médicale immédiatement.

La crise cardiaque

Chaque année, des milliers de personnes sont foudroyées par une crise cardiaque, la plupart du temps causée par l'obstruction des artères coronaires qui acheminent le sang au cœur. Une partie du muscle cardiaque cesse alors de fonctionner et, bien que d'autres parties de ce muscle prennent la relève temporairement, un arrêt cardiaque peut survenir.

Il existe beaucoup de moyens pour réduire les risques de crise cardiaque. Arrêter de fumer et diminuer la quantité de gras saturés et de sel dans votre alimentation constituent de bonne mesures préventives, mais accroître votre activité physique est un des meilleurs moyens. En plus de renforcer le muscle cardiaque, l'activité physique contribue à augmenter l'apport sanguin à votre cœur. Elle aide également à diminuer le stress, à faire baisser votre tension artérielle ainsi que votre taux de cholestérol, et elle réduit les risques de formation de caillots de sang, lesquels peuvent causer une crise cardiaque.

Si vous avez déjà fait une crise cardiaque, la marche peut constituer un grand pas sur le chemin de votre rétablissement. Au cours des premières semaines suivant la crise cardiaque, l'équipe de réadaptation des cardiaques vous fera des recommandations quant à la fréquence de vos activités physiques. Quand vous serez rétabli, vous pourrez alors graduellement intégrer la marche dans votre horaire et réduire ainsi les risques de faire une nouvelle crise.

Après votre réadaptation, vous pourrez avoir besoin de reprendre confiance en vous puisque vous avez subi une grande épreuve, tant sur le plan physique que sur le plan psychologique. Commencez à marcher lentement, à raison de 10 minutes par jour seulement, et accélérer l'allure au cours des huit semaines suivantes en vue d'en arriver à marcher d'un pas modéré. Rappelez-vous de ne pas vous surmener et d'arrêter si vous ressentez l'un des symptômes mentionnés dans l'encadré de cette page (en haut, à droite). Un programme de marche visant à renforcer le cœur est présenté aux pages 156 et 157.

✓ **QUELS SONT LES SIGNES INDIQUANT QU'IL FAUT VOUS ARRÊTER ?**

❑ **Une douleur ou un malaise.** Ces symptômes sont ressentis à la poitrine ou à la partie supérieure du corps, particulièrement dans le bras gauche.

❑ **Une difficulté respiratoire.** Ce symptôme est incontrôlable et prend beaucoup de temps à disparaître.

❑ **Des étourdissements ou des nausées.** Lorsque ces symptômes commencent à se manifester durant votre marche, il s'agit de signaux d'avertissement.

❑ **L'évanouissement.** Ce symptôme est à surveiller lorsqu'il se manifeste avant ou immédiatement après l'activité.

❑ **Des palpitations.** Un rythme cardiaque rapide ou irrégulier est un signal alarmant.

Les autres maladies coronariennes

La fibrillation auriculaire est un trouble courant qui cause une arythmie cardiaque légère. La marche est une excellente activité en ce qu'elle aide à régulariser le rythme du cœur. Quand vous marchez, prenez régulièrement votre pouls, de façon manuelle ou à l'aide d'un moniteur de fréquence cardiaque (voir pages 141 et 144). Si vous constatez que vos symptômes s'aggravent en marchant ou si les battements de votre cœur deviennent irréguliers plus souvent, consultez votre médecin.

Après toute opération chirurgicale majeure, vous devez être vigilant quand vous vous remettez à faire de l'exercice. Votre cardiologue pourra vous conseiller quant à l'intensité de l'effort physique que vous serez en mesure de faire.

En résumé :
Marchez et soyez heureux.
Marchez et soyez en santé.
Le meilleur moyen d'augmenter
sa longévité est de marcher régu-
lièrement dans un but précis.

CHARLES DICKENS

La marche et la grossesse

Le fait de planifier une grossesse ou d'avoir un bébé est déjà assez difficile sans que vous ayez en plus à soupeser les avis contradictoires émis sur les effets nuisibles ou bénéfiques de la marche dans cette condition. En général, la marche est une excellente activité à pratiquer avant et pendant la grossesse. Cependant, la durée et l'intensité de la marche dépendront du stade spécifique de votre grossesse.

Votre forme physique avant la grossesse

Si vous envisagez une grossesse, pensez en même temps à votre forme physique. Le fait de veiller à votre santé et à votre endurance physique non seulement préparera votre corps à accomplir le travail supplémentaire qui lui sera demandé, mais aussi contribuera à votre fertilité. De plus, la marche pourra vous aider à maintenir un poids normal (poids santé) ainsi qu'un cycle menstruel régulier. Tout en vous procurant une détente, cette activité vous donnera un regain d'énergie qui se répercutera sur votre libido. Assurez-vous que votre conjoint comprend bien l'importance d'être lui aussi en bonne forme physique avant votre grossesse. En marchant régulièrement, il parviendra à maintenir un poids normal (poids santé) et favorisera une augmentation du nombre de ses spermatozoïdes.

Plus votre forme sur le plan aérobique sera grande, moins vous éprouverez de fatigue quand vous serez enceinte. Durant cette période, votre corps devra soutenir deux cœurs qui battent et deux systèmes circulatoires. Vous

ACCROÎTRE VOTRE FERTILITÉ

Une recherche effectuée à l'Université d'Adélaïde, en Australie-Méridionale, montre que les femmes qui ont une surcharge pondérale augmentent grandement leur taux de fécondité lorsqu'elles intensifient leur exercice pour perdre du poids. L'unité de médecine de la reproduction (Repromed) de l'hôpital Queen Elizabeth, qui est rattaché à cette université, offre un programme d'exercices réguliers (Fertility Fitness) qui vise à améliorer la forme physique générale de la femme pour donner le « coup d'envoi » à sa fertilité. Ce programme existe depuis neuf ans. En combinant l'exercice et un régime alimentaire équilibré, il a aidé les gens à améliorer leur fertilité, et ce avant qu'ils commencent à suivre un traitement ou à la place de celui-ci.

aurez aussi à transporter un poids supplémentaire. La grossesse, l'accouchement, ainsi que les nuits écourtées après la naissance sont des moments de fatigue physique et morale intense. Or il vous sera grandement bénéfique, à vous et à votre bébé, que vous soyez en excellente forme cardiovasculaire.

L'exercice durant la grossesse

La plupart des activités physiques sont profitables aux femmes enceintes. Il faut toutefois qu'elles évitent de pratiquer des sports de contact ou des activités comportant des risques de chute. La marche est un excellent exercice pendant la grossesse, puisqu'elle est pour ainsi dire sans risque. Il n'existe que très peu de raisons pour lesquelles votre médecin peut vous déconseiller de marcher (voir l'encadré à gauche). Marcher aide à atténuer certains problèmes particuliers reliés à la grossesse. Par exemple, cet exercice peut diminuer l'enflure des chevilles et la douleur causée par les varices, lesquelles s'aggravent souvent durant la grossesse.

La marche est aussi bénéfique sur le plan psychologique. En effet, la grossesse est parfois éprouvante et vous vous sentirez peut-être accablée par moments. Une promenade dans un endroit tranquille vous permettra alors de prendre du recul et d'apaiser votre esprit.

Soyez à l'écoute de votre corps

Il est important d'être active, mais vous devez aussi tenir compte des besoins de votre corps et des changements qui s'y produisent. Il y aura des moments où vous vous sentirez très fatiguée. Ne luttez pas; allouez-vous un temps de repos, au besoin. Si vous devez choisir entre le repos et la marche, restez à l'écoute de votre corps. Durant votre grossesse, ainsi qu'au cours des trois premiers mois suivant l'accouchement, vous devrez surveiller votre posture lorsque vous marchez, de même que lorsque vous ferez vos étirements musculaires.

LA SÉCURITÉ D'ABORD

Votre médecin vous dira si la marche est indiquée pour vous dans le cas où votre grossesse présente une des complications suivantes :

▶ Une grossesse multiple ;

▶ Des saignements, en particulier après 16 semaines ;

▶ De l'hypertension artérielle ou une enflure importante des chevilles et des doigts ;

▶ Un accouchement antérieur prématuré ;

▶ Un retard du développement du fœtus.

Cette précaution est importante parce que votre organisme produit de la relaxine, une hormone qui ramollit le tissu conjonctif dans les muscles et les articulations en vue de faciliter l'accouchement, ce qui les rend plus fragiles.

■ **Premier trimestre (1re à 13e semaine).** Au cours du premier trimestre, vous vous sentirez probablement fatiguée et aurez des nausées le matin. Si vous étiez en forme avant votre grossesse, vous en récolterez alors les bénéfices, car votre cœur sera en mesure de travailler plus fort pour amener le sang au placenta en formation. Cependant, il n'est pas trop tard pour commencer à pratiquer la marche. Bien qu'elle n'élimine pas les nausées, elle saura vous distraire et vous faire oublier vos symptômes. Si vous aimez les sports plus vigoureux, il vous faudra opter plutôt pour des activités moins intenses. La marche est l'exercice idéal pour vous maintenir active durant votre grossesse. Mais allez-y de façon modérée afin de ne pas vous surmener.

■ **Deuxième trimestre (14e à 26e semaine).** Quand vos nausées et votre fatigue se seront dissipées, vous constaterez que vous êtes en mesure d'accroître l'intensité de votre activité physique. Un grand nombre de femmes continuent à courir et à faire du vélo sans risque durant cette période. Ces activités ne feront pas de mal au bébé. Si vous étiez en bonne forme physique avant votre grossesse, vous pouvez alors poursuivre vos activités.

■ **Troisième trimestre (27e à 40e semaine).** Au cours de ces semaines, vous vous sentirez peut-être de nouveau fatiguée. Continuez à marcher régulièrement, mais laissez votre corps vous dicter le rythme à adopter et la distance à parcourir. Vous serez probablement de plus en plus essoufflée durant cette période en raison de la poussée qu'exerce le bébé sur votre diaphragme et du taux élevé d'une hormone, la progestérone. À ce stade, il est important de porter des chaussures bien ajustées parce que les ligaments de vos voûtes plantaires deviennent plus distendus et moins aptes à supporter votre poids plus élevé. Le port de chaussures munies d'une voûte de soutien est recommandé. Aux premières étapes du travail, l'équipe médicale ou votre sage-femme peut vous conseiller de marcher dans les couloirs de l'hôpital ou dans votre maison, car cet exercice favorise une bonne présentation du bébé, la tête dirigée vers le bas. Cette activité vous maintiendra active dans l'intervalle.

L'ÉLÉVATION DES MOLLETS

Cet exercice renforce les muscles des mollets et aide à améliorer la circulation du sang dans les jambes. Il soulage grandement si vous souffrez de varices. Tenez-vous debout face à un mur, à environ 0,6 m (2 pi) de celui-ci, les pieds légèrement écartés et les genoux détendus. Tout en gardant votre dos bien droit, inclinez-vous un peu en avant et appuyez légèrement vos mains contre le mur. Regardez devant vous, rentrez vos muscles abdominaux et basculez votre bassin vers l'avant (**a**). Répartissez bien votre poids sur vos pieds et soulevez-vous lentement sur les orteils en levant les voûtes plantaires le plus haut possible (**b**). Assurez-vous que le poids de votre corps est dirigé vers l'avant et que votre poitrine est dégagée. Gardez cette position pendant quelques secondes, puis ramenez lentement vos talons au sol en évitant de les y poser brusquement. Pour commencer, faites l'exercice 2 fois par jour, en répétant la séquence 8 fois ; puis, lorsque vous vous en sentirez capable, faites-le 3 fois par jour, à raison de 16 répétitions.

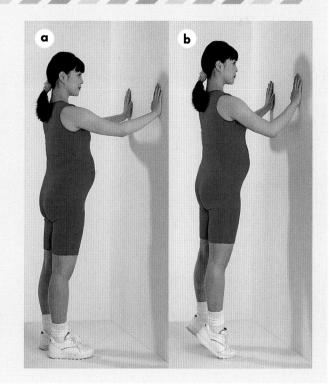

La marche pour les personnes asthmatiques

Marcher n'est pas contre-indiqué si vous souffrez d'asthme. En fait, plus vous êtes actif, plus votre forme physique s'améliore, et plus vos poumons se fortifient. Si vous n'êtes pas une personne active, la marche est un excellent choix d'exercice.

Tout sur l'asthme

L'asthme est une affection courante qui résulte du rétrécissement du calibre des bronches ou des voies respiratoires, ce qui obstrue le passage de l'air vers les poumons. Les muqueuses tapissant la paroi interne des bronches gonflent et deviennent enflammées. Du mucus (phlegme) s'accumule alors à l'intérieur des bronches et les muscles bronchiques se contractent.

La plupart des asthmatiques ont besoin de deux inhalateurs. L'un d'eux servira à prévenir les crises d'asthme et l'autre, à les soulager. L'inhalateur à usage préventif aide à réduire l'inflammation et la sécrétion de mucus à l'intérieur des bronches et il devrait être utilisé chaque jour. Les inhalateurs à usage préventif les plus courants contiennent des corticostéroïdes (tel le fluticasone) : ils se prennent à raison d'une ou deux inhalations deux fois par jour. L'autre type d'inhalateur contient un médicament qui agit comme bronchodilatateur (tel le salbutamol). Au moment d'une crise d'asthme, son utilisation est indiquée, car ce médicament calme les symptômes très rapidement. Les bronchodilatateurs pour inhalation diminuent la contraction des muscles bronchiques, ce qui permet une dilatation des bronches, mais ils ne réduisent ni l'inflammation ni la formation de mucus. Ils apportent un soulagement rapide mais temporaire quand se produit une crise d'asthme. Il existe maintenant des comprimés pour l'asthme (dont l'ingrédient actif est un antagoniste des récepteurs des leucotriènes) ; lorsqu'ils sont pris quotidiennement, ces comprimés peuvent prévenir l'apparition des symptômes de l'asthme.

Il existe de plus en plus de données qui prouvent que la relaxation est efficace contre l'asthme et ses manifestations. Or la marche est un excellent moyen de détendre votre corps et votre esprit. Les bienfaits cumulés de la marche, tels que le réchauffement du corps et l'amélioration de la circulation, peuvent aussi avoir des répercussions positives sur l'asthme.

Mise en garde

Même si la marche est un exercice idéal pour les personnes qui souffrent d'asthme, vous devez savoir que toute activité physique peut être exigeante pour votre organisme. En effet, lorsque vous marchez d'un pas rapide, vous inhalez plus d'air que si vous êtes au repos. Vous serez peut-être porté à respirer par la bouche, et l'air entrant dans vos bronches n'aura alors pas été réchauffé dans le nez. Il peut en résulter de la toux, des râlements, une sensation d'oppression dans la poitrine ainsi que des difficultés respiratoires, des symptômes qui sont plus susceptibles de se manifester quand vous serez fatigué, à la fin de votre exercice de marche. Pour

Les trucs du marcheur expérimenté

LA PRÉVENTION DES CRISES D'ASTHME

Faites un bon échauffement
Un échauffement de 10 minutes d'exercices légers vous aidera à augmenter graduellement votre fréquence respiratoire.

N'oubliez pas votre bronchodilatateur
Si vous souffrez d'asthme d'effort, prenez votre bronchodilatateur en aérosol au moins 30 minutes avant de vous mettre en route.

Surveillez la température
Les journées froides et sèches peuvent aggraver votre asthme, car votre corps a plus de difficulté à réchauffer l'air que vous inhalez. Marchez lentement ou portez une écharpe (voir à la page suivante).

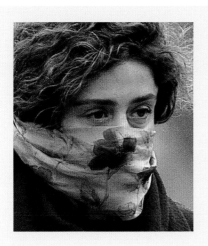

MARCHER L'HIVER

Pour les gens asthmatiques, les journées froides et sèches sont les conditions climatiques les plus incommodantes. D'ordinaire, l'air se réchauffe alors qu'il pénètre dans le nez vers les poumons. Par temps froid, si vous marchez longuement, il arrive que votre respiration devienne plus difficile et que vous ayez tendance à respirer par la bouche. L'air n'a alors pas le temps de se réchauffer et les muscles bronchiques se contractent. Une solution est de porter une écharpe non fibreuse (par exemple, en molleton ou en soie) à travers laquelle vous respirerez ou de recouvrir votre bouche avec vos mains. Si vous éprouvez encore des difficultés respiratoires, ralentissez l'allure et préparez-vous à prendre votre bronchodilatateur en aérosol.

prévenir ces malaises, prenez une dose de votre bronchodilatateur en aérosol au moins une demi-heure avant de partir. Apportez-le au cas où vous en auriez besoin en cours de route. Assurez-vous de faire un bon échauffement pour vous aider à augmenter lentement votre fréquence respiratoire, surtout par temps froid. À la fin de votre promenade, n'omettez pas vos exercices de récupération.

Le facteur pollution

En général, la pollution de l'air n'est pas un problème aussi grave qu'on ne le pense pour les asthmatiques. À vrai dire, la concentration de plusieurs polluants peut être plus élevée à l'intérieur de votre maison qu'à l'extérieur. Cependant, certains polluants extérieurs — comme le pollen, l'ozone (le principal composant du smog), les gaz d'échappement des véhicules, de même que les particules microscopiques émises par les industries et par les véhicules à moteur diesel — peuvent déclencher une crise d'asthme. Ils doivent donc être évités le plus possible. Enfin, les enfants sont plus vulnérables à un taux d'ozone élevé, particulièrement quand ils font de l'exercice.

Quand la concentration des polluants est élevée (par exemple l'été ou en bordure d'une route), il est préférable de modifier votre trajet ainsi que l'intensité de votre activité. Évitez de marcher à proximité des zones de circulation dense ou à proximité des champs où l'on emploie des produits chimiques (tels que les pesticides). Les bulletins météorologiques — dans les journaux, à la radio, à la télévision et sur divers sites Web — vous fourniront des renseignements sur les taux de pollution dans les villes.

Le rhume des foins et l'asthme

Si vous souffrez d'allergie à un type de pollen, utilisez votre bronchodilatateur en aérosol. Il est conseillé de prendre un antihistaminique avant le début de la saison du pollen pour augmenter votre résistance. Il existe différents types d'allergènes saisonniers. Vous pouvez constater votre propre mode de réaction à ceux-ci au cours du printemps et de l'été. Le pollen des arbres apparaît au printemps et le pollen des graminées (gazon, foin, seigle, blé, maïs), au début de l'été. L'herbe à poux, qui provoque le plus de réactions allergiques, répand son pollen tout le reste de l'été et les spores fongiques atteignent un pic pollinique en automne. Le cycle recommence au printemps. Si le rhume des foins rend vos promenades pénibles, allez marcher dans un centre commercial ou ailleurs.

Choisissez le bon moment pour marcher
Le taux de pollution est moins élevé tôt le matin, avant et après l'heure de pointe. Choisissez ce moment de la journée pour marcher.

Respirez par le nez
En passant par le nez, l'air est filtré et réchauffé, ce qui facilite la respiration.

Vérifiez la densité pollinique
Si vous souffrez également du rhume des foins et que la densité pollinique est élevée, marchez plutôt à l'intérieur.

Choisissez bien votre trajet
Tenez-vous loin des routes achalandées afin d'éviter de vous exposer à la pollution.

La marche pour les personnes souffrant d'arthrose ou d'ostéoporose

Vous pensez peut-être que plus les articulations et les os sont sollicités, plus ils s'usent et, par conséquent, causent de la douleur. Dans les faits, on observe plutôt le contraire. On reconnaît que les athlètes de haut niveau qui s'entraînent de façon très intense et soumettent leurs articulations à une pression constante sont susceptibles de souffrir d'une usure prématurée des os. Cependant, chez la plupart des gens, le manque d'exercice affaiblit les muscles qui soutiennent les articulations. Ces dernières deviennent donc moins stables et s'usent. De la même manière, si nous n'appliquons pas de poids sur nos os, ils perdent de leur densité et deviennent plus fragiles.

Les articulations ne sont pas conçues pour supporter un excès de poids. Si vous êtes à la fois corpulent et inactif, vous risquez d'éprouver des douleurs aux genoux ou aux hanches et d'être affligé d'arthrose. Cependant, il n'est jamais trop tard pour augmenter la flexibilité et la force de vos articulations, et ainsi prévenir et diminuer les effets de l'arthrose. La marche est l'un des meilleurs moyens pour y arriver. Marcher régulièrement est aussi une excellente façon de prévenir la perte osseuse et, par conséquent, de vous préserver des ravages de l'ostéoporose.

Si vous souffrez de polyarthrite rhumatoïde sévère, il vaut mieux consulter votre médecin avant de commencer un programme de marche

UN REMÈDE NATUREL

Une étude intitulée *Fitness Arthritis and Seniors Trial* (*FAST*), réalisée par l'American Medical Association, a consisté à observer les effets de l'exercice aérobique et de l'exercice contre résistance chez des adultes âgés souffrant d'arthrose du genou. Les participants étaient encouragés soit à marcher davantage parallèlement à d'autres exercices physiques, soit à maintenir leur faible niveau d'activité physique. Au bout d'un an, ceux qui avaient marché davantage éprouvaient moins de douleur ou d'inconfort et avaient besoin de moins de médicaments ou de chirurgies que les participants peu actifs.

La marche pour combattre l'arthrose

L'arthrose découle d'une usure naturelle des articulations. Cette affection apparaît habituellement quand les muscles entourant l'articulation s'affaiblissent en raison d'un manque d'utilisation. L'articulation devient alors instable et s'use plus rapidement, causant de l'inflammation, de l'enflure et de la douleur. Les analgésiques peuvent vous apporter un soulagement. Cependant, la marche améliorera grandement votre condition physique, et ce, de façon naturelle, sans médication.

Si vous avez un excès de poids, une pression encore plus grande s'exerce sur vos articulations. Un régime alimentaire convenable, combiné avec un programme de marche, vous aidera à soulager votre douleur. Les exercices destinés à renforcer les muscles des cuisses se révèlent efficaces, car ce sont ces muscles qui supportent vos genoux. Ce sont eux, plutôt que les articulations, qui absorbent le plus gros de la tension et de la charge dans l'exercice. Grâce à l'exercice, les

LA DENSITÉ OSSEUSE | Des explications

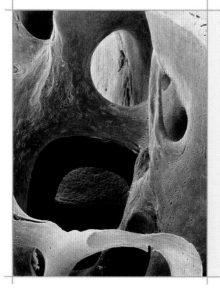

Les ostéoclastes sont des cellules qui solubilisent les matières minérales des os, comme le calcium, quand une autre partie du corps requiert ces minéraux. La densité minérale osseuse (DMO) est toutefois maintenue grâce à d'autres cellules osseuses, appelées ostéoblastes, qui remplacent ces pertes minérales. Quand la DMO est normale, les os sont forts et les fractures osseuses mineures se réparent facilement. Vers le début de la trentaine, le corps devient moins apte à remplacer les pertes minérales, de sorte que les os deviennent graduellement poreux et plus susceptibles de se fracturer. Ces conditions sont alors propices à l'ostéoporose, mot qui signifie « os poreux ». Les os possèdent une structure en nid d'abeilles, comme on le voit sur l'illustration ci-contre. L'os devient ostéoporotique lorsque les parois des alvéoles s'amincissent. L'activité physique, en particulier les exercices avec charge, peut réduire la perte de densité osseuse parce qu'elle exerce une pression modérée sur les os.

genoux deviennent plus solides et l'arthrite ne s'aggrave pas. L'acupuncture peut également vous apporter un grand soulagement, tout comme le yoga et les exercices d'étirement. Pour commencer votre entraînement régulier à la marche, vous pouvez employer une canne ou un bâton qui vous servira d'appui.

La marche pour combattre l'ostéoporose

L'ostéoporose survient lorsque la densité des os diminue. À partir du début de la trentaine, il est normal que les os s'amincissent. Toutefois, certaines personnes souffrent d'ostéoporose précocement. L'ostéoporose est en soi indolore. Ce sont plutôt les fractures minimes de la colonne, dues à l'ostéoporose, qui sont à l'origine de la douleur et qui font voûter le dos. L'amincissement de l'os de la hanche peut aussi augmenter les risques de fracture.

Les os sont en constant développement, tout comme le reste du corps, et ont besoin qu'on les fasse travailler régulièrement. L'adolescence est une période critique pour la croissance osseuse, de même que le début de la vingtaine. La masse osseuse maximale est atteinte vers 30 ans. L'activité physique est alors très importante, car elle met un frein au processus d'amincissement des os. Si vous souffrez d'ostéoporose, les sports de contact et les activités dans lesquelles vous risquez de chuter sont à proscrire. La solution consiste à effectuer plus d'exercices avec charge. À cet égard, la marche est un excellent exercice avec charge, car les os supportent la « charge » de la traction des muscles et de la force de gravité qui est appliquée sur le corps. Les os ont besoin de supporter quotidiennement des charges variées, de manière brève et fréquente, pour maintenir leur force et leur densité.

Vous pouvez aussi renforcer vos os par des apports plus grands de calcium et de vitamine D. Diminuez aussi votre consommation d'alcool et évitez de prendre des boissons avec caféine en mangeant, car cette dernière substance réduit l'absorption du calcium contenu dans les aliments. Diminuez également votre consommation de sel, celui-ci faisant en sorte que l'organisme élimine plus de calcium. Par ailleurs, il faut éviter les régimes amaigrissants radicaux. En effet, les femmes qui perdent beaucoup de poids et qui n'ont pas des menstruations régulières ne produisent pas assez d'œstrogènes pour protéger leur ossature. Chez les hommes qui suivent un régime très rigoureux, le taux de testostérone peut tomber très bas, ce qui entraîne alors une perte de densité osseuse.

Les trucs du marcheur expérimenté

LA PROTECTION DES OS

Choisissez la surface idéale pour marcher
Choisissez des terrains nivelés, car vous risquez de tomber en terrain caillouteux ou sillonné d'ornières.

Choisissez votre rythme
Commencez à marcher lentement et continuez à ce rythme aussi longtemps que vous le désirez.

Soyez à l'écoute de votre corps
Augmentez graduellement la distance à parcourir. Vous n'avez pas besoin de brusquer les choses.

Prenez bien soin de vous
Portez un bandage ou un support quelconque sur vos articulations enflammées et prenez vos analgésiques au moins une heure avant d'aller marcher.

Consultez un spécialiste
Portez de bonnes semelles orthopédiques, de préférence suivant la recommandation d'un podiatre.

Faites souvent de courtes marches
Parcourez une courte distance chaque jour plutôt qu'une grande distance une fois par semaine.

Marchez par temps frais
Tâchez de faire de plus longues promenades quand le temps est sec, ensoleillé et frais. Cette température est préférable si vos articulations sont douloureuses.

Aidez votre ossature
Perdez du poids si vous sentez que cela nuit à vos progrès.

Soyez patient
Il faudra de deux à trois mois avant que vous commenciez à sentir les bienfaits de la marche.

La marche pour les personnes diabétiques

En tant qu'exercice aérobique comportant peu de risques de blessure et bénéfique sur le plan cardiovasculaire, la marche pratiquée régulièrement est l'un des meilleurs traitements contre le diabète. En effet, le diabète peut souvent être traité simplement grâce à de l'exercice pratiqué régulièrement en combinaison avec une saine alimentation. Parfois, la marche peut freiner la progression de la maladie et retarder le traitement à l'insuline. Vous devez cependant demander l'avis de votre médecin avant d'entreprendre un nouveau programme d'entraînement.

Le diabète résulte d'un désordre dans le fragile équilibre du sucre (glucose) et de l'insuline dans le sang. Le glucose est un produit de la transformation des glucides par l'organisme et en constitue la principale source d'énergie (voir l'encadré à la page 90). Quant à l'insuline, c'est une hormone qui aide à contrôler le taux de glucose dans le sang. Elle est sécrétée par des cellules spéciales du pancréas. Lorsque le taux de glucose sanguin augmente, le pancréas produit un surplus d'insuline afin d'extraire ce glucose de la circulation sanguine et de l'emmagasiner dans le foie. Si le pancréas ne peut produire suffisamment d'insuline pour maintenir cet équilibre, le diabète peut se manifester.

■ **Le diabète de type 1.** Ce diabète apparaît davantage chez les gens de moins de 35 ans. Sa cause exacte demeure inconnue. Il peut résulter d'une infection virale qui a détruit les cellules pancréatiques qui sécrètent l'insuline. Chez les enfants, le taux de sucre dans le sang peut devenir très élevé soudainement; une thérapie à l'insuline doit alors commencer immédiatement.

■ **Le diabète de type 2.** Ce type de diabète se manifeste plus tard, surtout après 40 ans. Il se développe plus graduellement et survient lorsque l'organisme devient incapable d'utiliser ou de sécréter l'insuline. Ce diabète peut être décelé au cours d'un examen médical de routine. Associé à l'obésité, il peut parfois être traité au moyen d'un régime alimentaire strict, combiné avec une médication ou non.

La combinaison du glucose et de l'oxygène dans notre corps libère l'énergie nécessaire à nos muscles et au bon fonctionnement de notre organisme. Si le taux de glucose dans le sang est trop bas, un épisode hypoglycémique peut se produire, ce qui arrive lorsque la chute du taux de glucose provoque un dérèglement du cerveau. Ce dérèglement se traduit par de la faiblesse, de la confusion, des étourdissements et de la sudation. L'hypoglycémie survient habituellement à la suite de la prise d'une trop forte dose d'insuline. Elle se traite rapidement par l'ingestion de glucose sous la forme de boissons ou d'aliments riches en sucre.

Les trucs du marcheur expérimenté

VOUS PRENEZ DE L'INSULINE ?

Planifiez avec soin
Déterminez à l'avance l'heure à laquelle vous irez marcher afin de prévoir le moment de votre injection d'insuline. Étant donné que l'organisme utilise plus de glucose au cours de la marche, votre dose habituelle d'insuline sera peut-être trop forte et vous devrez la diminuer en conséquence.

Retardez l'absorption de l'insuline
Injectez votre dose d'insuline dans des muscles éloignés des jambes si vous désirez marcher immédiatement après l'injection. De cette manière, l'insuline n'est pas absorbée trop rapidement par les muscles sollicités durant l'exercice, ce qui permet de réduire les risques d'hypoglycémie.

Vérifiez votre glycémie
Commencez par des marches d'une quinzaine de minutes. Mesurez votre taux de glucose sanguin avant votre départ et environ une heure après votre retour. S'il change considérablement, consultez votre médecin avant de faire des marches plus longues.

Apportez toujours du glucose
Ayez soin d'apporter une boisson sucrée ou des comprimés de glucose. Si vous éprouvez des symptômes d'hypoglycémie, asseyez-vous et prenez du glucose.

La marche pour combattre le diabète

La fatigue, qui est causée par le déséquilibre du taux de glucose sanguin et du taux d'insuline, est l'un des symptômes les plus communs du diabète. La marche aide à stabiliser votre glycémie, parce que, comme dans tout exercice, elle brûle le sucre présent dans la circulation sanguine grâce à l'activité musculaire.

Si vous êtes atteint du diabète de type 2, vous êtes plus sujet à l'embonpoint, ce qui diminue la sensibilité de votre organisme à l'action de l'insuline. Vous avez donc besoin de plus d'insuline qu'une personne non diabétique pour vous aider à baisser votre glycémie. Malheureusement, une production accrue d'insuline entraîne une hypertension artérielle et une augmentation des taux de cholestérol qui peuvent donner naissance à des problèmes cardiaques. Marcher vous aidera à perdre votre graisse superflue et augmentera votre insulinosensibilité, de sorte que votre organisme aura besoin de moins d'insuline. Il arrive que les injections d'insuline entraînent un gain de poids, mais la pratique régulière d'une activité physique permet d'éviter cet effet.

La bonne mesure

Essayez d'établir un programme de marche de 30 minutes par jour, 5 jours par semaine. Votre exercice devrait être assez exigeant pour vous permettre d'accroître votre fréquence respiratoire. Votre organisme brûlera alors plus de sucre, ce qui réduira vos besoins d'insuline, de même que votre taux de cholestérol. N'oubliez pas, cependant, que les bienfaits de la marche ne durent que quelques jours. Il vous faudra donc respecter votre programme si vous voulez tirer profit de son action bénéfique.

Il est important d'examiner vos pieds régulièrement quand vous pratiquez la marche (voir ci-dessous). Chez les diabétiques, les pieds sont plus facilement touchés par l'infection en raison d'une mauvaise circulation sanguine et d'une perte de sensibilité. Portez des chaussures confortables et bien ajustées à vos pieds.

Si vous êtes sujet à l'hypoglycémie sans aucun signe précurseur, marchez en compagnie d'un ami qui pourra vous surveiller. Si vous croyez que votre compagnon de route souffre d'hypoglycémie, essayez de lui faire prendre un liquide ou des comprimés riches en glucose, et ce, le plus tôt possible, avant qu'il ne devienne confus.

Le soin des pieds

Comme vos pieds travaillent fort quand vous marchez, il faut donc leur porter une attention particulière.

a Vérifiez l'état de vos pieds quotidiennement : coupures, ampoules, enflure. Consultez votre médecin pour tout problème persistant.

b Lavez vos pieds tous les jours dans de l'eau tiède, et non pas chaude. Asséchez-les bien, particulièrement entre les orteils.

c Faites disparaître les cors et les callosités au moyen d'une pierre ponce. Gardez la peau bien lisse en appliquant une lotion pour la peau sur le dessus des pieds et la plante des pieds, mais non entre les orteils.

d Coupez vos ongles d'orteils régulièrement. Taillez-les bien droit à l'aide d'un coupe-ongle, et non de ciseaux, puis arrondissez les coins avec une lime en papier émeri.

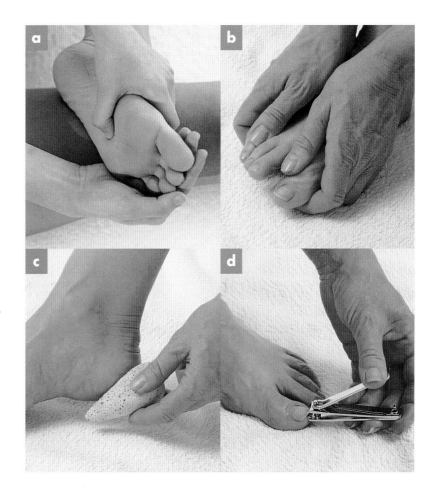

LES PREMIERS SOINS

Un marcheur réfléchi devrait posséder une trousse de premiers soins et savoir comment utiliser son contenu. Cette section aborde les blessures les plus courantes ainsi que les traitements de base.

La marche, faut-il le rappeler, est l'un des exercices qui comportent le moins de risques. Notre corps est conçu pour marcher. Cette activité devrait donc être tout à fait naturelle et sans danger. Néanmoins, comme c'est le cas de tout exercice physique, un certain nombre de blessures sont associées à la marche. Par simple précaution, il est conseillé de posséder une trousse de premiers soins à domicile et d'en apporter une autre pour les randonnées de plus de deux heures, et ce, particulièrement si vous marchez en groupe. Les pages qui suivent abordent le traitement des blessures mineures les plus courantes chez les marcheurs ainsi que de certaines blessures plus graves.

La prévention des chutes

Les terrains irréguliers et difficiles, mais aussi la mauvaise condition physique, peuvent être à l'origine de nombreuses chutes chez les marcheurs. Heureusement, vous pouvez prévenir la plupart des chutes simplement en regardant où vous mettez les pieds et en évitant les zones cahoteuses ou en ralentissant l'allure à ces endroits. C'est pourquoi il est bon de vous familiariser avec votre parcours avant d'accélérer le pas. Évitez les endroits recouverts de glace et de neige ou encore l'herbe humide, les feuilles ou la mousse si vous vous sentez nerveux. Lorsque vous marchez dans un parc ou dans une forêt, surveillez les roches, les racines d'arbre et les trous creusés par les animaux. Dans les villes, les trottoirs inégaux ou craquelés constituent une difficulté. Vous devriez aussi être prudent là où l'on effectue des travaux de voirie. Les chiens, particulièrement ceux qui sont très affectueux,

peuvent représenter un danger s'ils sautent sur vous sans que vous vous y attendiez.

Parfois, les chutes sont dues à des facteurs internes, c'est-à-dire qu'elles sont la conséquence d'un mauvais équilibre, d'un manque de flexibilité ou d'une faiblesse des articulations ou des muscles. La marche devrait vous aider à améliorer votre forme physique sur tous ces plans, et encore plus si vous y ajoutez, sur une base régulière, des exercices d'étirement (voir pages 39 à 43) et d'autres exercices spécifiques (voir pages 178 à 181). Par ailleurs, si vous êtes en bonne forme, vous récupérerez plus rapidement à la suite d'une chute.

La trousse de premiers soins

Les articles de base que doit contenir la trousse du marcheur sont énumérés dans l'encadré de la page suivante. C'est ce qui est nécessaire dans la plupart des circonstances. Même si vous marchez moins d'une heure et que vous ne sentez pas le besoin d'apporter votre trousse, vous devriez à tout le moins en posséder une à domicile. Si vous achetez une trousse toute faite dans une boutique, vérifiez qu'elle contient bien tous les articles nécessaires. Des éléments supplémentaires, tels que des pansements pour ampoules, un insectifuge ou des crèmes pour soulager les piqûres d'insectes, vous seront utiles si vous vous attendez à devoir traiter tous les types de blessures décrits dans cette section.

Pour les randonnées de plus d'une journée, ou pour les expéditions dans des conditions extrêmes, il vous faudra une trousse plus complète, spécialement adaptée à vos besoins

PRÉVENIR LES CHUTES

Il est parfois nécessaire de ralentir le pas sur un terrain glissant ou inégal. Or le simple fait d'avancer à petits pas, en posant chaque pied au sol avec précaution, peut vous faire perdre l'équilibre, glisser, puis tomber. Faites plutôt de grandes enjambées en toute confiance. À chaque pas, déposez votre talon au sol avec assurance et vigueur. La plupart des brindilles ou des amas de boue céderont sous votre poids et vous pourrez continuer à marcher solidement à un rythme naturel. Le port de chaussures ou de bottes à semelles antidérapantes, dont le relief est prononcé et va en tous sens, peut aussi vous empêcher de glisser.

particuliers. Vous pouvez, par exemple, apporter des fusées lumineuses, des attelles, une couverture de secours et une lampe torche. Demandez des conseils à un spécialiste en équipement de plein air afin de bien compléter votre trousse.

De nombreux articles de premiers soins, notamment les bandages, comprennent un mode d'emploi. Cependant, il est bon de vous familiariser avec le contenu du manuel de premiers soins de la trousse afin d'être en mesure de prodiguer les premiers soins. Gardez ce manuel à domicile, dans un endroit facilement accessible en cas d'urgence, ou, mieux encore, suivez un cours de premiers soins.

La sécurité avant tout

Soyez très prudent si vous prenez des anti-inflammatoires, comme de l'ibuprofène, ou des analgésiques, de l'acétaminophène, par exemple. Les anti-inflammatoires sont dangereux pour les asthmatiques, car ils peuvent déclencher une crise d'asthme. Quant aux analgésiques, ils ne doivent pas être administrés à quelqu'un qui s'est évanoui ou qui aura probablement besoin d'une chirurgie (par exemple, pour un os fracturé), car cette dernière ne peut être pratiquée que sur un individu qui n'a avalé ni rien bu quatre heures avant l'intervention.

Les problèmes de pieds et d'ongles

De toutes les parties du corps, ce sont les pieds qui sont les plus susceptibles d'être blessés durant la marche. Dans les prochaines pages, nous verrons quelles sont les blessures les plus fréquentes associées à la marche ainsi que les moyens de les prévenir et de les traiter.

Les ampoules

Les ampoules comptent parmi les blessures les plus courantes chez les marcheurs, mais elles ne deviennent un véritable problème que lorsque vous parcourez une grande distance. Les ampoules sont causées par le frottement de la peau humide sur la chaussure.

Pour éviter la formation d'ampoules, il suffit de vous assurer que vos chaussures sont bien ajustées à vos pieds. Quand vous parcourez de grandes distances, vos pieds prennent de l'expansion dans vos chaussures. Vous devriez donc choisir des chaussures de marche d'une demi-pointure de plus que votre pointure habituelle (voir page 123). Les coutures ne doivent pas frotter contre votre peau là où des ampoules sont susceptibles de se former. De plus, prenez soin de toujours briser graduellement des chaussures neuves : ainsi, petit à petit, elles perdront de leur rigidité et s'ajusteront à la forme de vos pieds.

Si la peau de vos pieds est dure et indolore, n'utilisez pas de pierre ponce ni de lotion adoucissante, car cette peau plus

---

✓ QUE METTRE DANS SA TROUSSE ?

❑ **Des pansements adhésifs.** Incluez des pansements de formes et de dimensions variées dans votre trousse, pour un usage sur les blessures mineures.

❑ **Des pansements non adhésifs.** Assurez-vous que ces pansements sont stériles et ayez-en de différents formats.

❑ **Une écharpe.** Elle est utilisée pour les fractures et les entorses et sert aussi à maintenir en position élevée un bras ou une main ayant subi une coupure.

❑ **Un bandage élastique.** Utilisez ce bandage ou un pansement tubulaire adhésif pour soutenir un membre foulé et pour garder les pansements en place.

❑ **Des épingles de sûreté.** Utilisez ces épingles ou des pinces pour fixer les bandages.

❑ **Du ruban adhésif.** Utilisez ce ruban pour maintenir les pansements en place. Certains types de ruban peuvent causer des allergies.

❑ **Des compresses de gaze.** Incluez un paquet de 10 compresses qui pourront aussi servir de pansements et de tampons.

❑ **Des tampons antiseptiques.** Utilisez-les sur les petites blessures.

❑ **Une crème antibiotique.** Elle sert à prévenir les infections.

❑ **Des antihistaminiques.** Ils peuvent modérer la réaction aux piqûres d'insectes et aux morsures.

❑ **Des ciseaux à pansement.** Assurez-vous que les bouts sont arrondis.

❑ **Une couverture de secours.** C'est une couverture faite d'une pellicule de polyester métallisée des deux côtés qui garde la chaleur.

❑ **Un sifflet.** Ce petit instrument est un excellent moyen d'attirer l'attention par le son aigu qu'il émet.

épaisse vous protège contre la formation d'ampoules. Toutefois, si la peau de vos pieds est sèche et craquelée et vous fait souffrir quand vous marchez, appliquez une lotion adoucissante aux endroits sensibles après votre bain ou votre douche ; cela contribuera à prévenir et à calmer la douleur.

Quand vous marchez, tâchez de garder vos pieds bien au sec ; à cette fin, portez des chaussettes qui évacuent l'humidité de la peau (voir page 127). Il est conseillé de porter de minces chaussettes sous les chaussettes normales.

LE TRAITEMENT D'UNE ENTORSE

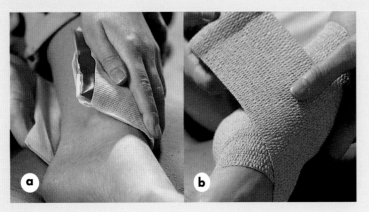

Pour traiter une entorse, il faut d'abord immobiliser le membre foulé, puis appliquer de la glace — un sac de pois congelés ou un sac de neige font l'affaire — **(a)**. Ensuite, on comprime le membre en question en l'entourant d'un bandage, ce qui contribuera à réduire l'enflure **(b)**. Finalement, il faut surélever ce membre le plus possible. Rappelez-vous cette séquence :
Repos
Glace
Compression
Élévation

Ainsi, la friction se fait entre les deux chaussettes plutôt qu'entre votre peau et les chaussettes. Si vous effectuez une longue randonnée, apportez des chaussettes de rechange que vous enfilerez si vos pieds deviennent humides.

Si une ampoule se forme, couvrez la région touchée d'un pansement adhésif ou de tout autre pansement pour ampoules. Il existe plusieurs types de pansements pour ampoules sur le marché. La moleskine et les autres pansements adhésifs sont constitués de plastique ou de matériel souple dont l'un des côtés protège la région atteinte contre toute friction. Les coussinets pour ampoules, notamment les pansements 2nd Skin de Spenco, sont des pansements souples de gel liquide qui s'appliquent sur la région lésée. Ils peuvent être maintenus en place à l'aide d'un ruban de premiers soins ou d'un ruban adhésif en toile. Apportez des pansements pour ampoules lorsque vous prévoyez marcher longtemps ou lorsque vous portez de nouvelles chaussures que vous voulez assouplir. Pour empêcher la formation d'ampoules, traitez toujours les endroits sensibles le plus tôt possible.

Il vaut mieux ne pas traiter les petites ampoules, qui disparaîtront rapidement d'elles-mêmes. En fait, la peau s'épaissira en guérissant. Si vous avez une grosse ampoule, il serait préférable de la drainer. Humectez d'abord votre peau avec de l'alcool, puis désinfectez une aiguille à l'aide d'alcool. Crevez l'ampoule et exercez une légère pression sur la peau pour la vider, puis couvrez la région d'un bandage. N'enlevez pas la peau qui recouvre la blessure, car elle sert de protection.

L'aponévrosite plantaire

L'aponévrosite plantaire, couramment appelée «fasciite plantaire», résulte d'un gain de poids ou du port de chaussures usées et peu matelassées. Elle peut causer une vive douleur, que la marche exacerbe. Il s'agit d'une inflammation qui siège à l'aponévrose plantaire, un long faisceau de fibres qui se rattache à l'os du talon et qui se ramifie vers les orteils. En raison de la localisation même de l'affection, marcher devient une véritable épreuve. Si les fibres sont irritées ou enflammées, une douleur se fait sentir profondément dans le talon, et vous pouvez alors avoir l'impression de marcher avec un caillou dans votre soulier. La douleur est plus intense le matin, parce que l'aponévrose se rétrécit et s'amincit durant la nuit. Les gens qui ont les pieds plats, des voûtes plantaires prononcées et de petits tendons d'Achille risquent davantage de souffrir de cette affection.

La douleur reliée à cette inflammation peut durer jusqu'à six mois, mais elle disparaît habituellement d'elle-même avant ce terme. Pour prévenir ou traiter ce problème, portez des chaussures bien ajustées, ainsi que des semelles orthopédiques ou des talonnettes qui absorberont l'impact au sol. Lorsque vous marchez, optez pour de courtes distances et des sols moins rigides. Appliquez les règles du traitement de l'entorse (voir l'encadré ci-dessus) pour soulager quelque peu votre douleur. Vous pouvez aussi étirer les muscles de vos mollets, ainsi que les muscles et les tendons de vos pieds. Pour étirer ces derniers, placez-vous en position assise et mettez une serviette sous votre pied. Tenez les deux extrémités et tirez vos orteils vers vous.

La métatarsalgie (douleur à l'avant-pied)

Le terme général «métatarsalgie» désigne la douleur localisée à la partie antérieure du pied, dans la région métatarsienne, qui donne parfois la sensation d'avoir de nombreux petits cailloux dans les chaussures.

La métatarsalgie est une affection courante qui survient lorsqu'il y a inflammation des articulations et des tendons situés près de la base des orteils, souvent à la suite de pressions excessives répétées pendant une période prolongée. Les femmes qui passent de longues heures en talons hauts y sont plus particulièrement sujettes. Comme dans le cas de l'aponé-vrosite plantaire, la meilleure façon de guérir consiste à cesser de porter les chaussures qui sont à l'origine du problème. Portez plutôt des chaussures à talons bas, qui plient au niveau de l'avant-pied et dont les bouts sont suffisamment larges pour permettre aux orteils de se déployer. Des semelles orthopédiques ou des coussinets peuvent répartir votre poids plus également sur vos pieds et soulager la douleur.

Les ongles incarnés

Des chaussures mal ajustées, qui compriment les orteils, ou encore des ongles d'orteils mal coupés sont la cause de cette affection douloureuse qui touche surtout le gros orteil. Le bord de l'ongle, qui pousse en mauvaise position, s'enfonce alors dans la chair, d'un côté ou de l'autre, ce qui provoque la douleur. Une rougeur, des saignements et de l'infection peuvent s'y ajouter. La marche peut exacerber votre douleur. Traitez les orteils douloureux et enflés en les baignant dans de l'eau salée tiède et couvrez l'ongle d'un pansement de gaze. Quand vous coupez vos ongles d'orteils, assurez-vous de les couper en ligne droite et de ne pas tailler les coins en angle.

L'hématome sous-unguéal

L'hématome sous-unguéal est une accumulation de sang sous l'ongle, qui donne à celui-ci une couleur noire. Il apparaît à la suite d'un coup — vous avez heurté un objet ou échappé quelque chose sur votre orteil — ou résulte du frottement prolongé de l'orteil sur le bout de la chaussure. Les marcheurs y sont particulièrement exposés quand ils descendent des pentes. Un ongle qui a noirci peut tomber, mais il repoussera probablement sans dommage permanent. Vous pouvez aussi consulter un médecin qui saura drainer sans risque le sang qui s'est accumulé sous votre ongle. Les conseils qui suivent visent à prévenir l'hématome sous-unguéal :

■ **Portez de bonnes chaussures.** Assurez-vous de bien reculer vos orteils des bouts quand vous lacez vos chaussures (voir page 123). Certaines boutiques spécialisées possèdent des plates-formes inclinées sur lesquelles vous pouvez vérifier l'ajustement de vos chaussures.

■ **Portez des chaussettes épaisses.** Portez de bonnes chaussettes épaisses, ou encore deux paires de chaussettes, pour empêcher vos orteils de heurter le devant de vos chaussures. Optez pour des chaussettes qui gardent les pieds au sec, de sorte qu'ils auront moins tendance à glisser dans vos chaussures.

■ **Nouez vos lacets « en forme d'étrier ».** Nouez vos lacets aussi serrés que vous le pouvez (voir page 125) de façon que la moitié inférieure ne se relâche pas.

Les trucs du marcheur expérimenté

FAITES LA GUERRE AUX AMPOULES

Endurcissez vos pieds
Un bain de pieds dans du thé froid (10 sachets de thé dans un petit bol d'eau), deux fois par semaine pendant trois semaines, est propre à faire durcir la peau.

Gardez vos pieds au sec
Portez des chaussettes qui évacuent l'humidité et changez-les lorsqu'elles sont humides. Poudrez vos pieds de talc ou appliquez un antisudorifique.

Lubrifiez la région sensible
Réduisez la friction en appliquant de la vaseline ou une crème barrière sur vos pieds. Durant une longue randonnée, appliquez-en toutes les heures.

Couvrez les ampoules
Protégez les endroits sensibles et les ampoules au moyen de pansements adhésifs ou de tout autre pansement pour ampoules.

Doublez vos chaussettes
Portez deux paires de chaussettes, soit des chaussettes minces sous vos chaussettes normales.

Laissez guérir
Si une ampoule se forme, laissez-la guérir d'elle-même sans y toucher.

■ **Portez des semelles orthopédiques.** Des semelles qui soutiennent les voûtes plantaires empêchent les pieds de glisser à l'intérieur des chaussures.

■ **Mettez du ruban sur vos orteils.** Enveloppez vos orteils de ruban adhésif en toile ou de ruban de premiers soins afin de neutraliser la pression qu'exercent vos souliers sur vos orteils.

Le pied d'athlète

Le pied d'athlète est une affection due à des champignons parasites qui se manifeste surtout entre les orteils. Les symptômes sont les suivants : plaques rouges, desquamation et démangeaison, parfois accompagnées de fissures douloureuses. Les marcheurs souffrent souvent du pied d'athlète, car la chaleur et l'humidité qui règnent à l'intérieur de leurs chaussures favorisent la croissance des champignons. Si vous êtes affligé du pied d'athlète, votre pharmacien saura vous proposer des produits efficaces, tels que de la poudre de talc, des crèmes ou des produits en aérosol.

Se laver fréquemment les pieds diminue le risque que se développe le pied d'athlète. Il est recommandé de bien assécher les pieds et d'appliquer une poudre, spécialement entre les orteils. Changez souvent de chaussettes et de souliers. Si vous le pouvez, portez des sandales de marche pour exposer vos orteils à l'air.

Les cors et les callosités

Ces deux affections, qui sont similaires, consistent en une accumulation de cellules cutanées mortes et durcies sur les pieds. Elles résultent de frictions ou de pressions répétitives exercées sur une région donnée de la peau et sont souvent occasionnées par des chaussures mal ajustées. Les cors se forment habituellement sur les orteils, alors que les callosités apparaissent plus fréquemment sur les talons ou aux avant-pieds. De nombreux cors et certaines callosités ont un noyau qui peut exercer une pression sur les nerfs, ce qui cause une douleur. Chez la plupart des gens, ces affections ne sont pas graves. On peut se débarrasser des cors et callosités en changeant de souliers et en utilisant des coussinets ou des semelles orthopédiques, et ce, afin de réduire la pression que subissent les régions touchées. Il faut résister à la tentation de couper la peau durcie, pour ne pas aggraver le problème. Si vous êtes diabétique, consultez votre médecin pour toute lésion aux pieds.

Les muscles, les articulations et les os

Si vous marchez trop rapidement sans échauffement préalable ou si vous poussez vos capacités trop brusquement, vous risquez de causer des lésions à vos muscles, à vos tendons ou à vos articulations. Les marcheurs sont exposés à plusieurs blessures touchant ces structures.

Le claquage

Le claquage est une blessure musculaire (déchirure ou élongation) qui, chez les marcheurs, se produit surtout dans les mollets ou à l'arrière des cuisses (muscles ischio-jambiers). Le muscle blessé est sensible au toucher et vous éprouverez une douleur si vous exercez une pression. La plupart des claquages ne sont pas graves. Vous pourrez donc continuer à marcher lentement. Gardez le muscle lésé au chaud au moyen d'une bouillotte, d'un coussin chauffant ou d'une pommade pour les muscles. Prenez des anti-inflammatoires au besoin. La blessure guérit habituellement d'elle-même en deux semaines, mais si elle persiste et vous empêche de marcher, il peut s'agir d'une déchirure partielle du muscle. Consultez alors votre médecin.

Les raideurs musculaires

Si vous allez au-delà de vos capacités en marchant trop longtemps ou trop vite, il peut arriver que vous éprouviez une sensation de raideur musculaire le lendemain matin. Cette dernière est due à de petites déchirures des muscles. Vous pouvez régler le problème à la source en effectuant adéquatement vos exercices d'échauffement et de récupération (voir pages 34 à 43). Après une marche trop rigoureuse, modérez également vos activités pendant un jour ou deux, cela afin de favoriser la guérison des petites déchirures musculaires.

La foulure et l'entorse de la cheville

Les risques de foulures ou d'entorses sont grands si vous marchez en terrain irrégulier, et plus encore si vos chevilles sont faibles ou si vous vous êtes déjà fait une entorse à une cheville dans le passé. Afin de réduire ces risques, protégez l'articulation fragilisée à l'aide d'un bandage de soutien, que vous trouverez dans les pharmacies ou les boutiques de sport. Vous pouvez aussi porter des bottes qui montent au-dessus des chevilles et qui sont munies de butoirs d'orteils solides (voir page 124).

Les blessures à la cheville se définissent selon trois degrés. La blessure du premier degré consiste en un étirement des ligaments sans déchirure. Le mouvement provoque alors une légère douleur, mais il y a peu d'enflure ou de contusion. Vous pouvez donc continuer à marcher. La douleur devrait disparaître en moins d'une semaine. La blessure du deuxième degré consiste en un déchirement partiel des ligaments. Il y a alors enflure et contusion ; vous boiterez probablement. La guérison peut prendre jusqu'à six semaines. On parle de blessure du troisième degré lorsqu'il y a une déchirure complète du ligament. Vous serez incapable de

LE TRAITEMENT DES CRAMPES

Les crampes sont des spasmes musculaires douloureux qui peuvent se produire après un exercice en raison d'une accumulation de substances chimiques dans les muscles ou en raison d'une perte de sel et d'eau par la sueur. Étirer et faire travailler le muscle aident à calmer la douleur. Si vous avez une crampe à un pied, demeurez debout et mettez-vous sur la pointe des pieds pour étirer la plante de ce pied. Si vous avez une crampe au mollet, asseyez-vous, allongez votre jambe et fléchissez le pied en amenant vos orteils vers vous pour étirer votre mollet. Quelqu'un de votre entourage peut également vous aider à étirer ce muscle en maintenant votre talon d'une main et en poussant lentement vos orteils de l'autre main. Dans le cas d'une crampe à l'arrière d'une cuisse, étendez-vous, soulevez la jambe, puis étirez-la lentement et massez votre muscle.

bouger le pied et l'enflure sera importante. Vous aurez probablement entendu un craquement au moment où vous vous êtes blessé. Dans certains cas, une chirurgie sera nécessaire. Quel que soit le degré de votre blessure, appliquez les règles du traitement de l'entorse (voir page 110) le plus tôt possible afin de limiter l'enflure et de soulager la douleur.

La périostite tibiale

La périostite tibiale (*shinsplint*) se caractérise par une douleur intense qui prend naissance juste au-dessous du genou et qui se propage sur le devant de la jambe (voir aussi page 55). La douleur apparaît d'ordinaire graduellement et disparaît au repos. Si vous éprouvez cette douleur, c'est sans doute que vous avez augmenté trop rapidement votre vitesse de marche ou que vous avez commencé à monter des pentes alors que vous n'y étiez pas physiquement prêt. Pour combattre la périostite, réduisez votre temps de marche, portez des chaussures adéquates et faites vos exercices d'échauffement et de récupération comme il faut (voir pages 34 à 43). Assurez-vous aussi que votre technique de marche est correcte (voir pages 24 à 27).

La tendinite

La tendinite est une blessure un peu plus grave que le claquage. Elle se manifeste par une sensibilité au niveau d'une zone osseuse, entre autres le côté du genou et la hanche, ou au niveau du tendon d'Achille. L'inflammation se développe en règle générale lentement et est parfois accompagnée d'une rougeur et d'enflure.

La tendinite est généralement causée par un manque de symétrie de la posture, par exemple si l'une de vos jambes

est légèrement plus courte que l'autre. Il se crée alors une tension à l'endroit où le tendon s'insère dans l'os. Le fait de commencer à suivre un programme d'exercices alors que vous n'êtes pas habitué à faire de l'exercice peut aussi être à l'origine d'une tendinite. Si la douleur dure plus de deux semaines, consultez votre médecin, qui soignera votre tendinite. Cependant, un traitement à long terme pourra se révéler nécessaire, tel que le port d'une orthèse spéciale en vue de corriger votre posture.

La fracture de fatigue (ou de stress)

La fracture de fatigue consiste en de petites fissures dans la couche externe d'un os du pied qui peuvent se produire si vous poussez vos capacités trop brusquement et si vous marchez trop vite, en particulier sur des surfaces dures. Vous avez probablement une fracture de fatigue si vous éprouvez une douleur aiguë à un endroit précis lorsque vous glissez votre main le long de votre tibia, ou encore si la partie avant de votre pied est enflée et douloureuse. Un autre symptôme de fracture de fatigue est que la douleur se manifeste horizontalement plutôt que verticalement. Une scintigraphie osseuse sera nécessaire pour que le médecin puisse établir un diagnostic précis. Avec du repos, la fracture guérira probablement d'elle-même, mais il se peut que vous ayez besoin d'un plâtre. Pour prévenir les fractures de fatigue, augmentez votre effort physique de manière graduelle et remplacez vos chaussures avant qu'elles soient trop usées (voir page 126).

Les affections cutanées

Lorsque vous marchez à l'extérieur, en particulier par temps chaud, votre peau peut facilement devenir irritée par des facteurs tels que les vêtements, le soleil et les plantes vénéneuses. Les affections cutanées sont rarement graves et peuvent habituellement être traitées à domicile.

L'irritation

Le frottement répété de la peau ou des vêtements sur la peau en sueur provoque une irritation. La sueur, lorsqu'elle est concentrée, peut constituer un irritant majeur. Assurez-vous de boire suffisamment lorsque vous marchez. Appliquez du talc pour réduire la friction et garder votre peau sèche. Si vous utilisez du déodorant, préférez un déodorant solide (bâton) plutôt qu'un déodorant liquide (à bille) qui rend la peau collante.

Il est également conseillé d'appliquer de la vaseline, particulièrement sous les bras et entre les cuisses, afin de réduire la friction.

Le coup de soleil

Pourquoi souffrir inutilement alors qu'il est facile d'éviter les coups de soleil ? En été, on peut se protéger des rayons ardents du soleil en s'habillant de façon appropriée et en appliquant sur sa peau, avant de sortir, un écran solaire ayant un FPS d'au moins 15 dans le cas d'un adulte et d'au moins 30 dans le cas d'un enfant. N'oubliez pas d'en appliquer sur vos oreilles, votre nez, votre nuque et l'arrière de vos jambes, de même que sur le dessus de votre tête (ou portez un chapeau). Toutes ces parties du corps sont souvent négligées et peuvent pourtant être douloureuses si le soleil les brûle. Rappelez-vous que vous pouvez attraper un coup de soleil même par temps nuageux. Traitez les coups de soleil sans tarder au moyen de lotion calamine, de compresses froides ou de gel à l'aloès. Buvez beaucoup de liquide et demeurez au frais.

Les réactions allergiques aux plantes

L'ortie brûlante, le pollen ou les spores fongiques sont susceptibles de causer des éruptions cutanées, une réaction qui est rarement grave, mais qui occasionne souvent un grand désagrément. Une crème antihistaminique peut calmer la démangeaison et atténuer la rougeur causée par les piqûres d'ortie. Les symptômes disparaissent habituellement en quelques heures. L'application de feuilles d'oseille sur la peau soulage immédiatement les piqûres d'ortie brûlante, car les poils fins de cette plante contiennent un acide, alors que la feuille d'oseille renferme un alcali.

Plantes répandues en Amérique, l'herbe à la puce, le sumac à feuilles de chêne et le sumac lustré possèdent une sève vénéneuse qui peut causer un prurit (une démangeaison de la peau), de la rougeur et une brûlure de la peau. Cette réaction survient un jour ou deux après le contact avec ces allergènes. Si vous croyez avoir été en contact avec l'un de ceux-ci, vous pouvez prévenir une réaction allergique en enlevant tous vos vêtements ainsi que les articles d'équipement qui ont été en contact avec la sève. Lavez votre peau à l'eau savonneuse, puis frictionnez les régions en cause avec de l'alcool à friction. Si une réaction se manifeste, vous pouvez la traiter avec de la lotion calamine ou une pâte faite d'eau et de bicarbonate de soude, ou encore avec une crème antihistaminique. Évitez de vous gratter et ne portez pas vos mains à votre visage, notamment à vos yeux et à votre bouche. Si, malgré vos soins, le problème persiste, consultez votre médecin. Le pollen des plantes en général peut également provoquer des réactions allergiques. Pour des renseignements sur la densité pollinique et le traitement du rhume des foins, reportez-vous à la page 103.

EXTRAIRE LE VENIN D'UNE MORSURE

Il existe des extracteurs qui permettent d'enlever directement le venin injecté par morsure ou par piqûre. Grâce à la succion qu'ils exercent, ces extracteurs de venin aspirent rapidement le poison à l'extérieur de votre peau. Ils sont efficaces pour extraire le venin des serpents, des araignées, des fourmis, des guêpes, des abeilles et des maringouins. Ils peuvent aussi être utilisés sans danger sur les enfants. Les seringues sont munies d'embouts de différents formats, de sorte que vous pouvez choisir celui qui convient au type de blessure. Ces instruments n'enlèvent toutefois que le poison liquide ; ils n'extirpent pas le dard des insectes, lequel devrait être retiré à l'aide de petites pinces. Il est recommandé d'utiliser l'extracteur de venin immédiatement après une morsure ou une piqûre. Si une réaction allergique sérieuse se manifeste, consultez un médecin.

Les coupures et les contusions

Pour traiter une petite coupure, il suffit de la laver à l'eau savonneuse, d'appliquer une crème antiseptique et de la couvrir d'un pansement adhésif. Si le saignement est assez abondant, posez un pansement sur la coupure et exercez une forte pression sur celui-ci pendant 10 minutes, tout en surélevant le membre touché afin de diminuer l'afflux de sang dans cette région. Si le saignement continue, recouvrez la coupure d'un bandage bien serré, sans toutefois restreindre la circulation sanguine, et consultez un médecin.

La plupart des ecchymoses sont sans danger et ne requièrent aucun traitement. Le gel d'arnica peut atténuer la douleur et prévenir l'enflure. Pour ce qui est de la décoloration de la peau, vous pouvez en limiter l'étendue en appliquant de la crème à base de vitamine K. Si votre ecchymose est très étendue, durcie, douloureuse et anormalement foncée, c'est que le sang est peut-être bloqué dans votre muscle. Consultez votre médecin.

Les morsures et les piqûres

Le venin injecté, par morsure ou par piqûre, par des animaux marins, des serpents ou des insectes peut provoquer de la douleur, de l'enflure et une démangeaison de la peau. Il peut aussi déclencher une réaction allergique ou une infection. Après une morsure, il est impératif de laver la région touchée avec de l'eau et du savon, puis d'appliquer une crème antibiotique et un pansement. Appliquez de la glace sur les piqûres pour calmer l'enflure et une crème antihistaminique pour atténuer l'irritation. Vous pouvez aussi utiliser un extracteur de venin (voir l'encadré à la page précédente) pour certaines piqûres. Ces mesures aideront à réduire l'enflure et la douleur. Consultez votre médecin s'il y a infection ou réaction allergique — dont les symptômes sont l'enflure ou des difficultés respiratoires (voir l'encadré ci-dessus).

Réduisez les risques de morsures et de piqûres en portant des vêtements à manches longues et des pantalons. Appliquez également un insectifuge contenant du DEET sur votre peau ainsi que sur vos vêtements. Des huiles essentielles, telles que l'huile de citronnelle, l'huile de feuilles de cèdre, l'huile d'eucalyptus et l'huile de romarin (destinées spécifiquement à l'application sur la peau) peuvent aussi être efficaces pour éloigner les insectes. Évitez les parfums, les eaux de Cologne ou les laques pour cheveux, car ces produits sont susceptibles d'attirer les insectes.

Les piqûres d'abeille

Si votre compagnon de route ou vous-même êtes piqué par une abeille, vous devrez d'abord enlever le dard s'il est resté

LA SÉCURITÉ D'ABORD

Même si les piqûres sont en règle générale inoffensives, elles risquent, à l'occasion, de causer un choc anaphylactique, c'est-à-dire une réaction allergique majeure qui peut être mortelle. Les symptômes apparaissent en quelques minutes: enflure du visage et du cou, difficulté respiratoire, rougeurs et éruptions cutanées. Téléphonez immédiatement pour demander de l'aide médicale. Certaines personnes sont au courant de leur susceptibilité et transportent une seringue d'adrénaline (EpiPen) sur elles. Vous pouvez aider les gens en état de choc anaphylactique en leur injectant leur dose d'adrénaline.

dans votre peau. Retirez-le doucement avec une petite pince ou un coupe-ongle. N'essayez pas d'extirper le dard en comprimant la peau, car plus de venin sera alors libéré. Lavez la zone affectée et appliquez de la crème antibiotique. Atténuez la douleur et l'enflure au moyen de glace. Si vous n'êtes pas allergique aux piqûres d'abeille, l'irritation sera moindre. Pour ne pas attirer les abeilles, évitez les parfums et les vêtements de couleurs vives (les abeilles ont un faible pour la couleur bleue).

Les piqûres d'araignée

Le venin de certaines araignées, telle la veuve noire, peut provoquer des nausées, de la fièvre et même, dans les cas extrêmes, la mort. Si vous vous faites mordre par une araignée, abaissez la région touchée et maintenez-la immobile. Lavez-la bien à l'eau savonneuse, puis appliquez de la glace. Consultez ensuite votre médecin, qui vous prescrira peut-être des antibiotiques.

Les tiques

Les tiques sont potentiellement dangereuses parce qu'un grand nombre d'entre elles peuvent transmettre une maladie infectieuse, la maladie de Lyme (une affection grave qui entraîne un œdème cérébral). Consultez un médecin le plus tôt possible pour toute piqûre de tique. N'utilisez jamais vos doigts pour retirer une tique de votre peau afin de ne pas répandre l'infection. Délogez-la plutôt en la poussant à l'aide d'une pierre ou d'un bâton. Si vous allez marcher dans une région où la maladie de Lyme est présente, protégez-vous en vous faisant vacciner.

Les morsures de serpent

Seulement 15 % des morsures de serpent sont le fait de serpents venimeux. Cependant, si vous êtes incapable d'identifier le serpent qui vous a mordu, ne courez aucun risque. Par ailleurs, si votre compagnon de route se fait mordre, il faut d'abord le rassurer et l'immobiliser. Essayez ensuite d'identifier le serpent responsable de la blessure, mais ne perdez pas de temps s'il a disparu. Appliquez un bandage de 4 à 5 cm (2 à 4 po) sur la morsure et serrez-le bien, mais sans restreindre la circulation du sang. Allez chercher une aide médicale immédiatement.

Si vous marchez dans des régions éloignées où il y a des serpents venimeux, apportez un extracteur de venin (voir l'encadré à la page 114). Si vous n'en possédez pas, aspirez le venin avec votre bouche et crachez-le. Assurez-vous ensuite de bien vous rincer la bouche avec de l'eau. Toutefois, n'aspirez jamais le venin si vous avez une coupure ou une blessure à l'intérieur de la bouche. Enfin, veillez à ce que, dans les quatre heures qui suivent la morsure, la victime soit transportée à l'hôpital, où on lui injectera un sérum antivenimeux.

Des problèmes médicaux graves

Nous avons tous le devoir d'apprendre comment réagir dans les situations d'urgence qui peuvent mettre notre vie ou celle de nos compagnons de route en danger. Certes, la probabilité qu'une de ces situations se produise au cours d'une promenade ou d'une randonnée est extrêmement faible, mais, si elle se produit, le simple fait de savoir ce qu'il faut faire en cas d'urgence peut sauver une vie. Pour cette raison, inscrivez-vous à un cours de premiers soins.

L'épuisement dû à la chaleur

Lorsque nous faisons de l'exercice, notre organisme sécrète de la sueur qui s'évapore et refroidit notre peau. Si nous faisons trop d'exercice par temps chaud et humide, la perte d'eau et de sel par une sudation excessive peut entraîner un épuisement dû à la chaleur, dont les symptômes sont : maux de tête, nausées, sécheresse de la bouche, peau moite et froide, crampes musculaires, étourdissements et même, parfois, évanouissement. Le traitement est simple : mettez-vous à l'abri du soleil, buvez pour remplacer les fluides et le sel perdus et essayez de vous rafraîchir.

Le coup de chaleur

Le coup de chaleur résulte souvent d'un épuisement dû à la chaleur qui n'a pas été traité. C'est donc un état plus grave, et il peut se manifester soudainement. Le corps ne produit plus de sueur et ne peut plus se refroidir par l'évaporation de celle-ci. La température corporelle peut monter rapidement jusqu'à 45 °C (113 °F). La victime d'un coup de chaleur a des étourdissements et est confuse. Son pouls s'accélère, ses pupilles se dilatent et sa peau devient chaude et sèche. Elle peut aussi avoir des hallucinations et des convulsions, et même perdre conscience.

Vous devez refroidir cette personne le plus rapidement possible. Enlevez-lui ses vêtements et couvrez-la d'un drap humide. Si vous n'en avez pas, ventilez-la et passez un linge imbibé d'eau froide sur son corps. Soyez prêt à procéder à une réanimation cardiorespiratoire (RCR) au besoin (voir l'encadré ci-dessous). Une fois que la température de la victime est revenue à la normale, soit au-dessous de 38 °C (100,4 °F), continuez à la surveiller attentivement jusqu'à l'arrivée d'une aide médicale.

L'hypothermie

L'hypothermie consiste en un abaissement de la température du corps au-dessous de la normale. Il est peu probable que vous expérimentiez une telle situation, à moins que vous ne soyez blessé ou incapable de vous déplacer, ou encore trempé par temps froid et venteux. Chez la personne souffrant d'hy-

LA RCR | Des explications

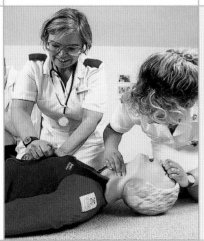

La réanimation cardiorespiratoire (RCR) est une mesure d'urgence d'importance primordiale pour sauver une vie. Elle comprend le bouche-à-bouche et le massage cardiaque à l'aide de compressions thoraciques. La connaissance de ces techniques est vitale, notamment si une urgence médicale se présente au cours d'une longue randonnée dans une région isolée, loin des ressources médicales. Si vous êtes le chef d'un groupe de marche, vous devez suivre un cours de RCR. Les cours de secourisme reconnus sont donnés par des instructeurs qualifiés. Ils sont offerts par plusieurs organismes, entre autres la Croix-Rouge canadienne et l'Ambulance Saint-Jean. Les cours de secourisme généraux enseignent habituellement des techniques qui serviront pour différentes situations d'urgence, telles que l'état de choc et les fractures.

pothermie, le sang quitte les extrémités du corps pour affluer vers le tronc afin d'assurer une circulation accrue dans les organes vitaux et de les maintenir chauds. Dans un premier temps, alors que la température de son corps tombe sous 35 °C (95 °F), la victime est agitée de frissons. Elle devient ensuite somnolente et confuse. Pour traiter une personne en état d'hypothermie, procédez de la manière suivante :

- **Débarrassez la victime de ses vêtements trempés.** Enveloppez-la immédiatement dans des vêtements secs.
- **Donnez-lui une boisson chaude.** Celle-ci fera monter la température de son corps.
- **Déplacez doucement la victime.** Si vous tentez de mettre la victime à l'abri, déplacez-la lentement et avec soin.
- **Réchauffez la victime par tous les moyens.** Gardez-la à l'abri, au sec. Réchauffez-la le plus possible, en utilisant même votre propre chaleur corporelle si cela ne vous met pas dans une situation périlleuse. Ne donnez pas vos vêtements à la victime pour ne pas vous exposer vous-même à une hypothermie éventuelle.

Les fractures osseuses

Les fractures les plus courantes associées à la marche sont les fractures du poignet, de la hanche, de la jambe et de la cheville. Une simple fracture du poignet pouvant causer un état de choc (voir le paragraphe suivant), il faut donc calmer la victime et la

Hypothermie
Enveloppez la victime dans une couverture de secours afin de la maintenir au chaud. Parlez-lui calmement et rassurez-la jusqu'à l'arrivée d'une aide médicale.

QUELS RENSEIGNEMENTS DOIS-JE DONNER ?

- **Où.** Dites au standardiste à quel endroit se trouve la personne blessée ou malade. Expliquez-lui le chemin pour s'y rendre et indiquez-lui les noms de rues et les points de repère susceptibles de l'aider.

- **Qui.** Donnez au standardiste le nom de la victime, son sexe et son âge, de même que votre nom.

- **Comment.** Décrivez-lui les circonstances dans lesquelles s'est produit l'incident.

- **Quoi.** Donnez-lui le plus de détails que vous le pouvez sur l'état de la victime, notamment sur sa respiration et sur son état de conscience. Dites-lui également ce dont vous croyez qu'elle souffre.

- **Quand.** Dites au standardiste combien de temps s'est écoulé entre l'incident et le moment où vous êtes entré en contact avec lui.

- **Détails utiles.** Indiquez au standardiste l'endroit où il peut vous trouver et donnez-lui votre numéro de téléphone.

---

maintenir au chaud pendant que vous demandez de l'aide. Les fractures de la hanche ou de la jambe sont plus graves. La personne blessée éprouve une grande douleur lorsqu'on la déplace, mais cette douleur devrait cesser une fois qu'elle sera allongée et immobile. La fracture de la hanche se reconnaît à ceci : quand la personne blessée est allongée, une de ses jambes paraît plus courte que l'autre et un de ses pieds est complètement tourné vers l'extérieur. Demandez de l'aide et maintenez la personne au chaud au moyen d'une couverture de secours. Ne lui donnez rien à boire ni rien à manger.

L'état de choc

Une personne est en état de choc quand sa pression sanguine chute de façon subite. Cet état peut être causé par une hémorragie interne, une infection du sang, une blessure, une fracture osseuse ou la déshydratation. La victime aura la peau froide, moite et d'un bleu grisâtre, ainsi qu'un pouls rapide mais faible. Puis, elle ressentira une faiblesse accompagnée de vertiges et de nausées. La victime pourra aussi suffoquer et perdre conscience.

Pour traiter une personne en état de choc, étendez-la au sol sur une couverture et soulevez ses jambes pour maintenir l'afflux de sang au cerveau. Desserrez ses vêtements, notamment ceux qui serrent son cou, sa poitrine ou sa taille. Gardez la personne au chaud en superposant des vêtements sur elle et en la recouvrant d'une couverture de secours. Demandez de l'aide médicale immédiatement.

LA SANTÉ — DÉPANNAGE

La marche est sans danger pour la plupart d'entre nous. Cependant, il est recommandé de consulter votre médecin avant d'entreprendre tout programme de marche. Dans cette section, vous trouverez les réponses aux questions habituelles sur des états de santé particuliers.

Je souffre de polyarthrite rhumatoïde. Puis-je marcher sans risque ?

La polyarthrite rhumatoïde est une affection très différente de l'arthrose et il n'est pas conseillé de marcher lorsque vos articulations sont enflammées. Gardez vos articulations au repos lorsque vous avez une crise d'arthrite, car une plus grande activité physique ne fera qu'accroître votre douleur.

J'ai un problème cardiaque. Est-ce que je pourrais suivre un programme de marche sans risque ?

La marche est l'activité physique qui comporte le moins de risques. Cependant, il serait prudent de consulter votre médecin avant d'entreprendre un programme de marche si vous présentez un des symptômes suivants :

► Malaise à la poitrine (ou à la partie supérieure du corps) causé par l'effort ;
► Difficulté respiratoire durant l'effort physique ;
► Étourdissements ou nausées à l'effort ;
► Sensation de faiblesse pendant ou juste après l'activité physique ;
► Palpitations (battements du cœur rapides ou irréguliers) durant l'activité physique.

J'ai entendu dire qu'il n'est pas recommandé aux athlètes de s'entraîner quand ils ont mal à la gorge. Cela s'applique-t-il aux marcheurs ?

Votre médecin devrait connaître vos antécédents médicaux. Sinon, il pourrait vous demander si vous avez déjà eu un problème de santé tel qu'un caillot de sang, le diabète ou un trouble cardiaque, ou encore s'il y a, dans votre famille, des antécédents de cardiomyopathie (une maladie héréditaire rare du muscle cardiaque). Il prendra votre pouls et votre pression sanguine. Il écoutera votre cœur pour déceler un souffle éventuel, auscultera vos poumons pour vérifier s'il y a présence d'eau et demandera une analyse de sang et peut-être aussi une électrocardiographie (ECG) par mesure de prudence.

Je n'ai pas fait d'exercice physique pendant des années, mais j'aimerais commencer à en faire. Que va me demander mon médecin lorsqu'il évaluera ma condition physique ?

Il est vrai que les athlètes qui s'entraînent intensément alors qu'ils ont un mal de gorge affaiblissent leur système immunitaire et s'exposent à des infections virales à répétition. Mais étant donné que la marche est moins exigeante que la course, il n'y a donc pas de contre-indication à marcher malgré un mal de gorge. De manière générale, toute affection touchant votre corps au-dessus du cou (chatouillement à la gorge, mal de tête) ne doit pas vous empêcher de marcher. Cependant, si votre mal est localisé en bas du cou (comme une bronchite), vous devriez éviter de marcher jusqu'à ce que vous soyez guéri.

De quels problèmes de santé devrais-je discuter avec mon médecin avant de commencer à pratiquer la marche de façon régulière ?

Dans le cas de certains problèmes de santé, la marche n'est pas recommandée. La liste qui suit est donnée à titre indicatif. Si vous avez des doutes, n'hésitez pas à consulter votre médecin.

▶ Angine de poitrine instable (angine qui empire) ;

▶ Sténose (rétrécissement) aortique ;

▶ Crise cardiaque ou infarctus récents, ou encore caillot sanguin récent au poumon ou à la jambe ;

▶ Épilepsie difficile à contrôler ;

▶ Chirurgie récente (au cours des trois derniers mois) ;

▶ Arythmie de tout type, particulièrement lorsqu'elle est déclenchée par l'activité physique ;

▶ Myocardite ou péricardite (résultant d'une infection virale du muscle cardiaque) ;

▶ Diabète instable (quand la glycémie est difficile à stabiliser) ;

▶ Inflammation des articulations liée à la polyarthrite rhumatoïde ou à d'autres formes d'arthrite inflammatoire (mais non à l'arthrose) ;

▶ Hypertension artérielle (supérieure à 200/105) ;

▶ Toute maladie non encore diagnostiquée.

Je prends des médicaments pour contrôler ma tension artérielle et mon cholestérol. Dois-je demander l'avis de mon médecin avant de commencer à suivre un programme de marche ?

Il est rare que l'activité physique amoindrisse l'efficacité d'un médicament, tout comme les médicaments n'inhibent généralement pas la capacité de pratiquer une activité physique. Cependant, si vous prenez des bêtabloquants, les battements de votre cœur seront plus lents que lorsque vous êtes actif physiquement. Cela ne signifie pas que vous ne pouvez pas continuer à marcher, sauf que votre fréquence cardiaque ne pourra pas servir à évaluer avec exactitude votre forme physique. Si vous prenez un médicament pour éclaircir le sang, portez une attention particulière à toute coupure ou contusion, car la perte de sang peut être bien plus grande qu'il n'y paraît, étant donné que ce dernier est plus clair.

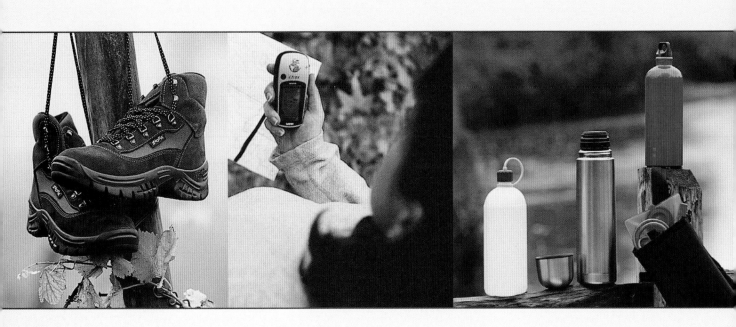

L'ÉQUIPEMENT

5

Les chaussures, les vêtements et les accessoires : tout ce dont vous avez besoin pour marcher en toute sécurité et en tout confort et pour vous aider à améliorer votre technique.

S'ÉQUIPER

Vous avez décidé d'attaquer le pavé ou de gravir des collines ? Il est temps maintenant d'examiner l'équipement qui rendra votre expérience de marche à la fois confortable et agréable. Ce chapitre porte sur les vêtements, les chaussures et les accessoires.

Lorsque vous choisissez des vêtements ou du matériel, vous devez tenir compte des conditions météorologiques, du terrain sur lequel vous marcherez et également du type de marche que vous projetez d'entreprendre. Durant les mois d'été, vous devriez porter des vêtements légers faits de matériaux synthétiques qui évacuent l'humidité (voir page 76). En hiver, vous devriez vous vêtir de plusieurs couches de vêtements constituées d'un coupe-vent et, en dessous, d'une veste de molleton ou d'un chandail (voir page 78). Les épaisseurs multiples vous garderont au chaud. De plus, il vous sera facile d'ôter une épaisseur pour éviter d'avoir trop chaud. Enfin, vos souliers ou vos bottes devraient vous offrir un soutien suffisant tout en laissant respirer vos pieds.

Si vous êtes un fanatique des gadgets, de nombreux accessoires utiles sont vendus sur le marché, comme les bouteilles d'eau, les gourdes, les sacoches de ceinture, les podomètres, les moniteurs de fréquence cardiaque et les bâtons de marche. Ces accessoires répondront à tous vos besoins durant votre marche. Certains visent à maximiser le rendement et le confort, d'autres donnent un moyen rapide de vérifier sa progression et d'autres encore, comme les bâtons de marche et les cannes, vous aident à marcher.

Où acheter

Pour trouver du matériel de randonnée, les boutiques d'équipement de plein air de votre région sont un excellent endroit où commencer vos emplettes. Qu'elles appartiennent ou non à une grande chaîne, les boutiques spécialisées disposent d'une vaste gamme de vêtements, de chaussures et d'accessoires. On y trouve également un personnel compétent et serviable. Vous avez aussi la possibilité d'acheter dans les grands magasins à rayons. Toutefois, les vendeurs de ces magasins ne connaissent pas toujours aussi bien leurs produits.

Les cyberachats

Le réseau Internet est un excellent endroit pour acheter en tout confort. D'ailleurs, la plupart des grands fabricants d'équipement de plein air ont leur propre site Web. Si vous n'avez pas en tête le nom d'un manufacturier en particulier, inscrivez simplement « équipement de plein air » dans le moteur de recherche et votre fureteur vous dirigera vers un éventail de sites utiles. Vous pouvez aussi obtenir les adresses et numéros de téléphone des boutiques de votre région. De nombreuses entreprises vendent leur équipement directe-

L'équipement de base

Pour marcher, vous n'avez pas besoin de beaucoup d'équipement. Il suffit de vous procurer un manteau ou un gilet de molleton assez léger et compact, mais chaud, des chaussures confortables et adaptées au type de terrain sur lequel vous marcherez, un sac à dos pour vous libérer les mains et les bras et un imperméable qui peut se plier aisément.

ment en ligne. Vous gagnerez ainsi beaucoup de temps et vous vous épargnerez bien des frustrations s'il n'y a pas de boutique spécialisée près de chez vous. Il va sans dire qu'il est préférable d'acheter certains articles en personne, après les avoir essayés, surtout lorsqu'il s'agit de chaussures. Si vous préférez ne pas acheter en ligne, Internet n'en demeure pas moins une source d'information fort utile pour y puiser des renseignements sur les produits qui vous intéressent avant de vous rendre dans une boutique spécialisée.

La vente par correspondance

Voilà encore une autre bonne façon de s'informer avant d'acheter, particulièrement lorsque vous cherchez des vêtements hors saison, car les entreprises de vente par correspondance offrent leurs produits durant toute l'année. Beaucoup de magasins d'équipement de plein air à succursales multiples et certains fabricants publient des catalogues. Communiquez avec leur siège social pour obtenir plus de détails.

Quelle marque me convient?

Ce n'est pas une mauvaise idée que de regarder d'abord les grandes marques, car, après tout, leur succès n'est pas sans raison. Toutefois, cela ne signifie pas pour autant qu'il faut éliminer les autres manufacturiers simplement parce que leur nom ne vous est pas familier. Certains petits manufacturiers fabriquent d'excellents articles d'équipement. Le personnel qualifié peut vous être particulièrement utile et vous orienter rapidement dans la bonne direction.

Les chaussures

Le critère le plus important quand on choisit des chaussures est le confort. Évidemment, le style et la couleur rendront les bottes ou les souliers attrayants. Mais s'ils ne sont pas confortables, vos beaux souliers perdront vite de leur attrait.

Pour une longue marche, il vaut mieux ne pas porter vos souliers d'entraînement ou vos souliers de course, car ils n'assurent pas un soutien adéquat. Pour savoir quels facteurs considérer relativement à l'achat de chaussures de marche, reportez-vous à la page 126.

La bonne pointure

La pointure de vos souliers ou de vos bottes de marche peut être différente de celle de vos chaussures ordinaires. En effet, quand on marche pendant environ une heure, le pied peut enfler d'une demi-pointure. C'est pourquoi il est préférable d'essayer des bottes ou des souliers tard dans la journée, c'est-à-dire lorsque votre pied aura travaillé durant un bon moment.

Quand vous essayez des chaussures, vérifiez l'ajustement d'un seul soulier à la fois. Les souliers délacés, tenez-vous debout et frappez le bout de vos orteils contre le sol afin de faire glisser votre pied vers l'avant. Lorsque votre pied est appuyé sur les orteils, il devrait y avoir assez d'espace pour glisser un doigt entre votre talon et l'arrière du soulier. Attachez ensuite les lacets; votre pied sera tiré quelque peu vers l'arrière. Maintenant, votre talon ne devrait pas bouger de plus d'un centimètre (½ po), et ce, dans toutes les directions. Le soulier ne devrait toutefois pas être trop serré au talon pour éviter la formation d'ampoules. Il devrait y avoir assez d'espace pour les orteils de façon que vous puissiez les bouger légèrement; ainsi, vos orteils ne heurteront pas le bout du soulier lorsque vous descendez une pente. Vous devriez aussi être capable de fléchir votre pied et votre cheville aisément. Par ailleurs, parce que le tendon d'Achille s'attache plus bas au niveau de la cheville chez la femme que chez l'homme, les souliers pour femmes ont en général des talons plus souples ou en forme de V.

Des chaussures mal ajustées peuvent notamment causer des ampoules ou des hématomes sous-unguéaux (voir pages 111 et 112). Si vos souliers sont trop grands et que vos talons lèvent, ajoutez une semelle à l'intérieur. Les premières (les semelles qui sont en contact avec le pied) devraient être remplacées plusieurs fois au cours de la vie d'une chaussure, car, au fil du temps, elles se déforment et ne peuvent plus assurer le confort et le soutien voulus.

Les matériaux des chaussures

Lorsque vous choisissez des souliers, prêtez attention aux matériaux de fabrication. De manière générale, les matériaux naturels, comme le cuir, sont plus confortables que les matériaux synthétiques, principalement parce qu'ils permettent aux pieds de respirer. Des semelles de caoutchouc protègent les pieds en amortissant les vibrations. De plus, elles procurent une bonne adhérence sur une surface glissante. Certains matériaux synthétiques présentent toutefois des avantages. Par exemple, les tiges faites de nylon et de Cordura sont flexibles. Lorsque ces matériaux sont associés à un cuir pleine fleur, la tige épouse bien la forme du pied. Outre leur légèreté et leur prix modique, les matériaux synthétiques ont l'avantage de posséder un pouvoir respirant, permettant ainsi de dissiper l'excès de chaleur. Une membrane de Gore-Tex rend une chaussure faite de matériaux synthé-tiques et de cuir imperméable, mais elle en augmente également le prix.

Les techniques de laçage

Votre premier souci est d'acheter un soulier de la bonne pointure, mais il reste possible de résoudre certains problèmes d'ajustement en modifiant le laçage. Desserrez toujours les lacets lorsque vous enfilez vos chaussures afin de ne pas endommager les œillets et ne mettez jamais de lacets trop longs, car ils pourraient vous faire trébucher. Pour la plupart des gens, la méthode classique de laçage, qui consiste à croiser les lacets jusqu'au haut de la chaussure, est celle qui convient le mieux. Toutefois, on peut y apporter quelques modifications, selon son type de pied, pour corriger certains défauts d'ajustement (voir l'encadré ci-contre).

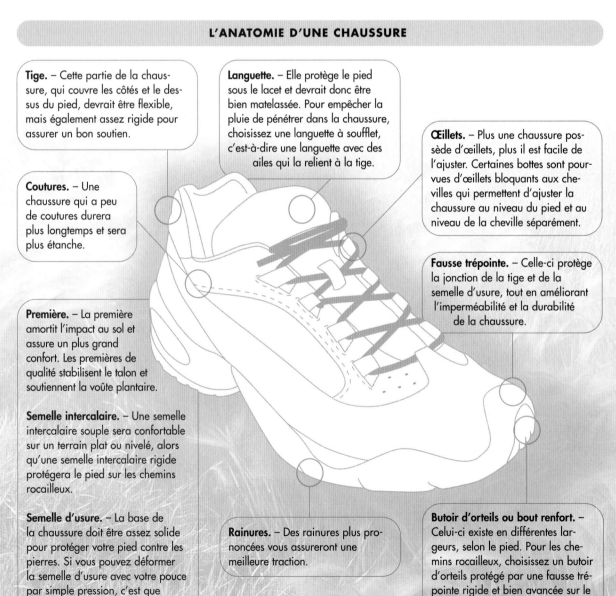

L'ANATOMIE D'UNE CHAUSSURE

Tige. – Cette partie de la chaussure, qui couvre les côtés et le dessus du pied, devrait être flexible, mais également assez rigide pour assurer un bon soutien.

Coutures. – Une chaussure qui a peu de coutures durera plus longtemps et sera plus étanche.

Première. – La première amortit l'impact au sol et assure un plus grand confort. Les premières de qualité stabilisent le talon et soutiennent la voûte plantaire.

Semelle intercalaire. – Une semelle intercalaire souple sera confortable sur un terrain plat ou nivelé, alors qu'une semelle intercalaire rigide protégera le pied sur les chemins rocailleux.

Semelle d'usure. – La base de la chaussure doit être assez solide pour protéger votre pied contre les pierres. Si vous pouvez déformer la semelle d'usure avec votre pouce par simple pression, c'est que celle-ci est trop molle.

Languette. – Elle protège le pied sous le lacet et devrait donc être bien matelassée. Pour empêcher la pluie de pénétrer dans la chaussure, choisissez une languette à soufflet, c'est-à-dire une languette avec des ailes qui la relient à la tige.

Rainures. – Des rainures plus prononcées vous assureront une meilleure traction.

Œillets. – Plus une chaussure possède d'œillets, plus il est facile de l'ajuster. Certaines bottes sont pourvues d'œillets bloquants aux chevilles qui permettent d'ajuster la chaussure au niveau du pied et au niveau de la cheville séparément.

Fausse trépointe. – Celle-ci protège la jonction de la tige et de la semelle d'usure, tout en améliorant l'imperméabilité et la durabilité de la chaussure.

Butoir d'orteils ou bout renfort. – Celui-ci existe en différentes largeurs, selon le pied. Pour les chemins rocailleux, choisissez un butoir d'orteils protégé par une fausse trépointe rigide et bien avancée sur le dessus de la chaussure.

LACER POUR AJUSTER

Pour empêcher le talon de glisser. Lacez normalement jusqu'à l'avant-dernier œillet. Lacez alors directement jusqu'au dernier œillet d'un même côté, de manière à former deux boucles. Prenez chaque lacet du côté opposé et glissez-le dans les boucles que vous avez faites (**a**).

Pour les pieds étroits. Faites un laçage en forme d'étrier selon la même technique que celle qui vise à empêcher le talon de glisser, mais faites plutôt les boucles dans les œillets du milieu. Lacez ensuite normalement jusqu'en haut (**b**). Si vos chaussures comportent deux ensembles d'œillets ou plus, servez-vous des œillets externes pour obtenir un ajustement plus étroit et confortable.

Pour les pieds larges. Si votre avant-pied est large, ne passez pas les lacets dans les premiers œillets (**c**). Si votre pied est large au-dessus de la voûte plantaire, omettez un jeu ou deux d'œillets au milieu de la chaussure.

Les semelles de propreté et les semelles orthopédiques

Les chaussures de marche sont toutes munies de semelles amovibles également appelées premières de propreté. Celles-ci absorbent les chocs dans une certaine mesure. Toutefois, vous pouvez avoir besoin d'un plus grand soutien, en particulier si vos voûtes plantaires sont basses ou si vos avant-pieds ou vos talons sont souvent endoloris. Dans ce cas, remplacez les semelles amovibles par l'un ou l'autre des types de semelles suivants :

- **Les semelles matelassées en mousse.** Celles-ci conviennent particulièrement aux marcheurs âgés, car la plante des pieds s'amincit souvent avec les années.
- **Les semelles orthopédiques.** Il s'agit de semelles prêtes à porter qui moulent le pied, soutiennent la voûte plantaire et amortissent les chocs.

Ces deux types de semelles sont offerts en vente libre. Quant aux semelles orthopédiques sur mesure, elles sont généralement prescrites par un podiatre (voir page 29).

Les trucs du marcheur expérimenté

GARDEZ VOS LACETS BIEN ATTACHÉS

Choisissez vos lacets avec soin
Les lacets plats sont moins glissants que les lacets ronds (quoique ces derniers soient plus faciles à détacher lorsqu'ils sont mouillés).

Placez les extrémités à l'intérieur
Faites un double nœud à la boucle et glissez les extrémités de vos lacets sous l'entrecroisement du laçage.

Fixez vos lacets
Utilisez du ruban adhésif en toile autour du cou-de-pied afin de maintenir les lacets en place.

Gardez vos lacets humides
Aspergez vos lacets d'un peu d'eau après les avoir attachés. Vous augmenterez ainsi leur résistance et les empêcherez de glisser.

Quand remplacer vos chaussures ?

La plupart des chaussures de marche possèdent des semelles d'usure faites de fibres de carbone robustes qui peuvent être mises à rude épreuve. Ce sont cependant les semelles intercalaires compressibles, faites de mousse de polyuréthane ou d'éthylène-acétate de vinyle (EVA), qui sont les plus exposées à l'usure. Par conséquent, ce sont elles qui vous dictent à quel moment vous devez remplacer vos chaussures. Les semelles intercalaires ont essentiellement pour fonction d'absorber les chocs. Chaque fois que vos pieds frappent le sol, les semelles intercalaires se compriment et perdent un peu de leur élasticité. Les podiatres recommandent de changer les souliers de marche tous les 560 km (350 mi) environ. Donc, si vous faites 3 km (2 mi) par jour, cinq jours par semaine, vous devrez changer vos chaussures dans environ neuf mois. Si, toutefois, vous avez de l'embonpoint, vous devrez probablement remplacer vos souliers plus souvent, car la pression exercée sur les semelles intercalaires augmente avec le poids. Surveillez aussi tout signe d'usure, notamment les rainures effacées, les coutures brisées ou la doublure râpée.

Quel type de chaussures choisir ?

Il vaut mieux ne pas porter vos souliers d'entraînement habituels ou vos souliers de course pour marcher. Bon nombre de souliers de course ne sont pas assez flexibles et plient au niveau de la voûte plantaire plutôt qu'à l'avant-pied. Certains souliers d'entraînement ont des talons plutôt hauts. Les talons ne devraient pas dépasser de plus de 2,5 cm (1 po) le reste de la semelle. Évitez de porter des talons évasés, car ils empêchent le pied de bien se « dérouler » du talon jusqu'aux orteils.

Choisissez une chaussure ou une botte en fonction du terrain et des conditions météorologiques de l'endroit où vous êtes susceptible de marcher. Les noms des modèles peuvent varier selon le fabricant, mais les descriptions qui suivent donnent les caractéristiques de base.

■ **Les chaussures de marche.** Elles sont excellentes sur une surface plane ou nivelée comme celle que l'on trouve dans les villes, les parcs ou les centres commerciaux. Contrairement aux chaussures de randonnée destinées aux sentiers, les chaussures de marche conviennent mieux à la marche rapide, car leur tige ne dépasse pas la cheville, ce qui permet une flexion maximale du pied. Les semelles sont souvent légèrement recourbées, de façon que, si vous les placez sur une surface plane et appuyez sur les orteils, les talons lèvent. Cette courbure facilite le bon déroulement du pied du talon jusqu'aux orteils et aide à augmenter la longueur de la foulée ainsi que la vitesse de marche. Quant aux semelles intercalaires, elles sont légèrement matelassées pour assurer un plus grand confort sur les surfaces dures. Enfin, les tiges peuvent être faites de tissu souple ou de cuir.

■ **Les chaussures tout-terrain ou chaussures de marche d'approche.** Conçues pour la marche dans la nature, ces chaussures sont plus robustes que les souliers de marche pour la ville. Leurs semelles un peu moins flexibles protègent bien les pieds contre les sols

Des chaussures selon le terrain

a Les souliers de marche. Ils assurent flexibilité et confort sur les surfaces planes et nivelées.

b Les chaussures tout-terrain. Elles offrent une résistance et une bonne adhérence sur les sentiers.

c Les bottes de randonnée pédestre. Elles offrent un soutien solide et une protection sur tous les types de terrains difficiles.

d Les sandales de sport. Elles favorisent une aération maximale et assurent une bonne adhérence sur toutes sortes de terrains.

rugueux et leurs rainures plus prononcées assurent une meilleure traction. Certaines chaussures montent au-dessus de la cheville pour assurer un plus grand soutien. Recherchez des chaussures qui ont une membrane de Gore-Tex ou qui sont faites de cuir ; elles garderont vos pieds au sec.

■ **Les bottes de randonnée pédestre.** Ces bottes sont conçues pour la montagne, pour les terrains difficiles ainsi que pour des conditions humides. Dans les sentiers difficiles, en particulier si vous portez un sac à dos lourd, vous aurez besoin d'une botte rigide bien matelassée. Pour protéger vos chevilles, choisissez une botte qui monte au-dessus de la cheville et qui résiste bien à la torsion (c'est-à-dire qu'elle ne doit pas se tordre facilement d'un côté à l'autre). Pour des surfaces plus planes, choisissez des bottes qui montent à mi-cheville et qui présentent moins de résistance à la torsion ; vous bénéficierez ainsi d'une plus grande flexibilité. Les bottes de randonnée devraient avoir une semelle d'usure qui assure une bonne traction et posséder une semelle intercalaire robuste. Choisissez des bottes qui ont une tige en cuir ou en matière synthétique, des matériaux imperméables et dotés d'un pouvoir respirant.

■ **Les sandales de sport.** Ces sandales sont idéales pour marcher ou faire de la randonnée pédestre durant les journées très chaudes. Les sandales de sport de nouvelle génération offrent une bonne traction grâce à leurs semelles. Elles doivent être munies de courroies réglables (généralement trois) pour permettre un bon ajustement. Lorsque vous les essaierez, assurez-vous qu'il y a au moins 2,5 cm (1 po) d'espace entre le bout de la sandale et vos orteils pour empêcher que ceux-ci se heurtent contre le sol ou contre quelque objet.

Les chaussettes

Tout comme pour l'achat de souliers et de bottes, vous pouvez choisir des chaussettes conçues spécialement pour la marche. Pour la santé de vos pieds, il vaut mieux dépenser un peu plus pour des chaussettes qui répondent à vos besoins. Assurez-vous également d'acheter la bonne grandeur de chaussettes ; si elles sont trop serrées, elles comprimeront vos orteils et si elles sont trop grandes, elles feront des plis qui irriteront vos pieds.

Tenez compte de la température

Les chaussettes de marche les plus confortables présentent un bon équilibre respirabilité/épaisseur. Les chaussettes de sport faites de coton conviennent bien pour de courtes marches sur

Une doublure chaude

On peut porter des chaussettes qui servent de doublure sous des chaussettes de laine ou de molleton afin de créer une barrière qui retiendra la chaleur.

route, quand il ne fait ni chaud ni humide. Toutefois, les chaussettes faites d'un tricot en point de bouclette, qui favorise la circulation de l'air et donne un bon matelassage, demeurent le meilleur choix quant à l'équilibre recherché. En hiver, les chaussettes de laine sont un bon choix, car elles gardent les pieds au chaud même lorsqu'ils sont mouillés. Par contre, durant l'été, les chaussettes de laine sont beaucoup trop chaudes pour être confortables. Il existe cependant quantité de tissus synthétiques — qui peuvent être utilisés seuls ou combinés avec d'autres — qui sont parfaits en toute saison. Ainsi, les chaussettes faites de fibres de synthèse, comme le CoolMax, gardent vos pieds chauds par temps froid et les gardent frais par temps chaud. Par ailleurs, il faut penser aussi à la sensibilité aux odeurs de vos compagnons de route : un fil antimicrobien, qui est fait de fibres d'argent, possède des propriétés désodorisantes en plus d'augmenter la durée des chaussettes.

Certains randonneurs enfilent des chaussettes minces sans couture, faites de tissu synthétique ou de soie, sous leurs chaussettes de laine ou de molleton. Par temps froid, ces épaisseurs aident à conserver la chaleur en emprisonnant l'air chaud. Pour les temps pluvieux, vous pouvez acheter des chaussettes imperméables qui comportent une pellicule de Gore-Tex, ou une membrane semblable, intercalée. Cependant, ces chaussettes ne sont pas aussi confortables que les chaussettes ordinaires.

Les vêtements

Il n'est aucunement nécessaire de posséder une garde-robe remplie de vêtements pour la marche. Si vous choisissez des vêtements que vous pouvez superposer, vous n'en aurez besoin que d'un nombre limité pour toute l'année. Il vous faut les choisir en fonction de la température et de vos besoins et tenir compte des critères suivants : imperméabilité, protection contre le vent, respirabilité et liberté de mouvement.

Les parkas

Avec les chaussures, le parka est le vêtement le plus important que vous achèterez. Un parka imperméable et une doublure de molleton vous assureront un bon confort en toute saison. Portez le manteau extérieur lorsque le temps est pluvieux, la doublure quand il fait froid et les deux par temps froid et pluvieux. Beaucoup de bons parkas sont fabriqués de tissus ayant un pouvoir respirant (voir l'encadré à la page suivante), ce qui en fait un excellent choix pour un confort optimal. Il existe sur le marché des parkas qui comprennent une doublure de molleton amovible, mais vous pouvez aussi acheter les deux articles séparément.

Les gilets de molleton sont excellents pour les marcheurs, car ils sont chauds et, tout comme les parkas, ils protègent contre le vent. Le molleton est préférable à la laine : il est léger, sèche très rapidement et retient la chaleur même quand il est mouillé. Le molleton est offert en plusieurs densités. Il faut donc bien lire l'étiquette du fabricant pour vérifier si celui que vous désirez acheter répond à vos besoins. Un molleton plus dense offrira une meilleure protection contre le vent dans des conditions climatiques rigoureuses, alors qu'un molleton plus mince suffira pour des températures plus clémentes, tout en étant plus léger à porter et à transporter. Les parkas en version unisexe sont les plus populaires, mais il est également possible d'acheter des parkas pour hommes ou pour femmes — les manches des parkas pour hommes sont habituellement plus longues.

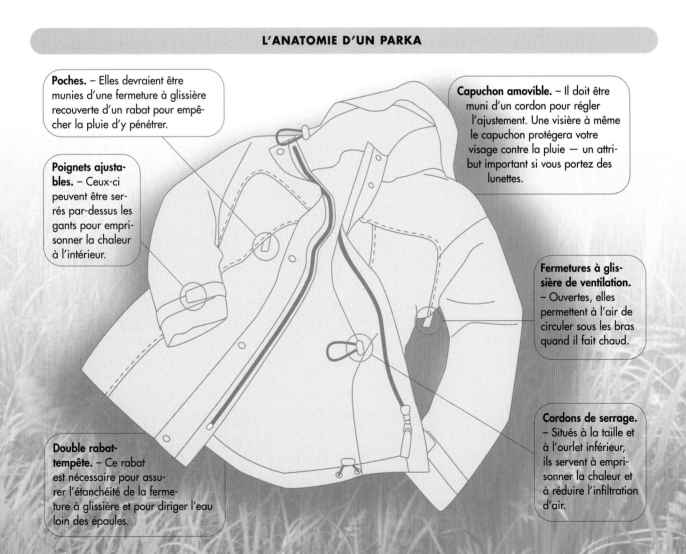

L'ANATOMIE D'UN PARKA

Poches. – Elles devraient être munies d'une fermeture à glissière recouverte d'un rabat pour empêcher la pluie d'y pénétrer.

Poignets ajustables. – Ceux-ci peuvent être serrés par-dessus les gants pour emprisonner la chaleur à l'intérieur.

Capuchon amovible. – Il doit être muni d'un cordon pour régler l'ajustement. Une visière à même le capuchon protégera votre visage contre la pluie — un attribut important si vous portez des lunettes.

Fermetures à glissière de ventilation. – Ouvertes, elles permettent à l'air de circuler sous les bras quand il fait chaud.

Cordons de serrage. – Situés à la taille et à l'ourlet inférieur, ils servent à emprisonner la chaleur et à réduire l'infiltration d'air.

Double rabat-tempête. – Ce rabat est nécessaire pour assurer l'étanchéité de la fermeture à glissière et pour diriger l'eau loin des épaules.

LA RESPIRABILITÉ ET L'IMPERMÉABILITÉ | Des explications

Durant une activité physique, on peut certes enlever des épaisseurs de vêtements pour ne pas avoir trop chaud. L'achat d'un parka « imper-respirant », c'est-à-dire qui est imperméable et qui permet à votre corps de « respirer », se révèle quand même une bonne idée. Des tissus comme les Gore-Tex, Sympatex, Hydroseal, Schoeller ou Dryskin possèdent ces caractéristiques. Bon nombre de ceux-ci comportent une membrane microporeuse qui recouvre l'envers du tissu extérieur, membrane dont les pores sont trop fins pour laisser pénétrer la pluie, mais assez grands pour permettre l'évaporation de la sueur. Certains tissus ont aussi une membrane séparée qui éloigne la transpiration de votre corps jusqu'à ce qu'elle s'évapore. Optez pour un parka ayant des fermetures à glissière aux aisselles, ce qui assure une plus grande circulation de l'air.

Les hauts

Pour marcher par tous les temps, vous avez besoin d'un vêtement de base et d'une épaisseur isolante. Par temps froid, l'air confiné entre ces deux vêtements maximise la chaleur et le confort. Les tee-shirts ou les hauts à manches longues faits de polyester ou d'autres tissus synthétiques qui évacuent la transpiration sont parfaits comme épaisseur de base. Les tricots d'aspect laineux ou les chandails de molleton constituent un bon isolant. Rappelez-vous qu'il vous est toujours possible d'enlever une épaisseur de vêtement si vous avez trop chaud.

Par temps chaud et sec, les chemises et les tee-shirts de coton vous garderont au frais et les hauts en tissu synthétique évacueront la sueur de votre peau. Recherchez des tissus offrant une protection contre les rayons ultraviolets.

Les pantalons

Il existe une variété de pantalons amusants qui arborent de nombreuses poches pour y glisser des gadgets. Les pantalons convertibles, dont les jambes se détachent grâce à des fermetures à glissière, vous offrent à la fois un short et un pantalon. Voilà qui est fort pratique pour les températures changeantes. Comme les jambes ont besoin de la même protection que le reste du corps, les tissus dont sont faits les pantalons doivent par conséquent posséder les mêmes qualités que les tissus des vêtements qui habillent le haut du corps. En été, privilégiez un pantalon de coton ou de tissu synthétique qui est léger, imper-respirant et qui protège contre les rayons ultraviolets. En hiver, optez pour un pantalon de molleton — ou fait d'autres tissus synthétiques — qui est chaud, qui sèche rapidement et qui est imperméable. Un surpantalon imperméable et qui ne laisse pas passer l'air est

utile par temps froid et pluvieux, et il est assez léger pour être transporté dans votre sac. La respirabilité est moins importante pour ce type de pantalon, car on peut l'aérer grâce aux poches à fermeture à glissière. Toutefois, le surpantalon doit être muni de fermetures à glissière latérales, qui vont du genou ou du mollet jusqu'à la cheville, pour que vous puissiez l'enfiler et le retirer sans avoir à vous déchausser. Il devrait aussi pouvoir être serré à la cheville pour empêcher la boue ou la neige de s'infiltrer et être assez long pour couvrir le haut de vos chaussures, tout en ne gênant aucunement vos mouvements.

Les guêtres offrent une grande protection à la partie inférieure de vos jambes et à vos chevilles quand vous marchez dans un sous-bois dense, dans la neige ou dans la boue. Elles sont imperméables et protègent votre pantalon contre les éclaboussures de boue et d'eau et contre la saleté projetée par le pied opposé.

Les sous-vêtements

Par tous les temps, vous voudrez porter des sous-vêtements fabriqués de tissus confortables et dotés d'un pouvoir respirant. Il existe de nombreux types de sous-vêtements faits de tissus synthétiques de marques connues, tels CoolMax, Ryovyl, Capilene ou Dryflo, qui évacuent l'humidité de votre peau pour vous garder bien au sec. Certains tissus sont aussi traités contre les mauvaises odeurs et les bactéries. Les tee-shirts à manches longues ou courtes et les combinaisons de fibre de soie synthétique se portent comme une seconde peau et vous gardent bien au chaud en hiver. Pour plus de protection, vous pouvez aussi vous procurer des caleçons munis d'un panneau qui s'oppose au passage du vent.

Pour les femmes, un bon soutien-gorge sport est essentiel. Celui que vous portez habituellement peut ne pas vous offrir le maintien dont vous avez besoin. Voici les critères à considérer pour l'achat d'un soutien-gorge sport :

■ **L'ajustement.** Assurez-vous que votre soutien-gorge sport vous aille parfaitement et qu'il maintienne bien votre poitrine, mais sans entraver votre respiration.

■ **Le maintien.** Les soutiens-gorges sport sont offerts soit avec des bonnets moulés qui donnent un maintien ferme, soit avec des bonnets qui aplatissent les seins en les comprimant près du corps. Les femmes à large poitrine devraient choisir ceux qui sont munis de bonnets moulés.

■ **Le tissu.** Choisissez un mélange composé d'au moins 50 % de coton et d'un tissu qui respire, comme le lycra. Certains soutiens-gorges sont doublés d'un tissu mèche sous la poitrine et les aisselles.

■ **Les bretelles.** Optez pour des bretelles larges et non extensibles qui ne creuseront pas votre peau et qui vous assureront un maintien maximal. Dans le dos, un large panneau en forme de Y empêche les bretelles de glisser.

Les accessoires

■ **Les gants.** Les gants de molleton sont parfaits contre le vent et l'humidité, car ils sèchent rapidement et permettent à vos paumes ainsi qu'à vos doigts de respirer. Des poignets à élastique ou à attache réglable aideront à conserver la chaleur. Des tissus synthétiques plus imperméables sont offerts pour les temps pluvieux. Les gants à doublure isolante retiendront davantage la chaleur. Par temps très froid, optez pour des mitaines; celles-ci sont plus chaudes que les gants, car elles réduisent la surface par où la chaleur est susceptible de se perdre.

■ **Les chapeaux.** Les chapeaux à large bord vous protègent grandement de la pluie et du soleil. De nombreux chapeaux sont conçus pour être écrasés, ce qui facilite leur rangement. La casquette saharienne est munie d'une large bande de tissu rattachée à l'arrière qui protège le cou et qui peut être repliée quand elle n'est pas nécessaire. La casquette de base-ball défie le temps; elle protège les yeux de la pluie et du soleil. Si le soleil vous chauffe trop le cou, portez un bandana sous votre chapeau et laissez-le traîner sur votre nuque.

■ **Les foulards.** Les foulards de laine conviennent parfaitement pour conserver votre chaleur. Toutefois, par temps pluvieux, la laine devient lourde et met trop de temps à sécher. Le molleton séchera rapidement et demeurera confortable. Pour un maximum de chaleur,

pliez votre foulard en deux et glissez les extrémités dans la boucle formée par le pli.

Pour transporter vos articles

Le choix d'une sacoche de ceinture ou d'un sac banane, d'un fourre-tout ou d'un sac à dos sera déterminé par la longueur de votre promenade et les articles que vous désirez apporter.

Les sacoches de ceinture ou les sacs banane

Ces petits sacs conviennent parfaitement pour de courtes promenades, lorsque vous n'avez besoin d'apporter qu'un casse-croûte, de l'eau et un parka léger. Recherchez une bonne ceinture confortable qui repose sur les hanches. Vous désirerez probablement aussi des articles facultatifs tels que des rubans réfléchissants, des poches ou des gaines pour bouteilles d'eau ou des sangles de compression. Les sacoches de ceinture et les sacs banane constituent un bon choix, car ils empêchent votre dos de devenir moite et laissent une pleine liberté de mouvement à vos bras; de plus, en raison

Placez les objets lourds sur le dessus
Gardez le centre de gravité de votre sac au niveau des épaules ou un peu plus haut, pour un meilleur équilibre.

de leur petite dimension, vous ne transportez que ce dont vous avez vraiment besoin.

Les sacs à dos de promenade

Ces sacs conviennent lorsque vous prévoyez marcher pendant quelques heures et que vous devez apporter de l'eau, une collation et peut-être un vêtement de rechange. Il est important de trouver un sac avec des sangles qui s'ajustent parfaitement sur vos épaules afin d'empêcher le sac de frotter ou de trop ballotter pendant que vous marchez. Sur certains sacs, le côté en contact avec le dos est fait d'un tissu ajouré, de sorte que le dos reste frais. Un sac à dos doté de poches multiples sera aussi très utile, en particulier si les pochettes se trouvent à l'extérieur, car vous pourrez y glisser les objets dont vous avez souvent besoin. Vous pouvez également vous procurer un sac avec système d'hydratation interne (voir page 132). Les prix pour les bons sacs à dos de promenade varient de 70 $ à 300 $, selon la qualité des matériaux et des coutures et selon le nombre de caractéristiques.

Les sacs à dos

Si vous faites une randonnée dans un endroit où vous devrez passer la nuit, vous aurez probablement besoin d'un sac à dos pour apporter vos vêtements et votre équipement. Les sacs à dos sont munis d'une armature soit externe, soit interne. Les sacs à dos à armature externe ne seront pas en contact direct avec votre dos et assureront une bonne aération. Toutefois, si vous devez marcher dans un endroit où votre équilibre est mis en jeu, une armature interne constitue un meilleur choix; le centre de gravité de ces sacs correspond davantage au vôtre. Les sacs à dos les plus coûteux comportent un système de sangles aux épaules qui peuvent être réglées pour un ajustement parfait. Tous les sacs à dos devraient avoir des bretelles matelassées de mousse et une ceinture lombaire rembourrée, puisque la charge sera presque entièrement répartie sur vos hanches et sur vos épaules.

L'ANATOMIE D'UN SAC À DOS DE PROMENADE

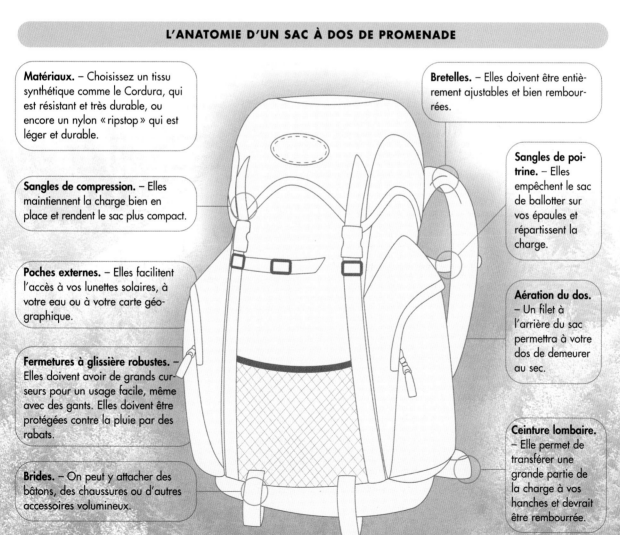

Matériaux. – Choisissez un tissu synthétique comme le Cordura, qui est résistant et très durable, ou encore un nylon « ripstop » qui est léger et durable.

Sangles de compression. – Elles maintiennent la charge bien en place et rendent le sac plus compact.

Poches externes. – Elles facilitent l'accès à vos lunettes solaires, à votre eau ou à votre carte géographique.

Fermetures à glissière robustes. – Elles doivent avoir de grands curseurs pour un usage facile, même avec des gants. Elles doivent être protégées contre la pluie par des rabats.

Brides. – On peut y attacher des bâtons, des chaussures ou d'autres accessoires volumineux.

Bretelles. – Elles doivent être entièrement ajustables et bien rembourrées.

Sangles de poitrine. – Elles empêchent le sac de ballotter sur vos épaules et répartissent la charge.

Aération du dos. – Un filet à l'arrière du sac permettra à votre dos de demeurer au sec.

Ceinture lombaire. – Elle permet de transférer une grande partie de la charge à vos hanches et devrait être rembourrée.

Choisir un contenant pour l'eau

Lorsque vous choisissez parmi les différents modèles de bouteilles, gourdes et sacs d'hydratation, vous devez prendre en considération des critères tels que le poids, le prix, la capacité et l'usage.

Organiser le contenu du sac à dos

Il est important de disposer vos articles correctement dans votre sac à dos, même si vous utilisez un grand sac à dos de promenade. Les objets les plus lourds, comme une paire de chaussures de rechange, devraient être placés dans le haut de votre sac et les objets plus légers, tels qu'un molleton, dans le bas. En équilibrant bien votre sac, vous pourrez vous tenir debout confortablement, sans fatiguer votre dos. Pour éviter toute coupure, placez toujours les objets qui ont des arêtes dures ou pointues de manière qu'ils soient éloignés de votre dos ou enveloppez-les dans un vêtement.

Les bouteilles, les gourdes et les sacs

Si vous marchez pendant plus de 45 minutes, vous ne devriez pas partir sans eau. En été, même en marchant lentement, votre corps peut perdre jusqu'à 2,5 l (2 pt) d'eau en quelques heures seulement.

Les bouteilles d'eau

Il existe deux principaux types de bouteilles d'eau: les bouteilles faites de plastique et les bouteilles faites de métal. Les bouteilles de plastique ou les bouteilles Nalgene sont simples, légères et presque indestructibles. Apportez-en une dans votre sac ou dans un porte-bouteille qui se fixe à votre ceinture. Si vous la placez dans votre sac, assurez-vous qu'elle est facilement accessible.

Les bouteilles de plastique peuvent toutefois laisser un arrière-goût désagréable. Les bouteilles de métal constituent une bonne solution de rechange. La plupart d'entre elles sont fabriquées d'alliages légers et, comme le métal est un excellent conducteur, elles gardent l'eau plus fraîche plus longtemps que les bouteilles de plastique de même dimension.

Les bouteilles isolantes

Les composants isolants de ces bouteilles gardent les liquides froids ou chauds. Il existe d'excellentes bouteilles isolantes compactes en acier inoxydable, mais elles ont le désavantage d'être assez lourdes. Cependant, par une journée froide d'hiver, une tasse de café fumant peut rendre fort acceptable le surplus de poids.

Les sacs et autres systèmes d'hydratation

Un sac d'hydratation est une sorte de poche que vous attachez à votre taille ou que vous portez sur votre dos. Un tuyau de plastique part de la poche et se rend à votre bouche en passant par-dessus votre épaule. Il existe aussi des poches d'hydratation de plastique conçues pour être insérées dans un sac et qui fonctionnent de la même manière. Certaines sacoches de ceinture sont suffisamment grandes pour loger une poche d'eau ou en sont déjà dotées.

Ces contenants constituent tous un bon choix pour de longues randonnées, car ils ont une plus grande capacité que les bouteilles d'eau ordinaires, pouvant contenir de 1,8 à 2,5 l (de 60 à 90 oz) de liquide. Ils favorisent aussi une meilleure hydratation, car vous pouvez prendre fréquemment de petites gorgées plutôt que de prendre de grandes gorgées à l'occasion, comme c'est le cas lorsque votre bouteille d'eau est placée dans votre sac à dos et qu'il vous faut vous arrêter pour boire.

Les systèmes de filtration portables

Si vous désirez de l'eau fraîche lorsque vous marchez et que vous préférez ne pas trop vous charger, le système de filtration portable se révèle providentiel pour vous. Les systèmes de filtration portables s'adaptent à la plupart des bouteilles d'eau ou sont munis d'un tuyau d'apport, fait de plastique, qui est très polyvalent. La plupart de ces filtres retiennent une variété de virus, de bactéries et de protozoaires. Toutefois, vous devriez vérifier si le filtre que vous achetez convient à la région où vous irez marcher — l'eau de cette région peut contenir des micro-organismes ou des métaux lourds que votre filtre ne peut retenir.

Les accessoires facultatifs

Les accessoires examinés jusqu'ici constituent les principaux articles utilisés pour la marche en général. Voici quelques gadgets qui sauront vous plaire selon le type de marche que vous pratiquez.

Les cartes géographiques

Une carte géographique est extrêmement importante si vous dirigez un groupe ou si vous marchez dans un endroit qui ne vous est pas familier. D'ailleurs, même dans un endroit que vous connaissez bien, une carte peut vous être utile pour découvrir de nouvelles routes et pour évaluer les distances. Vous obtiendrez des cartes détaillées dans les bureaux d'information touristique et dans les librairies. Essayez de trouver une carte à la plus grande échelle possible, par exemple une carte à l'échelle de 1/25 000. Bien qu'il existe des cartes laminées ou faites d'un papier robuste, l'achat d'un étui à carte que vous utiliserez par mauvais temps est à considérer. Les étuis de plastique souples sont préférables aux étuis rigides, car vous pouvez les plier pour les ranger et ils sont plus faciles à utiliser.

Les curvimètres

Les curvimètres servent à mesurer les distances. Ils sont particulièrement utiles pour planifier une marche de groupe. Ils existent en version électronique et mécanique. Pour les utiliser, vous les faites simplement rouler, sur la carte, le long du tracé que vous voulez suivre, dans l'une ou l'autre direction, et vous obtenez la distance à parcourir. Vous pouvez ainsi lire des tracés en forme de courbe ou en ligne droite. Avec un curvimètre électronique, vous pouvez aussi calculer le temps prévu. La plupart des modèles comprennent une variété d'échelles, de sorte qu'il vous suffit de régler votre curvimètre pour qu'il corresponde à l'échelle de votre carte. Toutefois, ne vous fiez pas à ces appareils pour obtenir des données très précises, car il est difficile de les faire rouler parfaitement sur un tracé. Ils ne devraient donc servir qu'à vous donner un aperçu de la distance.

Les moniteurs de fréquence cardiaque

Auparavant, les moniteurs de fréquence cardiaque étaient des « machins » fort encombrants, mais les appareils récents de haute technologie sont petits et légers. On distingue deux types de moniteurs : les modèles photo-optiques et les modèles électrocardios, lesquels sont plus exacts (voir page 144). Les moniteurs de fréquence cardiaque se vendent entre 100 $ et 500 $ ou davantage. Les caractéristiques qu'il faut rechercher sont, notamment, un chronomètre, une mémoire et un affichage des calories brûlées. Les plus coûteux peuvent même comporter un haut-parleur qui vous avertit si vous devez accélérer l'allure. Choisissez un modèle muni de gros chiffres de sorte que vous puissiez les lire facilement en marchant.

LE FONCTIONNEMENT DU SYSTÈME MONDIAL DE POSITIONNEMENT (GPS) Des explications

Le récepteur GPS portable, qui est à peu près de la taille d'un téléphone cellulaire, est devenu un instrument populaire auprès des marcheurs. Le GPS fonctionne en captant les signaux émis par un satellite en orbite autour de la Terre, qui sont transférés à un cadran. Lorsque vous mettez l'appareil en marche, vous obtenez une grille de référence que vous pouvez comparer avec votre carte géographique. Vous pouvez également programmer votre GPS à l'aide de cartes de la région en question. De nombreux modèles retracent les routes que vous avez parcourues et vous donnent votre vitesse moyenne ainsi que diverses autres informations, notamment l'altitude et les heures du lever et du coucher du soleil. Toutefois, ces systèmes sont coûteux, leur prix variant de 500 $ à 900 $ ou davantage. Comme les données du GPS peuvent être inexactes si vous perdez contact avec le satellite, la plupart des marcheurs considèrent le GPS comme un appareil complémentaire et non comme un appareil qui remplace la boussole.

Mesurer un trajet

*Si vous êtes chef de groupe, le curvimètre vous sera
utile pour évaluer la distance d'un trajet et
le temps requis pour l'effectuer.*

Les podomètres et les accéléromètres

Ces petits instruments, qui fonctionnent à pile, mesurent la
distance que vous parcourez, le nombre de pas que vous
faites, votre vitesse moyenne et aussi le nombre de calories
que vous brûlez. Ces mesures se fondent sur la longueur de
votre foulée, que vous devez calculer lorsque vous utilisez le
podomètre pour la première fois (voir l'encadré ci-dessous).
Leur prix est de 40 $ à 240 $. Les appareils les plus coûteux
sont dotés d'une panoplie de gadgets supplémentaires
— comme une radio intégrée — et vous devez vous demander
si vous avez vraiment besoin de ceux-ci. En fait, il vaut mieux

investir votre argent dans un appareil plus sensible, car les
lectures sont parfois inexactes et dépendent du terrain où
vous marchez. Les podomètres fonctionnent mieux sur les
terrains plats, lorsque la foulée est constante. En effet,
comme la longueur de votre foulée varie lorsque vous montez ou descendez des pentes escarpées, les données man-
quent de précision.

Tout comme les podomètres, les accéléromètres peuvent
mesurer la distance que vous parcourez, votre vitesse de
marche et le nombre de calories que vous brûlez. Ces appareils mesurent la vitesse à laquelle vous marchez au moyen
d'un capteur de mouvement que vous attachez à votre soulier. Les informations enregistrées sont affichées sur l'écran
d'une montre fixée à votre poignet.

Les bâtons de marche

Spécialement conçus pour les marcheurs, les bâtons de marche (ou les bâtons de trekking) légers faits d'aluminium, de
fibre de verre ou de titane sont devenus très populaires ces
dernières années. Leur principal avantage est d'ajouter de
l'intensité à votre marche, en sollicitant les muscles de vos
épaules, de votre dos et de votre poitrine, ce qui en fait un
exercice complet qui vous fait brûler plus de calories et augmente votre tonus musculaire. En outre, les bâtons de marche
enlèvent beaucoup de pression sur vos genoux, surtout
durant une descente. Ils sont merveilleux si vous avez des
problèmes aux articulations ou souffrez d'arthrite légère. Un
seul bâton de marche peut certes vous offrir une aide pré-
cieuse, mais les bâtons sont beaucoup plus efficaces lorsqu'on
les utilise en paire. Quand vous choisissez des bâtons pour la
marche, prêtez attention aux caractéristiques suivantes :

■ **L'ajustement (bâtons télescopiques).** La plupart des
bâtons possèdent deux ou trois sections qui vous per-

PROGRAMMATION DU PODOMÈTRE ▶▶▶▶▶▶▶▶▶▶▶

Tout d'abord, vous devez mesurer
une courte distance, puis la franchir
en comptant vos pas. Divisez ensuite
la distance par le nombre de pas.
Par exemple, si la distance est de
8 m (26 pi) et que vous avez fait
8 pas, la longueur de votre foulée
sera de 1 m (3 pi 3 po). Calibrez
votre podomètre avec cette donnée (**a**),
puis accrochez-le à votre ceinture (**b**).
Vous êtes alors prêt à vous en servir.

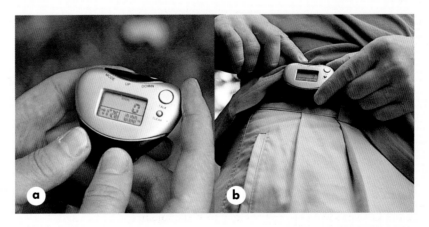

mettent d'en ajuster la longueur — de 0,75 à 1,4 m (de 30 à 55 po) — en fonction de votre taille. La plage des ajustements possibles est particulièrement importante si vous êtes petit ou très grand. Une personne mesurant 1,91 m (6 pi 3 po) aura besoin d'ajuster ses bâtons à environ 1,27 m (50 po) pour monter une pente, et devra les allonger davantage pour la descente afin que son poids soit transféré des jambes et du bas du dos vers le haut du corps. C'est pourquoi il n'est pas recommandé d'utiliser des bâtons de marche dont la longueur est fixe.

- **Le poids.** Les bâtons de marche parfaits sont ceux qui sont à la fois légers et robustes. Les meilleurs bâtons, et les plus populaires, sont donc les bâtons d'aluminium, d'alliage d'aluminium, de titane ou de fibre de carbone.

- **L'antichoc.** Beaucoup de bâtons de marche sont munis d'un système antichoc pour diminuer la tension sur les articulations de la main, du coude et de l'épaule.

- **Les poignées et dragonnes.** Les poignées ergonomiques en angle sont conçues pour épouser la forme de la main. Habituellement, les poignées sont fabriquées de caoutchouc ou de liège. Ce dernier matériau a l'avantage d'empêcher d'avoir les paumes en sueur. Les dragonnes (sangles de poignet) sont souvent doublées d'un tissu doux pour plus de confort et dotées d'une boucle à déclenchement rapide qui vous permet de régler leur ajustement sans retirer vos gants.

- **Un encombrement minimal.** Assurez-vous que vos bâtons de marche se raccourcissent assez pour que vous puissiez les insérer dans votre sac à dos ou les attacher à l'extérieur de celui-ci — la plupart des bâtons peuvent se raccourcir à une longueur de 60 à 75 cm (24 à 30 po).

- **Les pointes et rondelles.** Sur les terrains naturels et sur les sols rocailleux en particulier, les pointes métalliques de carbure de tungstène sont les meilleures. Celles qui sont faites de caoutchouc sont utilisées sur les routes. Certains modèles combinent les deux matériaux : un embout de caoutchouc recouvre la partie métallique. Les pointes peuvent recevoir des rondelles de différentes grandeurs qui empêchent les bâtons de s'enfoncer trop profondément dans le sol. Sur un terrain meuble, choisissez de larges rondelles de 9 cm (3 ½ po) de diamètre, qui vous permettent de répartir votre poids sur une plus grande surface.

- **Le prix.** Les bâtons de marche se vendent par paire, entre 120 $ et 300 $. Les modèles les plus dispendieux

sont ajustables en longueur et comprennent un système antichoc, des pointes qui combinent métal et caoutchouc, ainsi que des dragonnes rembourrées. Les modèles les moins chers sont souvent de longueur fixe et n'offrent pas autant d'éléments de confort.

Les cannes

La canne est un accessoire qui a la faveur populaire et qui est excellente pour marcher à proximité de chez vous. Les cannes sont offertes avec deux types de poignées : les poignées de type cambrure, qui sont incurvées, et les poignées de type soutien, qui sont droites. Toutefois, ce sont les tiges qui supporteront l'ensemble de votre poids. Vous devez donc vous assurer que ces dernières sont suffisamment robustes. La canne facilite votre propulsion de la même manière que les bâtons de marche. Elle peut donc vous aider à marcher plus longtemps et plus vite. Recherchez une canne ayant un embout de caoutchouc ; il vous empêchera de glisser, en particulier en terrain humide.

Marcher de façon plus sécuritaire
Il est facile de perdre pied lorsqu'on marche en terrain raboteux ou lorsqu'on descend une pente. Une canne ou des bâtons de marche vous aideront à garder l'équilibre.

LES PROGRAMMES
DE MARCHE

Comment évaluer votre condition physique pour vous préparer à suivre un programme de marche et choisir parmi divers programmes celui qui vous conviendra le mieux.

SE FIXER **DES OBJECTIFS**

La meilleure façon de se motiver et de rester motivé consiste à se fixer des objectifs. Ce chapitre vous aidera à déterminer les objectifs qui sont les plus adéquats pour vous et vous fera également voir comment ceux-ci peuvent vous inciter à respecter votre programme de marche.

Pourquoi avez-vous décidé de lire ce livre ? Vous en a-t-on fait cadeau ? Votre médecin vous a-t-il recommandé de faire plus d'exercice physique ? Souhaiteriez-vous perdre du poids ? Si vous avez répondu par l'affirmative à l'une de ces questions, il n'en tient plus qu'à vous d'établir vos propres objectifs. Il se peut que votre conjoint, un ami ou un proche parent se soucie de votre santé cardiaque. Et vous, que pensez-vous de tout cela ? Même si vous croyez que c'est une bonne idée, faire baisser votre tension artérielle n'est peut-être pas ce qui vous incitera à passer à l'action. Il se peut que la seule pensée de pouvoir enfiler de nouveau vos vieux jeans devenus trop petits vous motive davantage. Quel que soit l'objectif que vous vous fixez, assurez-vous que vous y attachez de l'importance, autrement il ne vous apportera pas la motivation nécessaire pour commencer un programme de marche et pour le suivre assidûment.

Des objectifs réalistes

Qu'espérez-vous retirer de votre exercice de marche ? Est-ce que vos objectifs sont réalistes ? Vous pourrez prendre part à un marathon le jour de votre prochain anniversaire de naissance si vous êtes déjà en bonne condition physique et que votre date d'anniversaire n'est pas rapprochée. S'il ne vous reste qu'un seul mois pour vous entraîner et que vous n'êtes pas en forme, le projet est irréaliste. De la même façon, si vous êtes de petite taille, mais large de carrure, vous n'aurez jamais l'apparence d'un mannequin vedette. Toutefois, la marche peut affiner votre silhouette, vous donner un meilleur teint et améliorer votre santé cardiaque. Soyez réaliste dans vos attentes et fixez vos objectifs d'après vos capacités. Vos chances d'atteindre vos objectifs seront alors bien meilleures.

Faire la route avec optimisme est bien plus valorisant qu'arriver à destination, car la véritable réussite réside dans le travail.

ROBERT LOUIS STEVENSON

Changer sa façon de vivre

Pour atteindre progressivement vos objectifs, vous pouvez utiliser d'autres moyens que la marche seule. Ainsi, si vous marchez en ayant pour objectif de maigrir, modifiez également vos habitudes alimentaires. Préparez-vous des repas pauvres en gras et ayez en vue une perte de poids sur une base hebdomadaire.

Avancer pas à pas

Si vous vous fixez un but général à long terme, il ne sera pas suffisamment motivant. En visant de petits objectifs plus précis, vous sentirez que vous avancez un pas à la fois dans la bonne voie et que vous êtes toujours motivé à marcher. Si votre but est d'augmenter votre vitesse et que vous mettez 20 minutes pour parcourir 1,6 km (1 mi), essayez d'écourter votre marche d'une minute tous les deux mois. Vous pouvez aussi dépasser vos capacités en ajoutant d'autres petits objectifs, comme marcher aussi vite que possible pendant 30 minutes chaque semaine. Si vous désirez perdre du poids, un objectif de 12 kg (24 lb) risque de vous paraître bien décourageant. Essayez plutôt de perdre 0,5 kg (1 lb) par semaine, ce qui se traduira par 24 petites victoires chaque semaine ! Notez vos progrès dans un journal de bord ou sur une fiche de rendement (voir pages 182 et 183). Inscrivez également les objectifs que vous visez et accordez-vous une récompense pour chaque étape franchie.

Des objectifs complémentaires

Il vous faut accepter que les choses ne se déroulent pas toujours comme vous l'aviez prévu. Par exemple, si vous avez maigri régulièrement durant quelques semaines et qu'un jour vous montez sur le pèse-personne et constatez que vous avez repris du poids malgré tous vos efforts pour observer un régime alimentaire rigoureux, vous serez extrêmement déçu. Cela ne signifie pas pour autant que votre programme est inefficace (voir les pages 158 à 161 au sujet de la perte de poids). En vous fixant des objectifs complémentaires — comme réduire votre tour de taille si votre premier objectif est de perdre du poids ou diminuer votre fréquence cardiaque si votre premier objectif est d'augmenter votre vitesse de marche —, vous aurez la satisfaction d'avoir atteint plus l'un de ceux-ci, même si vous en avez raté un autre.

Il peut arriver que vous ayez à changer vos objectifs. Par exemple, si vous trébuchez et que vous vous faites une entorse ou si, parce que votre patron est tombé malade, vous devez travailler jusqu'à 60 heures par semaine, il vous faudra définir un objectif intermédiaire qui vous gardera aligné sur votre objectif principal. Vous pouvez alors essayer d'adapter votre stratégie. Par exemple, si vous désirez perdre du poids et que, pour une raison ou une autre, vous vous trouvez tout à coup dans l'impossibilité de marcher, tâchez d'éliminer les matières grasses de votre alimentation jusqu'à ce que vous puissiez marcher de nouveau. Vous pouvez également réévaluer vos objectifs en relation avec votre calendrier. Ainsi, si la date de votre marathon approche et que vous n'êtes pas prêt, choisissez plutôt de faire un demi-marathon.

Les trucs du marcheur expérimenté

GARDEZ VOTRE OBJECTIF BIEN EN VUE

Écrivez votre objectif
Le simple fait de formuler votre objectif sur papier le rendra plus concret.

Affichez votre objectif bien en vue
Choisissez un endroit bien en vue pour afficher votre objectif, de manière que vous le voyiez tous les jours. Collez votre feuille sur le miroir de votre salle de bains, sur le réfrigérateur ou sur le tableau de bord de votre voiture.

Faites-vous un calendrier
Fixez-vous des objectifs précis. Vous pouvez ainsi vouloir augmenter votre vitesse d'un pourcentage donné chaque mois ou encore vouloir perdre 0,5 kg (1 lb) chaque semaine.

Consignez tous vos progrès
Prenez en note tous vos progrès — en ce qui a trait à la distance parcourue et au temps mis pour la franchir — ou faites-vous un tableau que vous remplirez de façon assidue.

Accordez-vous une récompense
Quand vous atteignez un objectif ou réussissez à franchir une étape, accordez-vous une récompense ; ce peut être simplement d'aller au cinéma, de vous prélasser dans votre bain ou de vous abandonner aux mains expertes d'un massothérapeute. Si vous désirez perdre du poids, évitez les récompenses sous forme de nourriture.

SE PRÉPARER À SUIVRE **UN PROGRAMME**

Vous devez connaître votre condition physique avant de planifier l'entraînement dont vous aurez besoin pour l'améliorer. Vous pourrez ensuite utiliser cette référence pour prendre toute la mesure du travail accompli. Cette section présente deux procédés d'évaluation de la condition physique et explique en quoi consiste l'intensité de l'exercice, c'est-à-dire l'effort que vous devriez fournir au cours de votre exercice.

Les deux principales raisons pour lesquelles les gens se mettent à faire de l'exercice sont qu'ils veulent améliorer leur santé cardiaque ou perdre du poids. Mieux vous comprenez les implications de votre condition physique sur ces deux plans, plus vous avez à cœur d'atteindre vos objectifs. Faites d'abord les tests décrits ci-après pour évaluer votre condition physique actuelle. Les résultats serviront à déterminer le programme que vous pourrez suivre. Des évaluations ultérieures vous permettront de constater vos progrès et, lorsque vous aurez terminé votre programme, vous donneront une mesure de votre succès. Photocopiez le journal de bord et la grille de santé personnelle qui sont présentés aux pages 182 et 183; ils vous seront utiles pour consigner vos données au fur et à mesure que vous progressez. Vous pouvez également créer vos propres tableaux en fonction des objectifs que vous poursuivez.

Outre l'amélioration de la santé cardiaque et la perte de poids, la marche procure d'autres bienfaits. En plus des évaluations concernant votre cœur et votre poids, vous voudrez peut-être aussi évaluer votre flexibilité, votre force ou votre équilibre (voir pages 178 à 181). Si vous ne souhaitez pas évaluer votre condition physique et préférez marcher pour le seul plaisir de marcher, eh bien, allez-y! Après tout, il n'y a pas que la forme physique qui compte dans une approche de santé globale.

Vous voulez en savoir plus ?

Les autoévaluations vous fournissent des renseignements sur votre forme physique à titre indicatif. Toutefois, si vous désirez en savoir plus, demandez l'aide d'un professionnel de l'activité physique. Votre gymnase local possède tout l'équipement nécessaire pour évaluer votre condition physique de manière plus précise que ne le font les autoévaluations.

Mesurer un parcours
Pour le test sur piste, il vous faudra déterminer votre parcours. Pour le mesurer de façon précise, utilisez l'odomètre de votre bicyclette. Réglez-le d'abord à zéro et parcourez la distance voulue.

Évaluer votre fréquence cardiaque

Notre longévité et notre qualité de vie sont déterminées par notre santé cardiovasculaire. Il est possible d'évaluer sa santé cardiovasculaire à la maison. Au repos, le cœur d'un adulte pompe en moyenne 5 l (4½ pt) de sang chaque minute dans tout le corps et la fréquence cardiaque est de 72 battements par minute (bpm). Plus notre cœur est fort et en santé, plus la quantité de sang pompé est grande. La différence entre la fréquence cardiaque au repos d'une personne qui n'est pas en bonne condition physique et celle d'une personne qui est en bonne condition physique se manifeste ainsi : le cœur d'une personne qui n'est pas en bonne forme bat de 80 à 90 bpm, tandis que celui d'une personne en bonne forme bat de 50 à 60 bpm pour répondre aux besoins de l'organisme. Certains médicaments influent également sur la fréquence cardiaque (voir page 145).

Pour évaluer votre forme physique, prenez votre pouls selon la méthode décrite dans l'encadré ci-dessous. Assurez-vous de rester assis tranquille pendant au moins 10 minutes avant de prendre votre pouls ; cela permettra à votre cœur de revenir à sa fréquence au repos. Inscrivez cette donnée, puis refaites le même test après avoir marché durant trois mois. Vous devriez alors constater une amélioration.

LA SÉCURITÉ D'ABORD

Le but de l'activité physique est de vous faire du bien, non d'aggraver un problème existant. Si vous souffrez d'une maladie cardiaque ou de maux de dos, ou si vous avez répondu oui à l'une des questions de la page 97, demandez à votre médecin si votre état vous permet de faire de l'exercice. Par ailleurs, si, pendant ou après votre marche, vous avez des douleurs à la poitrine, au cou ou au bras gauche, ou si vous éprouvez l'un de ces symptômes : souffle court, étourdissements, nausées, arrêtez de marcher et consultez votre médecin.

Le test sur piste

Quand vous faites de l'exercice, vos muscles demandent plus de carburant, c'est-à-dire plus d'oxygène, et votre cœur bat plus rapidement pour répondre à la demande. Pour mesurer la capacité de votre cœur à l'effort, faites le test présenté à la page suivante. Avant de commencer l'exercice, exercez-vous à trouver un point de pouls et à prendre votre pouls (voir l'encadré ci-dessous).

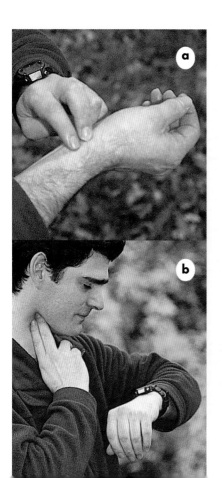

PRENDRE VOTRE POULS ⟫⟫⟫   ⟫⟫⟫

Vous aurez besoin d'une montre munie d'une trotteuse ou d'un compte-secondes. Placez votre index et votre majeur à l'intérieur de votre poignet, près de la base du pouce (**a**). Appuyez doucement et vous sentirez votre pouls. N'employez pas votre pouce, car ce doigt est aussi un point de pouls. En vous servant de votre montre, comptez le nombre de pulsations pendant 15 secondes. Multipliez ce nombre par quatre et vous obtiendrez votre fréquence cardiaque en bpm.

Vous pouvez aussi prendre votre pouls dans le cou. Il est plus facile à repérer et les pulsations sont plus fortes, en particulier après un effort physique. Appuyez doucement votre index et votre majeur sous l'os de la mâchoire, un peu en avant de votre oreille (**b**). N'appuyez pas trop fort, car cela pourrait modifier votre fréquence cardiaque. Comptez les battements pendant 15 secondes et multipliez le nombre par quatre pour connaître votre fréquence cardiaque.

Pour faire ce test, il vous faudra :

■ être capable de prendre votre pouls ;

■ utiliser un chronomètre ou une montre munie d'une trotteuse ;

■ établir un parcours de 1,6 km (1 mi).

Déterminez d'abord votre parcours. La surface devrait de préférence être plane, pavée ou gazonnée. Mesurez 1,6 km (1 mi) le plus précisément possible, à l'aide de l'odomètre de votre automobile ou de votre vélo, ou encore en vous servant d'une carte à grande échelle. Vous pouvez aussi utiliser le couloir intérieur d'une piste d'athlétisme, dont la longueur standard est de 400 m (¼ de mi), et faire quatre tours de piste.

Faites un échauffement de 5 à 10 minutes (voir pages 36 et 37). Si vous n'avez pas fait d'exercice depuis longtemps, échauffez-vous plus longtemps. Quand vous êtes prêt, actionnez votre chronomètre ou prenez note de l'heure. Marchez aussi vite que vous le pouvez sans vous épuiser.

Après avoir effectué votre parcours, notez combien de temps vous a été nécessaire, puis comptez vos pulsations durant 15 secondes et calculez votre fréquence cardiaque en bpm. Si vous n'effectuez pas tout le parcours, ne vous en faites pas : au fur et à mesure que votre condition physique s'améliorera, vous parviendrez à faire entièrement le parcours. Reportez-vous maintenant au tableau ci-dessous. Référez-vous à la section qui convient selon votre sexe, votre groupe d'âge et la fréquence cardiaque qui se rapproche le plus de la vôtre. Comparez ensuite votre temps de marche avec les temps indiqués dans les colonnes A et B.

▶ Si votre temps est égal ou supérieur à celui de la colonne A, vous n'êtes pas en bonne condition physique.

▶ Si votre temps se situe entre celui de la colonne A et celui de la colonne B, votre condition physique est moyenne.

▶ Si votre temps est égal ou supérieur à celui de la colonne B, vous êtes en excellente condition physique.

L'interprétation des données

Le test sur piste vous indiquera l'état de votre condition physique sur le plan aérobie. Il s'agit de comparer la fréquence cardiaque avec le temps pris pour effectuer le parcours. Le test est bien plus précis que le simple chronométrage d'une marche sur une distance donnée. Supposons, par exemple, que deux hommes de 47 ans parcourent 1,6 km (1 mi) à pied en 17 minutes et qu'à la fin la fréquence cardiaque de l'un est de 160 bpm et celle de l'autre, de 130 bpm : on pourra en conclure que ce dernier est en meilleure forme physique.

Prenez note du temps que vous avez mis à effectuer le parcours et de votre fréquence cardiaque. Refaites le test tous les trois mois pour vérifier vos progrès. Si vous le refaites plus souvent, vous ne verrez peut-être pas de changements significatifs. Si vous prenez le même temps pour effectuer le parcours, votre fréquence cardiaque a peut-être diminué. Ou peut-être avez-vous la même fréquence cardiaque, mais il vous faut moins de temps pour effectuer le parcours. Dans les deux cas, votre condition physique s'est améliorée.

VOTRE CŒUR EST-IL EN FORME ?

Âge		20 à 29 ans		30 à 39 ans		40 à 49 ans		50 à 59 ans		60 ans et plus	
		A	B	A	B	A	B	A	B	A	B
HOMMES Fréquence cardiaque (bpm)	110	20:57	19:08	19:46	17:52	19:15	17:20	18:40	17:04	18:00	16:36
	120	20:27	18:38	19:18	17:24	18:45	16:50	18:12	16:36	17:30	16:06
	130	20:00	18:12	18:48	16:54	18:18	16:24	17:42	16:06	17:01	15:37
	140	19:30	17:42	18:18	16:24	17:48	15:54	17:18	15:36	16:31	15:09
	150	19:00	17:12	17:48	15:54	17:18	15:24	16:48	15:06	16:02	14:39
	160	18:30	16:42	17:18	15:24	16:48	14:54	16:18	14:36	15:32	14:12
	170	18:00	16:12	16:54	14:55	16:18	14:25	15:48	14:06	15:04	13:42

Comprendre ce qu'est l'intensité

Si vous parcourez une plus grande distance, si vous marchez plus souvent ou plus longtemps, votre exercice sera plus profitable. Mais si vous voulez améliorer rapidement votre forme physique, il vous faudra fournir un effort plus intense ; à cette fin, vous pouvez soit augmenter votre vitesse, soit solliciter vos bras, ou marcher sur des terrains variés (voir pages 44 à 53). Il est possible de mesurer l'intensité de votre marche et de comparer les résultats d'une fois à l'autre. Voilà qui est utile lorsque vous suivez un programme de marche.

Techniquement parlant, l'« intensité de l'exercice » a trait à la quantité d'oxygène que les muscles utilisent à l'effort : plus ils travaillent fort et plus ils ont besoin de carburant ; plus ils ont besoin de carburant et plus il leur faut d'oxygène pour brûler les graisses. Étant donné qu'il existe un lien direct entre la quantité d'oxygène utilisée par le corps et la rapidité à laquelle le cœur bat, on mesure habituellement l'intensité de l'exercice par la fréquence cardiaque. Il n'est toutefois pas nécessaire de recourir à des procédés techniques compliqués pour mesurer l'intensité. Même si vous pouvez utiliser un moniteur de fréquence cardiaque (voir page 144), vous pouvez aussi prendre votre pouls manuellement ou vous servir de votre jugement pour évaluer votre effort physique. Il est important d'effectuer ces vérifications quand vous marchez, car si votre effort n'est pas assez intense, votre condition physique ne s'améliorera pas beaucoup ; à l'inverse, si vous fournissez un trop grand effort, vous vous fatiguerez rapidement et ne retirerez pas les bienfaits escomptés de votre exercice.

Augmenter l'intensité de l'exercice
Monter une pente ajoute une résistance, ce qui fait travailler davantage les muscles de vos jambes. Le fait de varier vos trajets rend en outre vos marches plus attrayantes.

		Âge	20 à 29 ans		30 à 39 ans		40 à 49 ans		50 à 59 ans		60 ans et plus	
			A	B	A	B	A	B	A	B	A	B
FEMMES	**Fréquence cardiaque (bpm)**	110	19:36	17:06	18:21	15:54	18:05	15:38	17:49	15:22	17:55	15:33
		120	19:10	16:36	17:52	15:24	17:36	15:09	17:20	14:53	17:24	15:04
		130	18:35	16:06	17:22	14:54	17:07	14:41	16:51	14:24	16:57	14:36
		140	18:06	15:36	16:54	14:30	16:38	14:12	16:22	13:51	16:28	14:07
		150	17:36	15:10	16:26	14:00	16:09	13:42	15:53	13:26	15:59	13:39
		160	17:09	14:42	15:58	13:30	15:42	13:15	15:26	12:59	15:30	13:10
		170	16:39	14:12	15:28	13:01	15:12	12:45	14:56	12:30	15:04	12:42

LES MONITEURS DE FRÉQUENCE CARDIAQUE

Des explications

Au lieu de prendre votre pouls manuellement, vous pouvez utiliser un appareil électronique comme un moniteur de fréquence cardiaque. Il existe deux principaux types de moniteurs. Les moniteurs photo-optiques peuvent s'attacher au lobe de l'oreille ou à l'extrémité d'un doigt ; ils émettent une lumière infrarouge qui passe à travers la peau pour mesurer la quantité de sang qui circule dans vos vaisseaux sanguins. Cette donnée est acheminée à un écran numérique. Malheureusement, les variations de la lumière du jour ainsi que le mouvement du capteur peuvent donner une mesure inexacte. Les moniteurs électrocardios sont dotés d'une sangle de poitrine, d'un émetteur et d'un récepteur semblable à une montre. Ils mesurent l'activité électrique de votre cœur à l'aide d'un signal radio. Les données qu'ils fournissent sont habituellement plus précises que celles des moniteurs photo-optiques. Pour les femmes qui trouvent qu'il est difficile de maintenir la sangle de poitrine en place, il existe des émetteurs qui peuvent être fixés à l'intérieur de certains modèles de soutiens-gorges sport.

Les effets de l'effort physique

Parfois, les gens délaissent l'activité physique parce qu'ils n'aiment pas transpirer et s'essouffler. Si votre style de vie est plutôt sédentaire, vous n'avez sans doute pas l'habitude de sentir l'accélération de votre respiration et des battements de votre cœur, et ces changements physiques vous incommodent peut-être. Or ce sont précisément ces battements rapides et plus forts du cœur et cette respiration accélérée et plus profonde qui amélioreront votre condition physique. Pourvu que vous n'alliez pas au bout de vos forces, ce sont ces effets que vous devez rechercher.

Surveillez votre fréquence cardiaque

L'accélération des battements de votre cœur dépend de votre forme physique et de votre âge — en général, plus vous êtes âgé, plus votre fréquence cardiaque maximale est faible. Les professionnels de l'activité physique partent de ces paramètres pour établir les balises de l'effort que votre cœur doit fournir durant l'exercice. Ces balises se fondent sur les pourcentages de fréquences cardiaques maximales moyennes selon votre âge.

Pour calculer votre fréquence cardiaque maximale en battements par minute (bpm), soustrayez votre âge de 220. Par exemple, la fréquence cardiaque maximale moyenne d'une personne âgée de 40 ans est de 180 bpm. Comme il ne s'agit que d'une moyenne, votre fréquence cardiaque maximale actuelle peut présenter un écart de plus ou moins 10 bpm par rapport à ce chiffre.

Il vous faudra ensuite trouver à quelle intensité vous devriez travailler (nommée parfois « zone d'entraînement »), laquelle devrait se situer entre 60 % et 80 % de votre fréquence cardiaque maximale. Pour calculer ces pourcentages, multipliez simplement votre fréquence cardiaque maximale par 0,6, puis par 0,8. Pour les personnes âgées de 40 ans, on obtient respectivement une fréquence de 108 bpm et de 144 bpm. Quand vous marchez, prenez votre pouls régulièrement ou utilisez un moniteur de fréquence cardiaque (voir l'encadré ci-dessus) afin de vérifier si l'intensité de votre exercice se situe bien dans votre « zone d'entraînement ».

LA FRÉQUENCE CARDIAQUE DURANT L'EXERCICE

Âge	Fréquence cardiaque max.	Zone d'entraînement cardiovasculaire
25	195	117 à 156
30	190	114 à 152
35	185	111 à 148
40	180	108 à 144
45	175	105 à 140
50	170	102 à 136
55	165	99 à 132
60	160	96 à 128
65	155	93 à 124
70	150	90 à 120

Les personnes qui s'entraînent beaucoup travaillent parfois à plus de 80 % de leur fréquence cardiaque maximale. Cependant, pour la plupart des gens, un effort de 60 % à 80 % de la fréquence cardiaque maximale est suffisant pour améliorer ou maintenir la condition physique. Si vous n'êtes pas en forme, commencez votre entraînement au plus bas niveau de votre capacité. Par ailleurs, si vous avez des problèmes cardiaques ou si vous ne pouvez travailler à 60 % de votre fréquence cardiaque maximale durant un certain temps, ne vous découragez pas. Essayez plutôt de travailler à environ 50 % de votre fréquence cardiaque maximale et intensifier votre effort progressivement. Vous serez surpris de la rapidité avec laquelle votre condition physique s'améliore.

Certains médicaments peuvent influer sur la fréquence cardiaque, en particulier les médicaments destinés à traiter les maladies cardiaques ou la tension artérielle. Si vous prenez des médicaments susceptibles d'avoir un effet sur votre fréquence cardiaque, comme des bêtabloquants pour contrôler votre angine ou votre tension artérielle, il serait bon de faire le test de la parole ou d'utiliser une échelle de perception de l'effort (voir ci-après) pour vérifier l'intensité de votre exercice.

Le test de la parole

Une façon bien simple d'évaluer approximativement l'intensité de votre effort consiste dans le test de la parole. Vous n'avez qu'à parler à haute voix tout au long de votre marche et à déterminer s'il vous est difficile de le faire.

▶ Si votre respiration est lente et régulière et que vous pouvez crier, c'est que vous ne travaillez pas suffisamment fort et devriez accélérer le pas.

▶ Si vous pouvez poursuivre une conversation sans chercher votre souffle, c'est que l'intensité de votre marche est faible.

▶ Si vous pouvez dire quelques phrases et que vous êtes légèrement essoufflé, c'est que l'intensité de votre marche est de niveau modéré à élevé.

▶ S'il vous est difficile de parler et que vous vous sentez très essoufflé, c'est que l'intensité de votre marche est élevée. Dans ces conditions, vous sentirez peut-être le besoin d'abréger la durée de l'exercice de marche à cette intensité.

▶ S'il vous est très difficile de parler et que vous êtes très essoufflé, c'est que votre exercice est trop intense. Ralentissez le pas ou arrêtez-vous et marchez sur place jusqu'à ce que vous puissiez parler plus facilement, puis reprenez votre marche.

L'échelle de perception de l'effort

Il existe une autre méthode très simple d'évaluer l'intensité de votre effort, que vous trouverez peut-être plus facile que

L'ÉCHELLE DE BORG

Intensité de l'effort exprimée en chiffres	Intensité de l'effort exprimée en mots	Description
6, 7, 8	Extrêmement faible	Vous bougez à peine, comme lorsque vous faites la vaisselle.
9, 10	Très faible	Vous marchez autour de votre maison ; vous vous promenez sans vous presser.
11, 12	Faible	Vous marchez d'un pas lent.
13, 14	Modérée	Vous marchez d'un pas modéré.
15, 16	Forte	Vous marchez d'un pas rapide.
17, 18	Très forte	Vous marchez d'un pas accéléré.
19	Extrêmement forte	Vous gravissez une pente d'un pas rapide.

la mesure de votre fréquence cardiaque : il s'agit d'utiliser une échelle de perception de l'effort. Cette échelle détermine l'intensité de l'exercice et vous incite à être à l'écoute de votre corps quand vous marchez. Au lieu de prendre votre pouls ou d'utiliser un moniteur pour mesurer votre fréquence cardiaque, vous évaluez votre effort selon la perception que vous en avez.

L'échelle de Borg — du nom du scientifique qui l'a conçue — constitue une échelle de perception de l'effort. Elle fait appel à des chiffres et à des mots pour caractériser l'intensité de l'effort. Des études ont montré que les personnes qui font un exercice à 70 % de leur fréquence cardiaque maximale décrivent toutes cette intensité comme étant de niveau « modéré » et la situent entre 13 et 14 sur l'échelle de Borg. Du point de vue santé, un effort qui se situerait entre 12 et 15 sur cette même échelle serait idéal : vous marcheriez sans vous épuiser. Pour la plupart des gens, ces valeurs correspondent à un pas de modéré à rapide. Il faut toutefois vous rappeler qu'il s'agit d'une échelle subjective, de sorte qu'il se peut que vous soyez obligé de marcher plus lentement ou plus vite qu'une autre personne pour sentir que votre effort est assez intense. Servez-vous du tableau ci-dessus pour déterminer l'intensité de votre marche. Prenez note des rythmes de votre pas qui correspondent aux valeurs de votre échelle et reportez-vous à ce tableau quand vous travaillez à augmenter progressivement votre effort. Dans certains des programmes de marche présentés plus loin, nous nous référerons à l'échelle de Borg pour indiquer l'intensité de l'effort requise.

Évaluer votre poids et votre tour de taille

La plupart des gens se mettent à pratiquer la marche principalement pour perdre du poids, que ce soit pour des raisons de santé ou pour tonifier leur corps et se sentir mieux dans leur peau. Cependant, la perte de poids ne se limite pas à une mesure sur un pèse-personne. C'est que, même si vous n'aurez probablement pas l'apparence d'un culturiste après avoir suivi un programme de marche, les muscles de vos jambes, de votre torse et de vos bras se seront développés et raffermis. Comme les muscles sont plus lourds que les graisses, vous ne pourrez pas toujours vous fier à votre pèse-personne pour savoir si vous avez perdu du poids. C'est pourquoi il est important de se fixer plusieurs objectifs et d'utiliser plus d'un test. Une façon simple d'évaluer les changements dans votre tour de taille est de conserver deux pantalons « de référence » : un pantalon qui vous allait et un pantalon que vous portez actuellement. Ressayez-les tous les mois pour voir vos progrès.

Vous peser

Une perte régulière de poids peut vous motiver à marcher. Or il importe de savoir que votre poids peut varier de 2,25 kg (5 lb) dans une journée et peut également varier selon le moment de la journée. Pour comparer votre poids de façon précise, dévêtez-vous et pesez-vous au même moment de la journée. Pesez-vous chaque jour ou une fois par semaine et respectez cette routine. Si vous avez mangé des mets chinois un soir et que vous vous pesez le lendemain, vous serez probablement surpris de constater que vous avez pris du poids. C'est que les mets chinois sont très salés et de ce fait causent une rétention d'eau, laquelle est responsable du gain de poids. Certaines écoles de pensée soutiennent que le fait de se peser tous les jours aide à mieux comprendre les variations de poids et à moins se décourager à la suite d'une journée « lourde ». D'autres croient que le fait de se peser une fois par semaine est bien suffisant et plus encourageant, étant donné que la différence de poids est plus apparente chaque fois.

Calculer votre rapport taille/hanches

La différence entre la mesure du tour de taille et celle des hanches peut être utilisée pour déterminer votre type morphologique, qui, à son tour, peut indiquer votre quantité de graisse. Ce calcul est facile : vous n'avez besoin que d'un ruban à mesurer et d'une calculatrice. Mesurez d'abord votre tour de taille à son point le plus étroit, puis votre tour de hanches à son point le plus large. Ensuite, divisez le premier résultat par le second. Par exemple, chez une personne qui fait 76 cm de tour de taille et 88 cm de tour de hanches, le rapport taille/hanches sera de : 76 ÷ 88 = 0,86.

Des études montrent que les hommes qui ont un rapport taille/hanches supérieur à 1 et que les femmes qui ont un rapport taille/hanches supérieur à 0,85 sont plus susceptibles d'être affectés un jour d'une maladie cardiaque. Voilà pourquoi vous devez chercher à garder votre rapport taille/hanches inférieur à ces chiffres.

Votre indice de masse corporelle

Si vous avez consulté votre médecin au sujet de votre poids, il est fort probable que celui-ci a calculé votre indice de masse corporelle (IMC). Il s'agit d'une mesure du statut pondéral obtenue par une opération mathématique, qui correspond au rapport du poids (kg) d'une personne sur le carré de sa taille (m). L'IMC a toutefois des limites, car il ne rend pas compte de la composition du corps, c'est-à-dire la proportion de la masse musculaire et la proportion de la masse adipeuse. C'est pourquoi les athlètes pourraient être étiquetés comme « préobèses », vu qu'ils ont une masse musculaire supérieure à la moyenne compte tenu de leur taille et étant donné que les muscles sont plus lourds que les tissus adipeux (chargés de graisse). Toutefois, de manière

LE CALCUL DE L'INDICE DE MASSE CORPORELLE

Taille (cm)	Poids (kg)									
	42	44	46	48	50	52	54	56	58	60
150	19	20	20	21	22	23	24	25	26	27
152,5	18	19	20	21	21	22	23	24	25	26
155	17	18	19	20	21	21	22	23	24	25
157,5	17	18	19	19	20	20	22	23	23	24
160	16	17	18	19	20	20	21	22	23	23
162,5	16	17	17	18	19	20	20	21	22	23
165	15	16	17	18	18	19	20	21	21	22
167,5	15	16	16	17	18	18	19	20	21	21
170	15	15	16	17	17	18	19	19	20	21
172,5	14	15	15	16	17	17	18	19	19	20
175	14	14	15	16	16	17	18	18	19	20
177,5	13	14	15	15	16	17	17	18	18	19
180	13	14	14	15	15	16	17	17	18	19
182,5	13	13	14	14	15	16	16	17	17	18
185	12	13	13	14	15	15	16	16	17	18
187,5	12	13	13	14	14	15	15	16	16	17
190	12	12	13	13	14	14	15	16	16	17

générale, votre IMC constitue une bonne indication quant à savoir si vous devez prendre ou perdre du poids.

Pesez-vous le matin, sans vêtements. Si vous ne connaissez pas la mesure de votre taille, prenez-la sans vos chaussures. Puis, reportez-vous au tableau ci-dessous et trouvez votre IMC en y situant votre poids corporel et votre taille. Par exemple, si vous mesurez 1,7 m (5 pi 6 po) et pesez 56 kg (123 lb), votre IMC se situe entre 19 et 20 — vous avez donc un poids santé pour votre taille.

▶ Si votre IMC est de 18,5 ou moins, votre poids est insuffisant.

▶ Si votre IMC se situe entre 18,5 et 25, vous avez un poids santé pour votre taille.

▶ Si votre IMC se situe entre 25 et 30, vous avez un excès de poids et devez perdre du poids jusqu'à ce que votre IMC soit inférieur à 25.

▶ Si votre IMC est supérieur à 30, vous êtes cliniquement obèse et devez consulter votre médecin ou un nutritionniste pour perdre du poids.

Calculer votre pourcentage de graisse

L'évaluation de la composition de votre corps, soit la quantité de graisse qui le compose, fournit un bon indice de votre forme physique. Cependant, vous devez aller dans un gymnase pour obtenir une telle mesure ou encore vous procurer un appareil spécial qui mesure l'adiposité. Certains appareils sont semblables à des pèse-personnes numériques de salle de bains et fonctionnent en envoyant un faible courant électrique dans le corps. C'est la mesure de la résistance électrique qui indiquera votre pourcentage de graisse, car l'électricité ne passe pas aussi bien à travers la graisse qu'à travers les autres tissus. Il existe également un instrument, l'adipomètre, qui mesure l'épaisseur de la couche adipeuse de la peau, dans les plis cutanés, et ce, en différents endroits du corps, pour donner une évaluation globale du pourcentage de graisse.

Selon les professionnels de la santé, le pourcentage «optimal» de graisse se situe entre 12 % et 20 % chez les hommes et entre 16 % et 26 % chez les femmes. Le fait d'avoir un léger surplus de poids n'est pas vraiment nuisible, pourvu que vous soyez en bonne santé et en forme. Cependant, si vous arrivez à réduire quelque peu votre pourcentage de graisse, votre taille sera plus fine et vous vous sentirez beaucoup mieux.

62	64	66	68	70	72	74	76	78	80	82	84	86	88	90	92	94	96	98	100	102	104	106	
28	28	29	30	31	32	33	34	35	36	36	37	38	39	40	41	42	43	44	44	45	46	47	**150**
27	28	28	29	30	31	32	33	34	34	35	36	37	38	39	40	40	41	42	43	44	45	46	**152,5**
26	27	27	28	29	30	31	32	32	33	34	35	36	37	37	38	39	40	41	42	42	43	44	**155**
25	26	27	27	28	29	30	31	31	32	33	34	35	35	36	37	38	39	40	40	41	42	43	**157,5**
24	25	26	27	27	28	29	30	30	31	32	33	34	34	35	36	37	38	38	39	40	41	41	**160**
23	24	25	26	27	27	28	29	30	30	31	32	33	33	34	35	36	36	37	38	39	39	40	**162,5**
23	24	24	25	26	26	27	28	29	29	30	31	32	32	33	34	35	35	36	37	37	38	39	**165**
22	23	24	24	25	26	26	27	28	29	29	30	31	31	32	33	34	34	35	36	36	37	38	**167,5**
21	22	23	24	24	25	26	26	27	28	28	29	30	30	31	32	33	33	34	35	35	36	36	**170**
21	22	22	23	24	24	25	25	26	27	28	28	29	30	30	31	32	32	33	34	34	35	36	**172,5**
20	21	22	22	23	24	24	24	25	26	27	27	28	29	29	30	31	31	32	33	33	34	35	**175**
20	20	21	22	22	23	23	23	25	25	26	27	27	28	29	29	30	30	31	32	32	33	34	**177,5**
19	20	20	21	22	22	23	23	24	25	25	26	27	27	28	28	29	30	30	31	31	32	33	**180**
19	19	20	20	21	22	22	23	23	24	25	25	26	26	27	28	28	29	29	30	31	31	32	**182,5**
18	19	19	20	20	21	22	22	23	23	24	25	25	26	26	27	27	28	29	29	30	30	31	**185**
18	18	19	19	20	20	21	22	22	23	23	24	24	25	26	26	27	27	28	28	29	30	30	**187,5**
17	18	18	19	19	20	20	21	22	22	23	23	24	24	25	25	26	27	27	28	29	29	29	**190**

CHOISIR UN PROGRAMME

La marche offre des possibilités sans limite puisque vous pouvez marcher quand et où vous le voulez. C'est à force de marcher que vous parviendrez à améliorer votre condition physique. Cette section présente différents programmes de marche.

Les programmes de marche proposés ici sont conçus pour vous guider dans la pratique de cette activité afin que vous puissicz augmenter la fréquence, la durée, la longueur et l'intensité de vos marches. La meilleure façon de maximaliser les bienfaits de la marche est de vous y adonner tous les jours. C'est pourquoi tous les programmes comprennent une «dose quotidienne» de marche, même si l'exercice ne dure que 10 minutes (voir l'encadré à la page suivante). La marche devrait devenir une habitude et faire partie intégrante de votre vie.

Pour gagner du temps, certaines personnes se rendent au gymnase en automobile pour suivre leurs cours de conditionnement physique ou de gymnastique aérobique. Les programmes de marche décrits dans ce chapitre, et même le livre entier, s'articulent autour de ce message principal : il faut saisir toutes les occasions possibles pour marcher. Si vous suivez un programme de marche, ce style de vie centré sur la marche pourra compter parmi vos objectifs quotidiens et hebdomadaires.

Le choix d'un programme

Quand vous choisissez un programme de marche, vous devez prendre en considération les objectifs que vous poursuivez ainsi que votre forme physique. Il se peut qu'un programme corresponde d'emblée aux objectifs que vous visez. Le cas échéant, il pourra devenir votre programme de départ. Cependant, si vous désirez améliorer votre condition

UN TÉMOIGNAGE RÉCENT

Une étude menée par K. R. Westerterp et publiée dans la revue *Nature* indique que les gens qui intègrent l'exercice dans leurs activités quotidiennes, comme se rendre au travail à pied au lieu d'utiliser leur voiture ou grimper les escaliers plutôt que de prendre l'ascenseur, ont une dépense énergétique plus grande que ceux qui ne font de l'exercice qu'à des moments précis de la semaine.

physique générale, vous pouvez choisir un programme général de niveau débutant, intermédiaire ou avancé. Faites alors l'un des tests d'évaluation de la forme physique des pages 140 à 147. Puis, prenez connaissance des conditions requises indiquées au début de chaque programme pour choisir celui qui vous convient le mieux. Même si vous êtes dans une bonne condition physique, mais que vous êtes nouveau dans la pratique de la marche, il vous faudra peut-être suivre, pour commencer, un programme de niveau inférieur jusqu'à ce que votre corps s'adapte à l'effort physique. Il existe très peu d'exercices dont les mouvements s'apparentent à la marche d'un pas rapide et vous aurez peut-être besoin de temps pour arriver à maîtriser la technique. Quand vous aurez terminé un programme de marche, passez au programme suivant.

Créer votre propre programme de marche

Si vous désirez suivre un programme de marche, mais qu'aucun des programmes présentés dans ce chapitre ne vous convient, créez votre propre programme en vous inspirant de ceux qui sont décrits plus loin. Prenez le temps nécessaire pour élaborer un horaire. Définissez votre programme en fonction de votre condition physique de départ, en établissant des étapes pour progresser chaque semaine; consignez vos progrès dans un journal de bord. Prévoyez, pour chaque jour de la semaine, le moment exact où vous ferez votre activité. Il vous sera probablement plus facile de respecter votre programme si vous établissez un horaire régulier selon lequel vous marcherez à la même heure chaque jour. S'il y a un jour de la semaine où il vous est vraiment impossible de marcher, essayez de trouver une autre journée où vous pourrez doubler votre temps de marche.

Si vous cherchez à améliorer votre santé cardiaque, vérifiez d'abord votre condition cardiovasculaire (voir les tests aux pages 141 et 142), puis, en prenant les résultats comme point de départ, déterminez les niveaux d'intensité à incorporer dans votre programme (voir pages 144 et 145).

Rappelez-vous toutefois que la forme physique s'acquiert avec le temps. Si vous devez travailler très fort pour atteindre vos objectifs, ou encore si vous sentez que vous pouvez en faire plus, c'est probablement que votre programme ne correspond pas à vos capacités. En ce cas, il vous faudra revoir votre programme. N'oubliez pas qu'il faut environ trois mois de travail assidu pour constater des changements dans la forme physique.

Comment utiliser les programmes de marche

Une fois que vous aurez choisi le programme qui vous convient, le mettre en pratique est relativement simple. Chacun des programmes présentés ci-après couvre une période de 10 à 12 semaines. Y sont indiquées, pour chacune des semaines, la durée des marches ainsi que l'intensité de l'effort requise. La façon dont l'intensité est mesurée — en pourcentage de votre fréquence cardiaque maximale ou d'après une échelle de perception de l'effort — est expliquée aux pages 143 à 145. S'il arrive que vous ne puissiez suivre votre programme pendant plusieurs jours ou semaines, reprenez-le là où vous l'avez laissé. Vos objectifs complémentaires pourront vous être utiles si vous devez arrêter de suivre votre programme.

> ### Dose quotidienne
> Pour chacun des programmes de marche, vous trouverez, dans un encadré semblable à celui-ci, une « dose quotidienne » de marche recommandée. Si vous avez de la difficulté à franchir la distance proposée et à marcher pendant le temps prescrit, contentez-vous de la dose quotidienne recommandée — l'exercice vous apportera quand même des bienfaits.

Choisir un parcours

La plupart des programmes vous demandent de déterminer un trajet à l'avance. Celui-ci variera selon les objectifs de santé que vous visez. Votre parcours devrait être facile d'accès, c'est-à-dire se trouver à proximité de votre demeure, et situé dans un environnement où vous aimez marcher. Vous pouvez utiliser une carte locale à grande échelle pour choisir votre parcours et en mesurer la longueur.

✔ SUIS-JE PRÊT À ENTREPRENDRE UN PROGRAMME DE MARCHE ?

❏ **La technique de marche.** Vérifiez si vous utilisez une bonne technique de marche avant d'entreprendre un programme (voir pages 24 à 33). Vous vous assurerez ainsi de marcher plus vite et plus loin et éviterez de vous blesser.

❏ **Le questionnaire sur la santé.** Si vous avez répondu oui à l'une des questions de la page 97, consultez votre médecin avant de commencer à suivre un programme de marche.

❏ **Les tests de condition physique.** Ces tests vous permettent non seulement d'évaluer votre condition physique initiale, mais aussi de constater et de suivre vos progrès.

❏ **L'échauffement et la récupération.** Pour les marches de plus de 20 minutes, il faudra vous réserver une période d'échauffement et de récupération. Vérifiez la façon de faire ces exercices aux pages 34 à 43.

❏ **Les objectifs.** Établissez vos objectifs à long et à court terme. Pour obtenir plus de renseignements sur l'établissement des objectifs, reportez-vous aux pages 138 et 139.

PROGRAMME **DE NIVEAU DÉBUTANT**

Vous pouvez suivre ce programme si :

▶ vous n'avez pas fait d'exercice depuis trois mois ;

▶ vous n'avez pas l'habitude de marcher, c'est-à-dire que vous avez marché pendant moins de 30 minutes par semaine au cours des trois derniers mois ;

▶ vous avez de l'embonpoint, votre IMC est supérieur à 25 ou votre rapport taille/hanches est égal ou supérieur à 1 si vous êtes de sexe masculin ou égal ou supérieur à 0,85 si vous êtes de sexe féminin ;

▶ vous ne pouvez parcourir 1,6 km (1 mi) à pied ou ne pouvez franchir cette distance en moins de 18 minutes ;

▶ vous avez un des problèmes de santé mentionnés à la page 97, mais votre médecin vous recommande de commencer à marcher.

Ce programme vise à introduire la marche dans votre horaire de façon régulière et à vous rendre apte à marcher pendant 30 minutes à une allure de modérée à rapide au moins 5 fois par semaine. En ouvrant ce livre, vous avez déjà fait un premier pas vers l'atteinte de cet objectif. D'ici à trois mois, vous constaterez une amélioration significative de votre condition physique et pourrez entreprendre un programme de niveau intermédiaire.

Dans les semaines à venir, il est important de vous rappeler ceci : allez-y graduellement et tenez-vous-en à une vitesse et à une distance qui vous conviennent. Ne vous inquiétez pas si vous n'atteignez pas la forme voulue : votre condition physique s'améliorera sous peu. Vous devriez pouvoir converser en marchant sans éprouver de difficulté. Cependant, si vous commencez à marcher, vous devriez vous sentir légèrement essoufflé. Si votre essoufflement per-

1re semaine

Jour 1. Marchez dans les rues de votre quartier pendant 20 minutes. Vous pouvez vous reposer après 10 minutes de marche ou diviser votre temps de marche en 2 périodes de 10 minutes si vous le préférez. Essayez de maintenir une intensité faible ou modérée (11 à 13 selon l'échelle de Borg) ou de 55 % à 65 % de votre fréquence cardiaque maximale.

Jour 2. Refaites le même parcours qu'au jour 1. Concentrez-vous sur votre posture et sur votre technique. Ne vous préoccupez pas de votre vitesse de marche.

Jour 3. Si vous êtes fatigué, tenez-vous-en à la dose quotidienne de marche. Si les exercices de marche ont été faciles durant les jours 1 et 2, marchez durant 30 minutes dans votre quartier.

Jour 4. Jour de planification. Passez en revue les endroits que vous avez déjà visités et, à l'aide d'une carte géographique, tracez un itinéraire que

vous pouvez faire en tout temps. De manière idéale, votre parcours devrait avoir de 1,5 à 3 km (1 à 2 mi) ; la surface devrait être belle et plane et être praticable en tout temps. Si vous le pouvez, choisissez une route à proximité de votre maison ou de votre lieu de travail, ainsi qu'un environnement calme et verdoyant.

Jour 5. Essayez votre parcours et chronométrez votre marche. Essayez de maintenir une intensité de 12 ou 13 selon l'échelle de Borg ou de travailler de 55 % à 65 % de votre fréquence cardiaque maximale. Consignez votre temps.

Jour 6. Tenez-vous-en à la **dose quotidienne.**

Jour 7. Effectuez votre parcours à une intensité légère ou modérée et chronométrez votre marche. Si vous possédez un moniteur de fréquence cardiaque, travaillez de 55 % à 60 % de votre fréquence cardiaque maximale.

2e semaine

Au cours de cette semaine, essayez de marcher tous les jours selon la **dose quotidienne.**

Marchez au moins deux fois à une intensité allant de faible à modérée (12 à 15 selon l'échelle de Borg) ou de 60 % à 75 % de votre fréquence cardiaque maximale. Notez votre temps et essayez de le réduire, même si ce n'est que de quelques secondes.

Ajoutez également une marche de 40 à 60 minutes durant cette semaine, à une intensité légère ou modérée. Essayez de trouver un trajet différent de votre parcours habituel.

> **Dose quotidienne**
>
> Marchez pendant 10 minutes chaque jour à un pas modéré. Marchez où vous le voulez — dans votre cour, dans votre quartier ou dans un centre commercial.

siste après que vous avez cessé de marcher ou si vous éprouvez une douleur, c'est que vous fournissez un trop grand effort et que vous devez ralentir le pas. Essayez de mesurer l'intensité de votre marche au moyen des méthodes des pages 143 à 145. Reportez-vous également aux pages 24 à 33 si vous avez besoin de vous rafraîchir la mémoire au sujet de la bonne technique de marche et de la posture.

UNE PENSÉE POSITIVE

▶ Les premiers mois permettront à votre corps de s'adapter à la marche. Gardez votre pas. Vous seul savez quand vous êtes prêt à accélérer l'allure.

▶ Il s'agit, pour vous, d'une initiation à la marche, alors profitez-en. Souriez aux gens que vous croisez, écoutez le chant des oiseaux ou admirez les fleurs d'une jardinière qui orne une fenêtre.

▶ Rappelez-vous régulièrement vos objectifs. Chaque marche vous permet d'avancer vers l'atteinte de ceux-ci.

▶ Profitez de vos marches matinales pour explorer votre environnement. Vous découvrirez peut-être une nouvelle rue ou un nouveau parc.

▶ Après les trois premiers mois, évaluez votre condition physique. Si vous avez respecté votre programme, vous devriez voir des résultats.

3e, 4e et 5e semaines

Au minimum, marchez selon la **dose quotidienne** recommandée.

Marchez en empruntant votre parcours habituel au moins une fois par semaine. Essayez d'améliorer votre temps d'une minute d'ici à la cinquième semaine. Sur votre parcours, marchez pendant 5 à 10 minutes à une intensité allant de modérée à forte (14 à 15 selon l'échelle de Borg) ou de 70 % à 75 % de votre fréquence cardiaque maximale. Vous devriez être légèrement essoufflé.

Faites 2 marches plus longues, de 45 à 60 minutes chacune, au cours de ces 3 semaines. Pendant au moins 20 minutes, marchez d'un pas qui vous laissera légèrement essoufflé.

6e à 11e semaine

Continuez à marcher selon la **dose quotidienne** recommandée, au minimum.

Marchez en empruntant votre parcours habituel, deux fois par semaine, et chronométrez votre marche chaque fois. Gardez votre nouvelle cadence maintenant plus rapide. Essayez de voir comment vous pourriez allonger votre parcours pour les semaines à venir.

Pour chacune des semaines, faites au moins une marche supplémentaire plus longue, d'une durée d'une heure environ. Au cours de ces marches plus longues, ainsi qu'au cours de vos marches habituelles, essayez de maintenir, pendant au moins 20 minutes, une allure qui vous essoufflera légèrement, soit un pas de modéré à rapide.

12e semaine et +

La marche devrait maintenant faire partie intégrante de votre vie. Vous devriez à présent être capable de parcourir 1,6 km (1 mi) en moins de 18 minutes sans être épuisé. Si cet exercice est trop pénible, reprenez l'entraînement de la 6e à la 11e semaine jusqu'à ce que vous vous sentiez plus à l'aise.

Pensez à des façons d'accroître l'intensité de votre marche — vous pouvez soit solliciter davantage vos bras, ou choisir un parcours en pente (pour d'autres suggestions, voir pages 72 à 87). Commencez à augmenter graduellement la durée de vos marches et à parcourir des distances plus grandes, en essayant de marcher à une intensité de modérée à forte pendant 15 à 25 minutes à chacune de vos marches.

PROGRAMME **DE NIVEAU INTERMÉDIAIRE**

Vous pouvez suivre ce programme si :

▶ vous avez fait de l'exercice régulièrement au cours des trois derniers mois et êtes à la recherche d'une autre activité ;

▶ vous avez l'habitude de marcher et êtes capable de marcher pendant 30 minutes par jour, au moins 5 fois par semaine ;

▶ vous pouvez parcourir 1,6 km (1 mi) à pied en 16 minutes ;

▶ votre poids est moyen, votre IMC se situe entre 18 et 25 ou votre rapport taille/hanches est inférieur à 1 si vous êtes de sexe masculin ou inférieur à 0,85 si vous êtes de sexe féminin ;

▶ vous avez répondu non à toutes les questions de la page 97 ou encore votre médecin vous a permis de

Ce programme vous fournira un cadre de travail propre à vous maintenir en santé et en forme tout au long de votre vie. Si vous aimez déjà marcher, mais avez l'impression que votre activité ne vous apporte pas les bienfaits escomptés, le programme de niveau intermédiaire pourra vous aider à faire de vos marches un exercice plus efficace.

Le programme de niveau intermédiaire est un programme que vous pouvez suivre à n'importe quel moment de votre vie et qui apporte tous les bienfaits voulus pour vous maintenir en bonne santé sur le plan physique et moral. La durée, le nombre et l'intensité des marches de ce programme respectent le niveau minimal hebdomadaire d'activité physique recommandé par bon nombre de professionnels de la santé et d'organismes de santé, notamment la British Heart Foundation (voir la page suivante). Avec ce programme, l'effort que vous ferez sera suffisamment grand pour que vous vous sentiez dans une forme superbe et que vous intégrerez la marche dans votre vie quotidienne. Il est

1re semaine

Jour 1. Choisissez un parcours facile d'accès en tout temps. La surface devrait être plane, mais elle peut comporter quelques pentes. Vous devriez pouvoir effectuer votre parcours en 30 à 45 minutes, d'un pas de modéré à rapide. Vérifiez à l'aide d'une carte géographique si la longueur de votre parcours est bien de 3 à 5 km (2 à 3 mi). Si votre trajet comprend des pentes, il peut alors être un peu plus court.

Jour 2. Effectuez votre parcours rapidement, mais sans vous épuiser. Chronométrez votre marche et notez le temps dans votre journal de bord.

Jour 3. Marchez selon la **dose quotidienne** recommandée, à un pas de modéré à rapide.

Jour 4. Faites une marche plus longue, de 45 à 60 minutes. Essayez de trouver un nouveau parcours et choisissez, de préférence, des espaces verdoyants. Marchez à une intensité modérée (13 ou 14 selon l'échelle de Borg) ou de 65 % à 70 ? de votre fré-

quence cardiaque maximale, durant au moins 20 à 30 minutes au cours de votre marche.

Jour 5. Prenez un repos et utilisez ce répit pour penser à des manières d'intégrer la marche dans votre emploi du temps quotidien.

Jour 6. Effectuez votre parcours de nouveau, sans toutefois vous soucier de votre vitesse ni de la durée de votre marche. Concentrez-vous sur votre posture et sur votre technique. Si vous ressentez un malaise, revoyez les pages 24 à 33.

Jour 7. Si vous êtes fatigué, contentez-vous de la **dose quotidienne** de marche recommandée divisée en 2 périodes de 15 minutes. En passant devant les vitrines des boutiques, regardez le reflet de votre silhouette et vérifiez si vous avez une posture bien allongée. Si vous vous en sentez capable, marchez plus longtemps.

2e semaine

Marchez selon la **dose quotidienne** recommandée et essayez de marcher d'un pas rapide durant une partie de vos marches.

Remplacez 1 ou 2 marches de votre **dose quotidienne** par des marches plus longues de 45 à 60 minutes chacune. Celles-ci devraient comprendre des périodes de 5 à 10 minutes à une forte intensité (15 à 16 selon l'échelle de Borg) ou de 75 % à 80 % de votre fréquence cardiaque maximale.

Saisissez toutes les occasions de marcher, notamment pour aller magasiner ou vous rendre à votre travail, ou encore pour accompagner les enfants à l'école.

> **Dose quotidienne**
>
> Marchez pendant au moins 30 minutes, 5 jours par semaine. Vous pouvez choisir de diviser ce temps de marche en 2 périodes de 15 minutes, mais en vous assurant que vous marchez à une intensité de modérée à forte.

L'INTENSITÉ DE L'ACTIVITÉ PHYSIQUE RECOMMANDÉE

Selon la British Heart Foundation, près de 70 % des adultes au Royaume-Uni ne font pas d'activité physique à l'intensité recommandée toutes les semaines. Néanmoins, 80 % des adultes pensent qu'ils sont en forme. Les dernières indications publiées par de nombreux organismes de santé révèlent qu'il n'est pas nécessaire que l'intensité de l'effort soit élevée, mais qu'une activité modérée doit être faite presque tous les jours de la semaine pour que l'on puisse jouir des effets bénéfiques importants sur la santé. Ainsi, parcourir 3 km (2 mi) à pied en 30 minutes ou monter des escaliers durant 15 minutes seraient des activités à conseiller.

possible que vous éprouviez de légers malaises le temps que vous vous familiarisiez avec la technique adéquate de marche, mais cela ne devrait pas durer. Si le problème persiste ou si vous ressentez une douleur pendant que vous marchez, ralentissez, car vous dépassez peut-être vos capacités. Tenez-vous-en à une vitesse et à une distance qui vous conviennent. Si vous ne pouvez observer toutes les recommandations du programme, faites au moins votre dose quotidienne de marche.

3e, 4e et 5e semaines

Respectez la **dose quotidienne** de marche presque tous les jours où vous ne ferez pas de marches plus longues et marchez d'un pas modéré.

Faites votre parcours de marche une fois par semaine d'un pas de modéré à rapide. Chronométrez votre marche et essayez de prendre une minute de moins à la cinquième semaine.

Faites également une longue marche de 45 à 60 minutes, une fois par semaine, en fournissant un effort soutenu. Vous pouvez remplacer cette longue marche par une marche de 30 minutes sur un terrain en pente. Essayez de garder une allure de modérée à rapide en montant la pente, tout en surveillant votre technique de marche et votre posture.

6e à 11e semaine

Continuez à marcher selon la **dose quotidienne** recommandée et essayez de marcher en fournissant un effort de forte intensité durant au moins 10 minutes.

De plus, faites votre parcours au moins une fois par semaine et chronométrez votre temps. Vérifiez vos progrès.

Essayez de faire 2 longues marches de 45 à 60 minutes, à chacune des semaines. Marchez d'un pas rapide presque tout le temps, à une intensité forte (15 à 16 selon l'échelle de Borg).

Au lieu de faire les longues marches précédentes, vous pouvez choisir d'inclure du travail en pente à l'occasion d'au moins deux de vos marches hebdomadaires les plus courtes et maintenir un pas rapide.

12e semaine et +

La **dose quotidienne** de marche devrait maintenant faire partie intégrante de votre vie. Il peut cependant y avoir des jours où il vous est impossible de marcher. En pareil cas, vous pouvez compenser en faisant une marche plus longue le lendemain. Néanmoins, il est toujours préférable de marcher chaque fois qu'on le peut. S'il y a lieu, ne prenez pas votre voiture pour des distances de moins de 2 km (1 ¼ mi). Au cours de vos marches plus longues, vous devriez marcher d'un pas rapide, à une forte intensité, pendant au moins 20 minutes.

Vous pouvez suivre le programme de niveau intermédiaire aussi longtemps que vous le voulez, car l'activité physique de ce niveau suffira à vous maintenir en santé. Si vous êtes prêt à relever un nouveau défi, commencez le programme de marche de niveau avancé (voir page 154).

PROGRAMME **DE NIVEAU AVANCÉ**

Vous pouvez suivre ce programme si :

▶ vous avez marché régulièrement durant les trois derniers mois ou davantage et n'avez eu aucune blessure ;

▶ vous êtes capable de parcourir 1,6 km (1 mi) à pied en moins de 15 minutes et de gravir une pente douce sans être essoufflé ;

▶ votre poids est moyen, votre IMC se situe entre 18 et 25 ou votre rapport taille/hanches est inférieur à 1 si vous êtes de sexe masculin ou inférieur à 0,85 si vous êtes de sexe féminin ;

▶ vous n'avez aucun des problèmes de santé mentionnés dans le questionnaire de la page 97, ou encore votre médecin vous a permis de suivre le programme de ce niveau ;

▶ vous êtes une personne active et voulez faire un exercice supplémentaire à faible risque qui remplace la course.

Vous voulez relever un défi ? Voici donc un programme destiné aux personnes qui marchent régulièrement, mais qui désirent améliorer à la fois leur vitesse et leur condition physique. Même si la marche quotidienne est un élément caractéristique du programme, ce sont les marches plus exigeantes au fil des semaines qui amélioreront votre condition physique et vous garderont en pleine forme.

Les recherches ont montré que la marche peut apporter des bienfaits physiques semblables à ceux qu'on a longtemps considérés comme propres à la course et à d'autres sports aérobiques. Le programme de marche de niveau avancé comprend des activités demandant un effort plus intense : des marches plus rapides, des distances plus grandes et des surfaces plus inclinées. Vous développerez aussi votre force musculaire, notamment à la partie supérieure de votre corps, si vous utilisez davantage vos bras en marchant. Pour y arriver, il faudra vous concentrer sur le mouvement de vos bras (voir page 27) ainsi que sur l'utilisation de

1re semaine

Jour 1. Choisissez un parcours de 6 à 8 km (3,7 à 5 mi) qui soit facile d'accès. Il doit comprendre de faibles pentes, être pavé, mais exclure des voies principales. Vous devriez pouvoir effectuer votre parcours en 40 à 60 minutes.

Jour 2. Chronométrez votre parcours en marchant aussi vite que possible, tout en restant à l'aise. Vous devriez être capable de parler tout en marchant à une intensité de modérée à forte (14 à 16 selon l'échelle de Borg) ou de 70 % à 80 % de votre fréquence cardiaque maximale durant la plus grande partie de votre marche. Essayez de maintenir votre vitesse quand vous montez des pentes.

Jour 3. Marchez selon la **dose quotidienne** recommandée, en allant à un pas rapide. Surveillez votre technique et votre posture.

Jour 4. Faites une marche de 45 à 60 minutes d'un pas de modéré à rapide. Assurez-vous de trouver un endroit verdoyant, car le fait de mar-

cher dans un décor naturel constitue une véritable détente pour l'esprit et pour le corps.

Jour 5. Effectuez votre parcours. Une fois que vous vous serez échauffé, intégrez des périodes de 5 minutes de marche à un rythme rapide avec une intensité de forte à très forte (15 à 17 selon l'échelle de Borg). Il se peut que vous ressentiez une fatigue dans les tibias, mais le fait de procéder par courtes périodes habituera votre corps à ces nouveaux exercices.

Jour 6. Marchez selon la **dose quotidienne** recommandée, au moins à un pas modéré.

Jour 7. Faites une marche d'une heure dans un décor enchanteur et concentrez-vous sur votre posture. Vous tenez-vous bien droit ? Vos épaules sont-elles détendus ? Vos muscles abdominaux sont-ils rentrés ?

2e semaine

S'il n'y a pas d'autres activités au programme, marchez selon la **dose quotidienne** recommandée. S'il vous est impossible de marcher au cours d'une journée donnée, faites un autre exercice ou une autre activité.

De plus, effectuez votre parcours deux fois par semaine et chronométrez votre marche. Essayez de retrancher quelques secondes de votre temps initial.

Faites une marche de plus d'une heure. L'effort devrait être de modéré à intense pour toute la durée de la marche. Intégrez au moins 2 périodes de 5 à 10 minutes de marche rapide ; augmentez votre vitesse en faisant des pas plus petits et plus rapides et balancez vigoureusement les bras, de sorte que vous travaillerez fort, même sur une surface plane.

bâtons de marche (voir page 50). Vous pouvez également vous procurer un moniteur de fréquence cardiaque pour suivre vos progrès plus aisément. En outre, songez à faire évaluer votre condition physique par un professionnel de l'activité physique.

Avant d'entreprendre ce programme, il est essentiel que vous maîtrisiez votre technique le plus parfaitement possible pour ne pas vous exposer à des blessures éventuelles. Si vous croyez que votre technique de marche est bonne et que vous en êtes satisfait, vous êtes prêt à avancer d'un cran.

BRISER LA BARRIÈRE DE LA VITESSE

Malgré des efforts répétés, il est possible que vous atteigniez un point où vous n'arrivez plus à réduire la durée de votre parcours. Cela ne veut pas dire que votre condition physique ne s'améliore pas. En effet, quand vous faites de l'exercice, votre cerveau et vos nerfs envoient un influx nerveux aux muscles sollicités, qui se contractent. C'est la vitesse à laquelle cet influx est envoyé qui détermine la rapidité de vos jambes. Votre système nerveux doit donc s'entraîner de la même façon que votre corps. Votre cerveau ainsi que vos nerfs s'adapteront graduellement à l'effort et pourront envoyer les messages plus rapidement aux muscles sollicités par la marche.

3e, 4e et 5e semaines

Marchez chaque jour selon la **dose quotidienne** recommandée. Ainsi, vous conserverez l'habitude de marcher. Vous devriez déjà trouver que la marche occupe une bien plus grande place dans votre vie et que vous cherchez bien moins souvent les clés de votre voiture.

Essayez de faire trois marches de plus par semaine, à forte intensité. Vous pouvez soit effectuer votre parcours d'un pas rapide, soit faire de longues marches de plus d'une heure qui comporteront des périodes de 10 minutes de marche rapide. Continuez à balancer vigoureusement vos bras pour faciliter le mouvement plus rapide des jambes. Pour renforcer les muscles du haut du corps, introduisez des exercices de traction contre un mur dans votre période de récupération (voir page 181). À ce stade, vous devriez vous sentir beaucoup plus en forme.

6e à 11e semaine

Continuez à marcher selon la **dose quotidienne** recommandée, au minimum.

En plus, faites 3 marches supplémentaires de 20 minutes chacune par semaine, à forte intensité. Rappelez-vous que vous pouvez marcher d'un pas plus rapide sur une plus courte distance ou d'un pas plus lent sur une plus grande distance et obtenir les mêmes résultats. Servez-vous de l'une de ces marches comme parcours et chronométrez-la. Votre vitesse devrait s'être améliorée et votre temps initial devrait être réduit d'au moins une minute.

Marchez où et quand vous le pouvez. Continuez à faire vos exercices de traction contre un mur et envisager un entraînement musculaire à l'aide de poids — consultez le moniteur du gymnase à ce propos.

12e semaine et +

Continuez à marcher selon la **dose quotidienne** recommandée. Ces marches devraient faire partie de votre emploi du temps habituel et être aussi importantes pour vous que le brossage de vos dents.

Continuez à faire vos marches à grande intensité pendant plus d'une heure, trois jours par semaine. Durant au moins 20 minutes au cours de ces marches, vous devriez dépasser vos capacités et vous essouffler. Travaillez à une intensité de forte à très forte (15 à 17 selon l'échelle de Borg) ou de 75 % à 80 % de votre fréquence cardiaque maximale.

Commencez à explorer de nouveaux lieux et marchez dans des endroits plus en pente. Essayez aussi de nouvelles techniques de marche, comme la marche-course, ou utilisez des bâtons de marche, ou encore ajoutez une nouvelle résistance (voir pages 44 à 53).

MARCHER POUR AVOIR **UN CŒUR EN SANTÉ**

Vous pouvez suivre ce programme si :

▶ vous n'êtes habituellement pas une personne active, mais vous vous souciez de la santé de votre cœur ;

▶ vous êtes incapable de parcourir 1,6 km (1 mi) à pied en moins de 20 minutes et même de franchir cette distance ;

▶ vous avez de l'embonpoint, votre IMC est supérieur à 25 ou votre rapport taille/hanches est égal ou supérieur à 1 si vous êtes de sexe masculin ou égal ou supérieur à 0,85 si vous êtes de sexe féminin ;

▶ vous avez des problèmes cardiaques ou avez fait un infarctus, de l'angine ou de l'hypertension artérielle et votre médecin vous a recommandé de faire plus d'activité physique.

Les maladies cardiovasculaires comptent actuellement parmi les principales causes de décès dans de nombreux pays occidentaux. Le manque d'exercice physique constitue un facteur de risque majeur vis-à-vis de ces maladies. Or la marche est une excellente façon de les prévenir. Le présent programme vous montre comment introduire la marche dans votre vie quotidienne pour avoir un cœur fort et en santé.

Le cœur est un muscle, et en tant que tel, il a besoin de travailler régulièrement pour être fort et en santé. Même une marche lente de 30 minutes chaque jour peut être profitable. Le but ultime de ce programme est justement de vous amener à effectuer ces marches ou à vous approcher de cet objectif. Votre cœur sera en meilleure forme et vos vaisseaux sanguins resteront dégagés, facilitant ainsi une meilleure circulation du sang. De plus, la marche peut aider à réduire

1re semaine

Si vous avez récemment eu des problèmes cardiaques, consultez votre médecin afin de vérifier si vous pouvez commencer à faire de l'exercice.

Si vous ne pouvez respecter la **dose quotidienne** de marche recommandée dans ce programme, essayez de marcher pendant 10 minutes au moins 3 jours par semaine. Empruntez des parcours différents chaque fois afin de trouver celui qui vous convient le mieux.

Choisissez des chemins à surface plane et à proximité de votre demeure. Marchez le plus longtemps possible en restant bien à l'aise. Déplacez-vous lentement et faites des pauses au besoin. Travaillez à une intensité allant d'extrêmement faible à très faible (8 à 10 selon l'échelle de Borg) ou de 40 % à 50 % de votre fréquence cardiaque maximale. Ne vous épuisez pas durant cette première semaine : ce qui importe, c'est de commencer à faire de l'exercice.

2e semaine

Commencez à améliorer le fonctionnement de votre cœur en marchant au moins cinq jours par semaine. Vous ferez donc 10 minutes de marche par jour selon la **dose quotidienne** recommandée. Adoptez une cadence régulière qui vous convient. Travaillez à une intensité de très faible à faible (9 à 11 selon l'échelle de Borg) ou de 45 % à 55 % de votre fréquence cardiaque maximale.

Ces marches contribueront à augmenter votre espérance de vie et vous donneront plus d'énergie, car votre cœur, qui sera en meilleure santé, fournira plus d'oxygène à votre organisme. Essayez de nouveaux trajets et appréciez le grand air. Ne laissez pas les intempéries vous priver de vos sorties. En effet, le vent et la pluie peuvent être vivifiants.

3e semaine

Marchez selon la **dose quotidienne** recommandée au moins cinq jours au cours de cette semaine.

Concentrez-vous sur la distance à parcourir. Remplacez l'une des marches de la **dose quotidienne** par une marche plus longue de 30 minutes ou remplacez 2 de ces marches par des marches de 15 minutes. Votre pas peut être aussi lent que vous le voulez. Ces exercices vous aideront à maintenir votre glycémie basse et à réduire vos taux de cholestérol. À leur tour, ces faibles taux aident à garder vos artères dégagées et facilitent la circulation sanguine.

l'hypertension artérielle, le stress et la surcharge pondérale, qui sont tous des facteurs qui compromettent la santé du cœur.

Si vous avez déjà fait un infarctus ou souffrez actuellement d'angine ou d'hypertension artérielle, reportez-vous à la section «La marche pour les personnes qui ont des problèmes cardiaques» (pages 98 et 99) pour de plus amples renseignements et consultez votre médecin avant d'entreprendre un programme d'exercice. Au cours des premières semaines du programme de marche, concentrez-vous sur le temps que vous consacrez à cette activité plutôt que sur l'intensité de l'exercice. Ne marchez pas à plus de 65 % de votre fréquence cardiaque maximale. Rappelez-vous toujours qu'il faut marcher vite, mais sans s'épuiser. Vous devriez travailler à une intensité de très faible à modérée (9 à 14 selon l'échelle de Borg de la page 145).

Dose quotidienne

Si vous ne pouvez faire de plus longues marches chaque semaine, contentez-vous de marches de 10 minutes, 5 jours par semaine. Cela est suffisant pour permettre à votre muscle cardiaque de travailler. De fait, cinq courtes marches sont plus profitables que deux longues marches.

4e semaine

Marchez selon la **dose quotidienne** recommandée dans ce programme.

De plus, essayez de faire une marche plus longue de 30 minutes ou encore 3 marches de 15 minutes chacune. Commencez à accélérer le pas légèrement pour activer votre muscle cardiaque et améliorer votre forme sur le plan aérobie. Au cours des trois semaines précédentes, votre cœur se sera échauffé graduellement. Il faut maintenant le faire travailler lentement. Vous devriez marcher à une intensité faible (11 à 12 selon l'échelle de Borg) ou de 55 % à 60 % de votre fréquence cardiaque maximale. Ainsi, votre cœur se renforcera et son travail lui demandera moins d'effort, ce qui vous donnera une plus grande vitalité.

5e à 10e semaine

Essayez maintenant d'intégrer la **dose quotidienne** de marche recommandée dans votre routine en faisant une promenade matinale régulière ou en remplaçant un court déplacement habituel en automobile par une marche.

5e semaine. Trouvez-vous un parcours. Utilisez vos connaissances de votre environnement et une carte locale pour déterminer un trajet de 1,5 à 3 km (1 à 2 mi). Assurez-vous qu'il soit facile d'accès et de préférence loin des grandes artères. Effectuez le parcours et chronométrez votre temps. Il faut vous rappeler de ne pas aller au-delà de vos capacités. Vous devriez travailler à une intensité de très faible à modérée (9 à 13 selon l'échelle de Borg) ou de 45 % à 65 % de votre fréquence cardiaque maximale.

6e et 7e semaines. Faites des marches de 30 minutes au moins 3 jours par semaine, tout en respectant la **dose quotidienne** recommandée. Au besoin, divisez les marches de 30 minutes en 2 marches de 15 minutes.

8e et 9e semaines. Haussez encore votre niveau d'activité et marchez 30 minutes chaque jour, au moins 5 jours par semaine.

10e semaine. Faites votre parcours et chronométrez votre temps de nouveau. Votre vitesse devrait s'être améliorée sans effort supplémentaire. Voilà qui indique que votre cœur devient plus fort et plus efficace.

MARCHER POUR **PERDRE DU POIDS**

*Si vous avez toujours eu du mal à contrôler votre poids durant des années,
un bon régime alimentaire et de l'exercice physique peuvent faire des miracles.
Contrairement à bien des sports, la marche peut s'intégrer si facilement dans
votre quotidien que vous n'aurez même pas l'impression de faire de l'exercice.*

Les gens prennent du poids principalement parce que la quantité de calories qu'ils consomment par le biais de l'alimentation est plus grande que la quantité de calories qu'ils dépensent par le biais de l'exercice physique. La façon de perdre du poids se résume donc à manger moins et à faire plus d'exercice.

Les gens abandonnent souvent les activités physiques vigoureuses, comme le jogging ou le conditionnement physique au gymnase, parce qu'ils n'aiment pas les pratiquer ou parce qu'elles sont trop exigeantes. La marche, au contraire, est une activité que tout le monde peut pratiquer et qui est à la fois sécuritaire et agréable. Comme il est facile de s'y adonner régulièrement, la marche permet de perdre du poids de façon durable, ce qui se révèle particulièrement difficile pour bien des gens.

Comment l'exercice contribue à la perte de poids

En théorie, une calorie consommée est égale à une calorie dépensée (voir l'encadré à la page suivante). Autrement dit, le fait de manger moins donne les mêmes résultats qu'une augmentation de l'activité physique. Dans les faits, cependant, cette équation n'est pas tout à fait exacte. L'expérience nous enseigne qu'un régime amaigrissant seul n'est pas aussi efficace pour perdre du poids qu'une bonne alimentation combinée avec de l'exercice physique.

Revigorer son métabolisme

Chaque jour, même lorsque vous restez au lit, votre corps dépense une certaine quantité de calories pour assurer la circulation sanguine, la digestion des aliments et la crois-

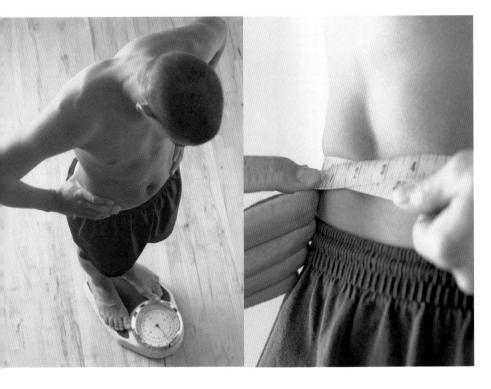

Des mesures variées
Même si vous peser peut être une façon encourageante de surveiller votre poids, d'autres mesures, comme l'indice de masse corporelle ou le rapport taille/hanches, permettent de faire une évaluation plus précise.

sance des cellules, et pour remplir bien d'autres fonctions encore. La quantité d'énergie calorique nécessaire à toutes ces fonctions se nomme métabolisme basal (MB). Cette énergie diffère de l'énergie requise pour faire des activités physiques telles que marcher. Le MB varie selon le sexe, le poids, la stature et, en particulier, la quantité de tissus adipeux par rapport à la quantité de tissus musculaires de chaque personne, car les tissus musculaires continuent de brûler des calories, même au repos. Plus vous êtes en forme, plus votre masse musculaire est dense et plus votre dépense énergétique est grande simplement pour assurer le maintien de vos fonctions vitales.

Quand vous marchez, non seulement vous brûlez des calories, mais aussi vous fortifiez vos muscles, de sorte que votre corps continue à brûler des calories longtemps après la fin de votre exercice. De plus, une fois que vous avez perdu du poids, le fait de marcher régulièrement vous permet de ne pas le reprendre.

Atteindre son poids idéal

En mesurant votre poids et votre taille (voir pages 146 et 147), vous avez pu vérifier si ceux-ci étaient « normaux » d'après votre indice de masse corporelle (IMC) ou votre rap-port taille/hanches. Bien que les organismes de santé utilisent ces mesures pour vérifier le poids idéal d'une personne en fonction de sa taille, il se peut que celles-ci ne correspondent pas à vos aspirations relativement à votre poids. Vous pouvez les juger trop indulgentes et vous sentir plus heureux si vous pesez un peu moins ; ou vous pouvez les juger trop sévères et penser que vous ne répondrez jamais à ces critères. Ne vous laissez pas décourager par des tableaux et des chiffres. Si vous préférez ne pas prendre ces mesures, visez simplement à être en meilleure forme physique et en meilleure santé. Votre poids diminuera lentement, mais sûrement.

Même si votre poids est normal, vous devriez quand même le surveiller. En effet, en vieillissant, notre corps travaille au ralenti et dépense moins d'énergie. Ainsi, une personne dans la quarantaine qui fait moins de 30 minutes d'exercice modéré par semaine peut prendre en moyenne environ 1 kg (2,2 lb) par année. La simple consommation de 75 calories supplémentaires par jour — par exemple, un seul biscuit au chocolat — qui excéderait l'énergie dépensée entraînerait un gain annuel de poids d'environ 3,5 kg (8 lb) par année. Cependant, une marche quotidienne de 30 minutes peut brûler 120 calories ou même davantage.

L'ÉQUILIBRE ÉNERGÉTIQUE | Des explications

Le gain ou la perte de poids sont régis par une règle bien simple : si la quantité d'énergie que vous consommez chaque jour est égale à celle que vous dépensez, votre poids devrait normalement demeurer stable. S'il y a déséquilibre entre la consommation et la dépense, le poids varie. Ainsi, si l'apport calorique est supérieur à la dépense calorique, il s'ensuivra un gain de poids. À l'inverse, si l'apport calorique est inférieur à la dépense calorique, il y aura perte de poids.

Vous pouvez faire pencher la balance de votre côté soit en mangeant moins d'aliments riches en calories, soit en augmentant votre activité physique, ou, mieux, en faisant les deux. En effet, un régime alimentaire sain associé à une plus grande activité physique demeure de loin la meilleure méthode. En vous attaquant au problème sur ces deux fronts, non seulement vous mangerez moins, mais vous serez en meilleure santé et obtiendrez des résultats durables.

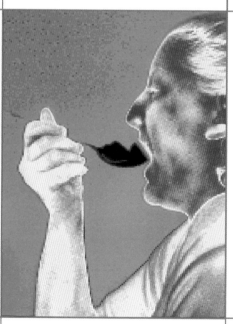

MARCHER POUR **PERDRE DU POIDS**

Vous pouvez suivre ce programme si :

▶ vous avez de l'embonpoint et avez un IMC de plus de 25, ou encore un rapport taille/hanches supérieur à 1 si vous êtes de sexe masculin ou supérieur à 0,85 si vous êtes de sexe féminin ;

▶ vous êtes incapable de parcourir 1,6 km (1 mi) à pied en moins de 18 minutes ;

▶ votre objectif à court terme est de perdre du poids et votre objectif à long terme, de maintenir votre nouveau poids ;

▶ vous avez essayé d'autres types d'exercices, mais ne les avez pas appréciés ou ne trouvez pas le temps de vous y adonner ;

▶ vous voulez réduire les risques de maladies cardiaques et d'infarctus en perdant votre excédent de poids et en renforçant votre cœur.

Marcher est idéal pour perdre du poids. La marche est un exercice assez facile pour tous, mais elle entraîne une dépense énergétique non négligeable. En outre, vous pouvez marcher à votre rythme tout en vous mettant en forme progressivement. Le présent programme offre une solution réaliste, sécuritaire et efficace dans la lutte contre l'embonpoint.

Le programme en soi sera bénéfique, mais si vous désirez vraiment que votre programme de marche en vue de perdre du poids soit pleinement efficace, vous devez surveiller votre régime alimentaire en même temps. Essayez de réduire votre consommation de matières grasses, de sucres raffinés et de féculents tels que le pain blanc, les croustilles, les biscuits, les gâteaux, la crème glacée, les friandises et les boissons gazeuses. Mangez plutôt des fruits et des légumes, des viandes blanches, du poisson, des aliments riches en glucides non raffinés tels que les céréales, le pain et les pâtes de blé entier ainsi que le riz brun. Ces derniers aliments vous

1re semaine

Jour 1. Même si vous brûlez des calories quelle que soit votre vitesse de marche, vous en brûlerez davantage si vous marchez le plus vite possible. Marchez d'abord d'un pas modéré.

Jour 2. Marchez pendant au moins 10 minutes tout en vous concentrant sur votre posture. Rentrez votre ventre et allongez votre dos. Vous vous sentirez plus mince.

Jour 3. Marchez pendant 20 minutes d'un pas de modéré à rapide. Plus tard dans la journée, faites encore une autre marche de 10 minutes — allez rendre visite à un ami à pied ou sortez durant votre pause de midi.

Jour 4. Avant de sortir, essayez de déterminer un trajet que vous pourrez faire chaque jour de l'année et qui, de préférence, commencera à partir de chez vous. Le trajet devrait avoir de 1,5 à 3 km (1 à 2 mi). Faites-en l'essai ; le parcourir ne devrait pas vous prendre plus de 40 minutes. Ce trajet deviendra votre parcours. Vous pouvez toujours revenir sur vos pas si vous ne voulez pas vous aventurer trop loin.

Jour 5. Faites votre parcours et chronométrez votre temps. Marchez aussi vite que vous le pouvez sans vous épuiser.

Jour 6. Faites 2 périodes de 15 minutes de marche à un pas modéré.

Jour 7. Faites une longue marche d'une heure ou plus aujourd'hui, en adoptant un pas de modéré à rapide durant au moins 20 minutes. Essayez de fournir un effort d'intensité faible ou modérée (12 à 13 selon l'échelle de Borg) ou de travailler de 60 % à 65 % de votre fréquence cardiaque maximale.

2e semaine

Continuez à marcher selon la **dose quotidienne** recommandée, tout en essayant d'augmenter la durée de vos marches jusqu'à 45 minutes lorsque vous le pouvez.

De plus, faites une marche plus longue, d'une durée allant jusqu'à une heure, au cours de laquelle vous marcherez pendant 20 minutes d'un pas de modéré à rapide ou de 60 % à 70 % de votre fréquence cardiaque maximale, à une intensité de 12 à 14, selon l'échelle de Borg.

S'il vous est impossible de marcher au cours d'une journée, réduisez le nombre de calories que vous consommerez pour compenser le manque d'exercice.

fourniront l'énergie nécessaire à votre activité physique, mais ne vous feront pas prendre autant de poids que les premiers (voir pages 90 et 91). Comme leur teneur en fibres est plus élevée, ils sont plus nourrissants et diminuent votre besoin urgent de prendre une collation.

Plus vous marcherez, plus vous perdrez du poids rapidement. Toutefois, la meilleure façon de maigrir et de maintenir son poids est de perdre graduellement des kilos, à un rythme de 0,5 à 1 kg (1 à 2 lb) par semaine.

Dose quotidienne

Marchez 30 minutes par jour à une allure modérée. Ainsi, vous brûlerez de 110 à 170 calories supplémentaires. Faites cet exercice tous les jours.

LA VALEUR DE LA MARCHE

La dépense énergétique d'une personne de 70 kg (150 lb) qui marche en terrain plat est indiquée ci-dessous. Elle est plus grande si l'on monte une pente en se servant de bâtons de marche ou si l'on marche sur le sable d'une plage.

Vitesse de marche	Nombre de calories dépensées en 1 heure
Lente, environ 3 km/h (2 mi/h)	240
Modérée, environ 5 km/h (3 mi/h)	280
Rapide, environ 6,5 km/h (4 mi/h)	420
Très rapide, environ 7 km/h (4,5 mi/h)	500

3e, 4e et 5e semaines

Marchez selon la **dose quotidienne** recommandée dans ce programme, mais augmentez la durée des marches à 45 minutes au moins 4 jours par semaine. Vous pouvez diviser ces marches en périodes de 15 minutes s'il le faut. Marchez à une intensité modérée (13 à 14 selon l'échelle de Borg) ou de 65 % à 70 % de votre fréquence cardiaque maximale.

Au moins une fois par semaine, remplacez l'une de vos marches de la **dose quotidienne** par votre parcours. Cherchez à réduire votre temps, ne serait-ce que de quelques secondes.

Au cours de ces semaines, vous pourrez commencer à remarquer les effets de votre activité sur votre taille et votre silhouette. Ces résultats vous encourageront à poursuivre votre programme de marche. Vérifiez si vous atteignez vos objectifs.

6e à 11e semaine

Marchez selon la **dose quotidienne** recommandée dans ce programme, avec des marches de 45 minutes au moins 4 jours par semaine. Si vous suivez un régime, la perte de poids commence à stagner à cette étape. Ajoutez des pentes à votre trajet et utilisez vos bras pour brûler plus de calories. À une vitesse de 5,5 km/h (3,5 mi/h), la dépense énergétique est de 400 à 500 calories par heure (voir page 48) quand vous marchez sur un terrain en pente.

De nouveau, remplacez l'une de vos marches de la **dose quotidienne** par votre parcours, au moins une fois par semaine. Cherchez à réduire votre temps à chacune de ces marches.

Faites une marche plus longue chaque semaine. Pour varier votre parcours et vous garder motivé, partez à la découverte de nouveaux chemins dans votre région.

12e semaine et +

À ce point de votre programme, la **dose quotidienne** de marche devrait faire partie intégrante de votre vie. Si vous conservez l'habitude de marcher, vous pourrez maintenir votre poids.

Faites également des marches plus longues et laissez les paysages vous inspirer. Marchez tout en découvrant de nouveaux endroits et en vous faisant de nouveaux compagnons. Vous pouvez également vous joindre à un groupe de marche.

Si vous avez observé rigoureusement votre programme de marche et adopté une saine alimentation, les résultats seront déjà apparents. Vous serez plus svelte et vos muscles se seront raffermis. Si vous vous pesez, ou encore si vous calculez votre IMC ou votre rapport taille/hanches, comparez ces nouvelles données avec celles que vous avez prises avant d'entreprendre votre programme. Si vous n'avez pas encore obtenu les résultats escomptés, il vous faudra peut-être un peu plus de temps pour y arriver. Continuez à suivre le programme de marche.

MARCHER QUAND ON A **MAL AU DOS**

Vous pouvez suivre ce programme si :

► votre travail vous force à passer de longues heures devant votre ordinateur ou derrière le volant de votre automobile ;

► vous avez des raideurs au dos quand vous vous levez le matin ;

► vous sentez souvent une tension et une douleur dans votre dos, votre cou ou vos épaules ;

► vous êtes en convalescence après une blessure mineure au dos ;

► On vous a recommandé d'éviter les exercices violents, comme soulever des poids, en raison de la tension musculaire que subit alors votre dos.

La plupart d'entre nous avons déjà souffert de maux de dos au cours de notre vie. Ceux-ci sont souvent provoqués par une inflammation mineure. Parfois, cependant, ils peuvent nuire à notre fonctionnement normal au travail ou à la maison. Ce programme a été conçu pour soulager les raideurs et les douleurs au dos et augmenter la mobilité et la force de celui-ci.

Les maux de dos sont courants en raison du mode de vie sédentaire des gens. Autrefois, nos ancêtres couraient dans la forêt pour chasser et se nourrir. Aujourd'hui, nous n'avons plus qu'à nous rendre au supermarché pour nous approvisionner en nourriture. En outre, le fait de rester assis durant de longues périodes derrière le volant de l'automobile ou devant l'écran de l'ordinateur peut causer des problèmes de dos récurrents.

Les physiothérapeutes, médecins, orthopédistes, chiropraticiens, ostéopathes et autres spécialistes recommandent

1re semaine

Jour 1. Commencez à marcher. Parcourez une distance qui ne vous demande pas trop d'effort. Par exemple, rendez-vous simplement chez un voisin ou à une boutique à proximité de chez vous. Refaites cette courte marche au moins une fois au cours de la journée.

Jour 2. Effectuez de nouveau le même trajet. Essayez de marcher tôt le matin, quand la raideur musculaire ou la douleur sont plus grandes. Si la douleur s'intensifie pendant que vous marchez, ralentissez jusqu'à ce qu'elle diminue. Il importe d'étirer vos muscles après chacune de vos marches (voir pages 40 à 43). Maintenez chaque étirement durant au moins 30 secondes pour en retirer le maximum de bienfaits. Si l'un des étirements vous cause une douleur, cessez de le faire et consultez votre médecin.

Jour 3. Reposez-vous. Profitez-en pour étudier une carte géographique et trouver d'autres endroits où vous aimeriez marcher.

Jour 4. Faites 2 marches de 10 minutes chacune. Concentrez-vous sur votre posture et sur la position de vos pieds (voir pages 26 et 27).

Jour 5. Marchez selon la **dose quotidienne** recommandée. Au cours de cette semaine, vous évaluerez vos limites et votre capacité. Si vous ressentez une douleur et qu'elle s'aggrave, consultez votre médecin.

Jour 6. Allez marcher 3 fois, même si ce n'est que pendant 10 minutes chaque fois. Augmentez la distance de l'une de ces marches.

Jour 7. Marchez selon la **dose quotidienne.** Tenez-vous bien droit et concentrez-vous sur le maintien d'une bonne posture. Vérifiez votre posture en regardant votre reflet dans une vitrine, s'il y en a sur votre route.

2e et 3e semaines

S'il n'y a pas d'autres activités au programme, marchez selon la **dose quotidienne.** Il importe de faire des marches courtes mais fréquentes afin de renforcer la musculature de votre dos et de garder vos muscles bien échauffés et mobiles. Rappelez-vous de bien étirer vos muscles, en particulier vos ischio-jambiers.

Essayez de doubler la **dose quotidienne** au cours de ces 2 semaines et de marcher 2 fois par jour pendant 10 à 15 minutes chaque fois.

Dose quotidienne

Saisissez toutes les occasions de marcher le jour, même si vous ne faites qu'une marche autour d'une salle. Marchez pendant au moins 10 à 15 minutes chaque jour.

tous de marcher pour soulager les maux de dos, puisque cet exercice est efficace et peu susceptible de causer des blessures. Si vos maux de dos sont reliés à une surcharge pondérale, la marche peut contribuer à soulager la douleur, car elle aide à faire perdre du poids. Les maux de dos sont souvent causés par une mauvaise posture. Il vous faut donc prêter une attention particulière à votre technique de marche (voir pages 26 à 29). De plus, des chaussures bien ajustées (voir page 125) sont essentielles, car elles contribuent à maintenir la colonne vertébrale bien droite.

LA SÉCURITÉ D'ABORD

Consultez toujours votre médecin aussitôt que vous éprouvez un problème de dos particulier. Il est peu probable qu'il vous dise que ce n'est pas une bonne idée de marcher ou que cela risque d'augmenter la douleur. Il vous faut toutefois connaître la cause de votre mal. Ne vous inquiétez pas si vous ressentez un malaise lorsque vous commencez à marcher ; ce malaise passera rapidement. S'il empire ou persiste, retournez voir votre médecin.

4e et 6e semaines

Augmentez votre **dose quotidienne** de marche de façon à marcher de 20 à 30 minutes par jour, 5 jours par semaine, ou à faire 2 marches de 15 minutes chaque jour. Augmentez progressivement la distance à parcourir et votre vitesse de marche.

En plus de votre marche quotidienne, marchez autour d'une salle ou montez et descendez les escaliers durant quelques minutes au moins une fois toutes les deux heures.

Évitez de rester assis durant de longues périodes. Pensez à votre posture. Le fait de marcher en voûtant les épaules ou en inclinant le haut de votre corps en avant vous causera des douleurs au dos. Si vous ajoutez une séance de marche sur tapis roulant à vos exercices de marche à l'extérieur, vous vous concentrerez davantage sur votre forme physique.

7e à 9e semaine

Quand votre douleur au dos commencera à s'atténuer, augmentez votre vitesse de marche et la distance à parcourir. Essayez de marcher pendant 30 minutes par jour au cours de ces 3 semaines. Ne vous en faites pas si, au début, les progrès vous semblent lents. Chaque personne est différente, de même que chaque dos.

Variez vos trajets pour rompre la monotonie. Lorsque c'est possible, donnez un but à votre marche, comme vous rendre à une boutique des environs, à la banque ou chez un ami. Plutôt que d'utiliser votre automobile, saisissez toutes les occasions de marcher.

10e semaine et +

Reprenez le programme de la septième à la neuvième semaine. La marche devrait maintenant faire partie de votre emploi du temps quotidien, de même que les exercices d'étirement. Étirez bien les muscles de votre dos, de vos épaules, de votre cou et de votre poitrine afin d'éliminer la tension musculaire. Détendez-vous dans un bain chaud si vos muscles sont endoloris après un exercice de marche.

À cette étape de votre programme, vos maux de dos devraient s'être atténués et vous devriez sentir les bienfaits d'une perte de poids. "

MARCHER QUAND ON **SOUFFRE D'OSTÉOPOROSE**

Vous pouvez suivre ce programme si :

▶ vous souffrez d'ostéoporose et votre médecin vous a conseillé de faire plus d'exercice physique ; des membres de votre famille souffrent d'ostéoporose ;

▶ vous êtes ménopausée ;

▶ votre IMC est inférieur à 18,5 ou vous avez suivi un régime amaigrissant à maintes reprises au cours de votre vie ;

▶ votre alimentation n'est pas bien équilibrée ou vous ne consommez pas d'aliments riches en calcium et en vitamine D ;

▶ vous prenez ou avez pris des médicaments qui affaiblissent les os, comme des corticostéroïdes, pour traiter une polyarthrite rhumatoïde, la maladie de Crohn ou de l'asthme grave.

Dès le début de la trentaine, les os se mettent à perdre de leur densité. On parle d'ostéoporose lorsque les os sont devenus si minces que des fractures sont susceptibles de se produire. Ce sont surtout les femmes qui sont touchées par cette affection.

Plusieurs facteurs interviennent dans la prévention et le contrôle de l'ostéoporose. Le fait de marcher régulièrement peut aider à contrer la déperdition osseuse, car il s'agit d'un exercice où l'ossature se renforce en raison du poids du corps qu'elle doit supporter (voir page 104). Pour garder vos os forts, vous devriez faire tous les jours des exercices dans lesquels vous portez la charge de votre corps. Toutefois, si vous désirez accroître votre densité osseuse, vous devriez augmenter graduellement le poids que vous placez sur votre corps, de semaine en semaine. Cela ne signifie pas pour autant qu'il faut marcher plus vite. En fait, il suffit d'introduire du travail en pente ou une autre forme de résistance, comme la marche sur le sable. Outre la marche, faites d'au-

1re semaine

Au cours de cette semaine, faites 3 courtes marches de 10 à 15 minutes chacune. Ces marches constitueront votre **dose quotidienne.** Apprivoisez-vous à l'idée qu'il vous faudra marcher tous les jours.

Jour 1. Faites une marche de 10 minutes. Choisissez des terrains plats et nivelés. Marchez à une vitesse qui vous convient.

Jour 2. Marchez pendant 10 minutes en empruntant le même chemin que la veille. Concentrez-vous sur votre technique et assurez-vous que votre posture est bonne (voir page 29), c'est-à-dire que vos muscles abdominaux sont rentrés afin de renforcer votre dos.

Jour 3. Marchez pendant 15 minutes en empruntant cette fois un trajet différent. Maintenez un pas modéré et rappelez-vous d'adopter une bonne posture (voir pages 28 et 29).

Si votre médecin vous a confirmé une déperdition osseuse, profitez de cette semaine pour vous faire à l'idée que la marche est salutaire pour vous. Pensez aux bienfaits de cet exercice qui renforce les os supportant votre corps. Il importe de vous rappeler que le fait de marcher régulièrement est plus bénéfique pour la santé que de rester assis et de laisser vos os et vos muscles s'affaiblir. Si vous éprouvez une douleur persistante quand vous cessez votre activité physique, consultez votre médecin.

2e semaine

Marchez selon la **dose quotidienne** recommandée, d'un pas de lent à modéré, chaque jour au cours de cette semaine, mais essayez d'augmenter la durée de 3 de ces marches à 20 minutes.

Quand vous marchez, concentrez-vous sur le balancement de vos bras. Rappelez-vous d'allonger votre dos en marchant afin de développer vos muscles dorsaux situés près de la colonne vertébrale. Plus votre musculature assurera un bon soutien à votre colonne vertébrale, plus celle-ci sera protégée des fractures et moins votre dos sera voûté.

Si, pour une raison ou une autre, vous trouvez difficile de sortir à l'extérieur, montez et descendez un escalier pendant 10 minutes ou faites des sauts pendant 1 minute en remplacement des marches prévues dans la dose quotidienne.

> **Dose quotidienne**
>
> Essayez de marcher pendant au moins 10 minutes par jour, en augmentant votre temps de marche au fil des semaines pour le porter à 20 minutes par jour vers la fin de votre programme. Ajoutez du travail en pente quand vous le pouvez.

tres exercices dans lesquels la charge appliquée sur les os est modérée, comme du jogging, de la danse aérobique avec banc et des sauts. Quand on est atteint d'ostéoporose, les seuls sports à éviter sont les sports de contact ou ceux qui présentent un risque élevé de chutes, tels que le ski alpin ; toute chute représente un risque de fracture.

La marche est un excellent exercice pour améliorer votre équilibre, lequel est important si vos os ont aminci. Complétez ce programme de marche avec les exercices d'équilibre présentés à la page 179. Faites-les une fois par semaine. Si vous manquez d'équilibre, exécutez ces exercices avec l'aide d'un ami.

L'HORMONOTHÉRAPIE SUBSTITUTIVE EST BONNE POUR VOS OS

Les femmes qui font de l'exercice régulièrement et qui suivent une hormonothérapie substitutive augmentent leur densité osseuse bien plus que les femmes qui ne font que de l'exercice ou qui ne suivent qu'une hormonothérapie substitutive. Les femmes qui sont actives réduisent leurs risques de fractures des os de moitié comparativement aux femmes qui ne font pas d'exercice physique.

3ᵉ et 4ᵉ semaines

Continuez à marcher selon la **dose quotidienne**, mais augmentez à 20 minutes la durée de 4 de ces marches. Faites le même trajet au cours de la plupart de ces marches afin de pouvoir vous concentrer pleinement sur votre posture et votre technique de marche et de ne pas vous laisser distraire par un environnement nouveau.

Choisissez des terrains plats et nivelés afin de développer vos muscles et vos os sans leur faire subir une tension inutile.

5ᵉ, 6ᵉ et 7ᵉ semaines

Augmentez votre **dose quotidienne** de marche de façon à en venir à marcher pendant 20 minutes 5 fois par semaine. Ajoutez des pentes douces à l'occasion d'au moins deux de ces marches. Étant donné qu'une inclinaison augmente la force de gravité contre laquelle vous travaillez, la charge appliquée sur le squelette augmente également. Le fait de monter des pentes favorise aussi le développement de la musculature des hanches ; comme les hanches sont particulièrement fragiles, il importe de les renforcer afin de les protéger. Il n'est pas nécessaire que votre pas soit rapide, car c'est la distance parcourue et non l'intensité de la marche qui contribue à améliorer la condition musculo-squelettique (la force des muscles et des os).

8ᵉ à 10ᵉ semaine et +

Votre **dose quotidienne** devrait maintenant comprendre des marches de 20 minutes chaque jour, qui peuvent au besoin être divisées en 2 périodes de 10 minutes.

Ajoutez quelques pentes douces à votre programme de marche ou attaquez-vous à des pentes plus abruptes. S'il n'y a pas de côtes dans votre région, montez et descendez les escaliers plus souvent. Outre la marche, faites des exercices dans lesquels une charge est appliquée sur vos os, comme la danse ou les sauts.

MARCHER POUR **COMBATTRE LE STRESS**

Vous pouvez suivre ce programme si :

▶ vous avez de la difficulté à vous endormir ou vous vous réveillez la nuit, assailli par des pensées dérangeantes ;

▶ vous souffrez régulièrement de maux de tête, de migraines, de douleurs au cou ou au dos, ou d'autres affections dues au stress, comme le syndrome du côlon irritable ;

▶ vous faites de l'hypertension ;

▶ vous vous sentez abattu ou incapable de relever de petits défis ou vous craignez le changement ;

▶ vous avez besoin de prendre de l'alcool ou de fumer pour vous détendre, en particulier lorsque vous avez eu une mauvaise journée.

Vous sentez-vous souvent fatigué, mais continuez quand même à vous démener, obsédé par les détails du quotidien ? Vous sentez-vous débordé par toutes les choses à faire : les factures à payer, les courriels à rédiger, la paperasse qui se multiplie et les travaux ménagers qui s'accumulent ? Compromettez-vous l'atteinte de vos objectifs pour répondre aux attentes des autres ? Ce sont là des causes habituelles de stress.

La plupart d'entre nous connaissons des épisodes d'anxiété. L'anxiété nous empêche de vivre un bonheur paisible. Parfois, les problèmes encombrent notre esprit, tout comme les innombrables objets inutiles accumulés dans son garage. De la même manière, si ces problèmes ne sont pas réglés ou éliminés, ils finissent par prendre toute la place. Il est toujours possible de refermer la porte et de s'enfuir, mais la situation ne ferait alors qu'empirer. La solution est de vous réserver du temps tous les jours pour vous retrouver

1re semaine

En plus de la **dose quotidienne** de marche, réservez-vous du temps au cours de cette semaine pour faire au moins 2 marches de 20 minutes. En allant marcher à votre convenance, pour votre propre plaisir, vous franchissez une première étape : vous croyez en vous, respectez vos besoins et prenez votre vie en main. C'est un premier pas qui démontre votre volonté à vous-même et aux autres. Par conséquent, au cours de cette semaine, sortez !

2e semaine

Faites au moins les marches de la **dose quotidienne**, en augmentant leur durée à 20 minutes en 2 occasions, si vous le pouvez.

En outre, trouvez le temps de faire une marche un peu plus longue, d'au moins 30 minutes. En marchant, laissez votre pensée vagabonder pendant un moment. Puis, essayez de concentrer votre esprit sur les gens que vous croisez, sur les édifices ou sur le paysage qui bordent votre route. Êtes-vous sans cesse tenaillé par les mêmes problèmes, peu importe ce que vous regardez ? Dans l'affirmative, c'est que ces problèmes sont vraiment importants dans votre vie. Jetez sur papier vos pensées et classez-les par catégories, selon qu'elles sont reliées à votre travail, à des soucis financiers ou à des problèmes familiaux. Songez à des solutions tout en marchant.

3e et 4e semaines

Au cours de ces deux semaines, continuez à respecter au moins la **dose quotidienne** de marche.

Efforcez-vous d'ajouter 2 marches de 45 minutes chaque semaine. Faites un échauffement, augmentez votre vitesse et marchez aussi vite que vous le pouvez pendant aussi longtemps qu'il vous est possible de maintenir cette allure. Cela vous aidera à chasser tout sentiment agressif de vos pensées, à calmer vos émotions et à vous concentrer exclusivement sur votre exercice plutôt que sur vos problèmes émotifs.

Après cette marche rapide, ralentissez et dirigez vos pensées vers vos problèmes de nouveau. Si, pendant votre réflexion, vous vous dites : « J'aurais dû… », c'est que vous êtes sur la mauvaise voie. L'emploi du conditionnel traduit la responsabilité ou la culpabilité. Utilisez votre temps de marche pour vous débarrasser de ces associations.

> **Dose quotidienne**
>
> Marchez pendant 10 minutes chaque jour pour vous accorder un temps de réflexion. Utilisez ce répit pour faire le vide dans votre esprit et oublier vos tracas. Essayez d'éviter la circulation dense et les rues bondées de monde.

DES PAS EN VUE DE RÉDUIRE LE STRESS

Dans bien des cas, vous pouvez réduire votre anxiété simplement en organisant votre vie de façon plus productive. Voici les étapes à suivre pour réussir à réduire le stress; pensez-y tout en marchant.

► **1.** Ayez confiance en vous et dites-vous que vous pouvez être maître de votre vie.

► **2.** Relevez toutes les causes possibles de stress, qu'elles soient liées au travail, à des soucis financiers, à des problèmes de santé, à des ennuis familiaux ou à des conflits personnels. Classez-les par catégories.

► **3.** Étudiez chacune des catégories précédentes et essayez de voir quels changements vous pourriez apporter. Commencez de façon méthodique par les problèmes simples.

► **4.** Demandez-vous si une aide extérieure, comme un gardien d'enfants, un conseiller financier ou simplement un bon ami, ne pourrait pas vous être bénéfique.

avec vous-même, mettre de l'ordre dans vos pensées et commencer à résoudre vos problèmes. À la longue, vous arriverez à affronter les difficultés de la vie. Si vous souffrez de symptômes physiques du stress, tels une tension dans les épaules, des maux de tête ou de l'insomnie, la marche peut vous soulager, car elle stimule la production d'endorphines, lesquelles procurent un sentiment immédiat de bien-être.

5ᵉ et 6ᵉ semaines

Essayez de marcher chaque fois que vous en avez l'occasion, en particulier les jours où vous vous sentez dépassé par les événements. Augmentez la durée des marches de la **dose quotidienne** à 15 ou 20 minutes, et ce au moins 3 ou 4 fois par semaine.

Si vous sentez que votre charge de travail ou que vos problèmes reliés au travail sont les causes principales de votre stress, utilisez votre période de repas pour marcher et non pour rattraper un retard dans votre travail. Une simple marche de 15 minutes vous aidera à vous vider l'esprit et à travailler plus efficacement une fois de retour à votre poste.

Faites également une marche ou deux plus longues, d'environ une heure, durant chacune de ces semaines. Profitez de ce temps pour réfléchir sur la façon de résoudre les problèmes que vous avez relevés. Commencez par celui qui est le plus simple à régler, même s'il est sans importance. Après votre marche, faites l'appel téléphonique que vous ne vous décidiez pas à faire ou écrivez cette lettre compliquée à rédiger. Débarrassez-vous de ces tâches pénibles et passez ensuite aux problèmes plus sérieux. Vos longues marches vous aideront à vous libérer l'esprit et à vous calmer. Ainsi, vous gagnerez de l'assurance et serez en mesure d'affronter de plus grandes difficultés. Optez pour un itinéraire où le paysage verdoyant et les cours d'eau sauront apaiser votre esprit.

7ᵉ à 10ᵉ semaine et +

Vous pouvez raccourcir vos marches, mais en faire plus souvent; 4 marches de 30 minutes par semaine sont idéales. En libérant votre esprit de ce qui l'encombre, non seulement vous trouverez plus facile de réfléchir à la façon d'organiser votre vie, mais aussi vous pourrez envisager les choses sous un autre angle.

En marchant, observez les gens que vous croisez; certains ont de plus grandes difficultés que vous et d'autres en ont moins. Si vous suivez des sentiers dans la nature, vous aurez peut-être l'impression d'appartenir à ce grand univers, et cela pourra vous aider à prendre du recul par rapport à vos problèmes. Si vous sentez que votre anxiété s'intensifie de nouveau, refaites les marches plus longues de la cinquième et de la sixième semaine, dans le décor paisible qui vous convient.

MARCHER POUR RETROUVER **LA JOIE DE VIVRE**

Vous pouvez suivre ce programme si :

▶ vous êtes dépressif et consultez un thérapeute ou suivez un traitement, mais cherchez des méthodes naturelles complémentaires ;

▶ vous vous remettez d'une dépression et vous vous sentez maintenant prêt à sortir de chez vous ;

▶ vous désirez faire de nouvelles connaissances, élargir votre réseau social et prendre part à de nouvelles activités (dans le cadre de votre programme de rétablissement à la suite d'une dépression).

Nous voulons tous être heureux, mais le bonheur est parfois difficile à trouver. Des études cliniques ont montré que l'exercice remonte le moral et apporte un soulagement quand on est déprimé et que plus rien ne semble aller dans la vie.

Beaucoup d'entre nous connaîtrons des épisodes de stress et d'anxiété à un moment ou l'autre de notre vie. Certains pourront aussi éprouver un vif sentiment de désespoir et ne plus avoir de motivation ni d'intérêt dans la vie. Ce sont là des symptômes de la dépression, une maladie généralement attribuée à une réduction de certaines substances chimiques (les neurotransmetteurs) dans le cerveau. Cette affection parfois débilitante peut cependant être traitée efficacement par une médication appropriée ou par une psychothérapie. L'activité physique peut aussi agir sur les symptômes de la dépression, puisque l'exercice stimule la production d'antidépresseurs naturels, les endorphines, qui jouent un rôle prépondérant dans l'humeur et la réaction du corps au stress.

1re semaine

Sortez aussi souvent que vous le pouvez pour marcher selon la **dose quotidienne** recommandée dans ce programme. Ne vous en faites pas si vous ne sortez pas tous les jours. Profitez de cette semaine pour penser à votre rétablissement.

Trouvez deux occasions de sortir pour marcher sans vous presser dans un parc ou à la campagne. Soyez à l'écoute des sons : le chant des oiseaux, le ruissellement de l'eau, les cris joyeux des enfants, etc. Observez aussi le paysage autour de vous : les nuages, les arbres et les couleurs. Tâchez tout simplement d'apprécier le plaisir d'être dehors.

2e semaine

Faites les marches de la **dose quotidienne** recommandée, tous les jours ou presque. Ne vous en faites pas si vous sautez une journée. Suivez le programme de marche à votre propre rythme.

Faites 3 marches plus longues, de 20 à 30 minutes chacune, en changeant de trajet chaque fois. Vers la fin de la semaine, choisissez la route qui vous servira de parcours, un parcours que vous pourrez effectuer chaque fois que vous aurez besoin de prendre l'air pour réfléchir.

Consacrez l'une de vos marches à penser au temps où vous étiez heureux. Essayez de trouver la raison pour laquelle vous étiez heureux à cette époque. En marchant, rappelez-vous qu'il vous faut libérer votre esprit des pensées empreintes de regrets, comme « j'aurais dû faire ceci ou cela » ou « cela aurait dû se passer de telle ou telle façon ». Concentrez-vous plutôt sur le présent.

3e et 4e semaines

Effectuez votre parcours au moins une fois chaque semaine. Le fait de reprendre le même trajet peut vous aider à suivre l'évolution de vos sentiments. En effet, en utilisant des points de repère précis le long de votre parcours et en y associant les sentiments que vous éprouvez à ce moment-là, vous pourrez suivre l'évolution de vos émotions au fil des jours.

Si vous le pouvez, faites une marche plus longue de 30 à 45 minutes au cours de chacune de ces 2 semaines. À l'occasion de l'une de ces marches, favorisez vos relations sociales et invitez un ami, même si celui-ci ne peut vous accompagner que pour une partie du chemin. Profitez de l'autre marche pour réfléchir aux éléments qui déterminent votre qualité de vie. Dites-vous qu'il y aura toujours de bonnes et de mauvaises choses qui se produiront au cours de votre vie.

Dose quotidienne

Une marche de 10 minutes peut suffire pour libérer des endorphines, lesquelles vous aideront à retrouver le moral. Concentrez-vous sur le moment présent et sachez l'apprécier.

En plus de vous faire prendre conscience des bienfaits psychologiques de l'activité physique, ce programme vous amènera, par une démarche structurée, à réfléchir sur les valeurs profondes de votre vie. Par ailleurs, une interaction sociale peut vous redonner de l'assurance et vous aider à prendre du recul par rapport à vos problèmes. Pour cette raison, essayez de coordonner quelques-unes de vos promenades avec les activités d'amis ou de membres de votre famille; demandez à l'un de vos amis de se joindre à vous ou marchez pour rendre visite à un proche ou à un voisin.

DES ANTIDÉPRESSEURS NATURELS

Selon une étude menée à l'Université de Nottingham Trent et publiée dans le *British Journal of Sports Medicine* en 2001, l'activité physique aide probablement à améliorer l'humeur des gens grâce à une amphétamine naturelle — un stimulant qui a un effet positif sur l'humeur et qui réduit la fatigue — qui est libérée dans le courant sanguin. Le taux du composé phényléthylamine dans le sang est d'environ 80 % plus élevé après 30 minutes de marche sur un tapis roulant. On a noté un faible taux de ces amphétamines naturelles chez les gens déprimés, ce qui porte à croire que l'activité physique pratiquée régulièrement aide à combattre la dépression et peut même favoriser un état d'euphorie naturel.

5ᵉ et 6ᵉ semaines

Continuez à marcher selon la **dose quotidienne.** Essayez de sortir tous les jours, même si ce n'est que pour 5 ou 10 minutes. Profitez de ces courtes périodes pour oublier vos soucis et vous concentrer sur le moment présent.

Faites 3 marches plus longues, de 30 à 40 minutes, au cours de chacune de ces 2 semaines. Une fois que vous vous êtes échauffé, intégrez une période de 5 à 10 minutes de marche très rapide. Puis, graduellement, ralentissez et réfléchissez sur vos sentiments. Si vous sentez une émotion négative revenir à la surface, donnez-y libre cours.

Faites d'au moins une des marches prévues une occasion de relations sociales. Si, un jour donné, vous avez le moral à zéro, ne croyez pas qu'il soit préférable de vous abstenir de marcher avec un ami ou de rendre visite à un proche. Les rencontres et les conversations sont peut-être ce dont vous avez besoin pour recouvrer votre bonne humeur.

Profitez d'une autre de ces marches pour aller observer la nature environnante et l'apprécier. Choisissez un endroit agréable où le paysage vous enchantera, notamment près d'un cours d'eau ou d'une forêt, et méditez sur la vie animale et végétale autour de vous. Plongez dans vos pensées et faites le bilan de ce qui est important pour vous et de ce qui l'est moins.

7ᵉ à 10ᵉ semaine et +

Faites au moins 3 longues marches de 45 à 60 minutes par semaine dans un décor naturel. Réfléchissez sur l'énergie positive et négative. L'énergie positive vous est transmise quand vous passez un temps agréable avec votre famille ou vos amis, ou encore quand vous allez dans la nature. L'énergie négative, elle, provient de sentiments tels que la culpabilité et l'avidité. Une évasion dans la nature pourra vous aider à refaire le plein d'énergie. Évitez de travailler de longues heures et de ne plus trouver le temps de rencontrer vos amis ou de rendre visite aux membres de votre famille. Vous pouvez aussi choisir d'élargir votre réseau social et de vous joindre à un groupe ou à un club de marche (voir page 62).

PROGRAMME
POUR CEUX QUI SONT À COURT DE TEMPS

Vous pouvez suivre ce programme si :

▶ vous avez une vie extrêmement mouvementée et ne pouvez voir comment vous arriverez à intégrer la marche dans votre horaire surchargé ;

▶ vous êtes une mère qui travaille à temps plein et vous essayez de concilier votre vie professionnelle et votre vie familiale ;

▶ vous vous inquiétez de ce que vous passez trop de temps au bureau et avez besoin de quelque chose qui vous forcera à laisser votre travail pour sortir prendre l'air ;

▶ vous cherchez une activité que vous pouvez faire sans être obligé de prendre votre voiture pour vous rendre au gymnase ou au palais des sports ;

▶ vous aimeriez pratiquer une activité sans devoir acheter de l'équipement ou des vêtements particuliers.

La raison le plus souvent invoquée pour ne pas faire d'exercice est le manque de temps. Ce programme vous démontrera que la marche est une activité qui peut être facilement intégrée dans un horaire chargé. Une **dose quotidienne** de 30 minutes de marche peut être divisée en périodes plus courtes qui vous apporteront les mêmes bienfaits.

Le temps est précieux. Ce que vous en faites dépend de vous. Nul doute que certains d'entre nous ont tendance à trop travailler, à passer tout leur temps au bureau et à ramener du travail à la maison. Au cours des dernières décennies, on a vu apparaître une culture du travail selon laquelle interrompre son travail pour prendre sa pause-repas ou quitter le travail à l'heure constituent des signes de faiblesse.

Heureusement, les choses sont en train de changer et les employeurs commencent à reconnaître que les employés les plus productifs ne sont pas toujours ceux qui quittent le bureau tard ou qui travaillent durant la période de repos. De

1re semaine

Jour 1. Faites le bilan de vos activités quotidiennes et voyez si vous pouvez en éliminer une. Par exemple, quelle émission de télévision pourriez-vous manquer ? Quelle tâche pourriez-vous déléguer ? Trouvez du temps pour marcher dans votre journée, ne serait-ce qu'en garant votre voiture loin de votre lieu de travail. Faites une promenade à pied durant votre période de repas et mangez votre sandwich au parc.

Jour 2. Libérez-vous pendant 30 minutes pour faire une marche rapide. Rendez-vous à pied dans un endroit où vous vous rendez habituellement en automobile, par exemple dans un lieu d'activité, dans les boutiques des environs ou à votre bureau, ou encore levez-vous 30 minutes plus tôt le matin.

Jour 3. Essayez d'augmenter l'intensité de votre marche en montant des pentes et en maintenant le même pas en montant que celui que vous auriez en terrain plat. Marchez pendant au moins 30 minutes aujourd'hui.

Jour 4. Réservez-vous une heure pour une marche plus longue au cours des trois prochains jours. Respectez la **dose quotidienne** recommandée pour aujourd'hui.

Jour 5. Si vous aviez prévu faire une marche plus longue aujourd'hui, allez-y. Si cela vous est impossible, faites au moins la **dose quotidienne** de marche.

Jour 6. À moins que vous n'ayez prévu une marche d'une heure aujourd'hui, faites une marche de 20 à 30 minutes à un pas rapide, à une intensité forte (15 à 16 selon l'échelle de Borg) ou de 75 % à 80 % de votre fréquence cardiaque maximale.

Jour 7. Si vous marchez plus longtemps aujourd'hui, alternez des périodes de marche à un pas rapide et des périodes de marche à un pas de modéré à rapide.

2e semaine

Marchez tous les jours cette semaine, même si, certains jours, vous ne pouvez marcher que pendant 15 minutes à un pas rapide. Apportez vos vêtements de marche au travail afin de vous motiver à marcher durant la période de repas.

Essayez de faire une marche plus longue d'une heure au cours de laquelle vous monterez une pente. Travaillez à une intensité de modérée à intense (13 à 16 selon l'échelle de Borg) ou de 65 % à 80 % de votre fréquence cardiaque maximale.

> ### Dose quotidienne
>
> Marchez rapidement pendant 20 à 30 minutes, tous les jours de la semaine ou presque. Si nécessaire, divisez ce temps en deux périodes plus courtes.

AUGMENTER L'INTENSITÉ DE L'EFFORT

Vous pouvez adapter votre programme de marche en fonction du temps dont vous disposez. Rappelez-vous que, dans l'ensemble, l'intensité et la durée de l'exercice sont interchangeables. Autrement dit, une intensité accrue correspond à un effort plus grand pendant un laps de temps plus court, mais avec les mêmes bienfaits.

▶ Utilisez davantage vos bras. Vous solliciterez plus de muscles et votre cœur travaillera plus fort.

▶ Montez des pentes le plus souvent possible, tout en maintenant une bonne cadence. Même une petite pente de 4 % peut entraîner une dépense de trois à cinq calories par minute de plus qu'une marche en terrain plat.

▶ Perfectionnez votre technique de marche à un pas accéléré, de sorte que vous pourrez parcourir une plus grande distance en moins de temps.

fait, ce sont ceux qui profitent de leur temps de loisir pour prendre soin de leur santé qui ont un meilleur rendement global. Faire de l'exercice durant la période de repas vous permettra d'être plus alerte et éveillé l'après-midi. Soit dit en passant, le temps consacré à améliorer votre santé ne sera jamais du temps perdu. D'ailleurs, vous serez largement récompensé si votre santé s'améliore et que vous demeurez en forme et actif dans vos vieux jours.

Afin d'éviter toute blessure, assurez-vous de prévoir un temps d'échauffement et de récupération durant vos périodes de marche.

3ᵉ, 4ᵉ et 5ᵉ semaines

Continuez à marcher selon la **dose quotidienne** recommandée. Travaillez votre technique de marche à un pas accéléré (voir page 45) et utilisez vos bras le plus possible pour vous propulser davantage. Montez des pentes pour accroître l'intensité de votre effort ou ajoutez une résistance en marchant sur des terrains plus exigeants, comme des terrains couverts de sable ou de boue. Surveillez votre posture lorsque vous montez une pente (voir page 48).

Faites 2 marches plus longues de 45 à 60 minutes, en incluant un travail de forte intensité de 20 minutes.

6ᵉ à 11ᵉ semaine

Vous devriez maintenant avoir pris conscience du fait que le temps passé à marcher n'est jamais du temps perdu, mais qu'il est bien dépensé. En effet, vous pouvez profiter de ce temps pour reconsidérer différents aspects de votre vie sous un nouvel angle. Si vous vous joignez à un groupe de marche, ce temps sera une bonne occasion pour développer des relations sociales. Commencez à consigner votre temps de marche dans un journal de bord. Selon l'avis des experts de la condition physique, si l'on veut tirer le maximum de bienfaits de son exercice de marche, il faut fournir un effort d'une intensité allant de modérée à forte pendant 45 à 60 minutes, 3 ou 4 fois par semaine. Visez cet objectif.

12ᵉ semaine et +

Le temps total que vous consacrez à la marche chaque semaine devrait maintenant correspondre à celui-ci :

• 1 marche de 30 minutes, 3 ou 4 jours par semaine, qui peut être partagée en 2 périodes au besoin.

• 2 longues marches de 45 à 60 minutes, dont 20 minutes à une intensité de modérée à forte.

Essayez de ne pas sacrifier votre activité de marche à d'autres occupations. La marche vous aidera à vous détendre et à prendre le recul nécessaire pour mieux juger d'une situation, ce qui vous permettra d'utiliser le reste de votre temps de façon plus efficace.

MARCHER AVEC **DES ENFANTS**

Vous pouvez suivre ce programme si :

▶ vous vous inquiétez de voir que vos enfants passent presque tout leur temps à jouer à des jeux vidéo ou à naviguer sur Internet et ne font que peu d'exercice physique ;

▶ vos enfants semblent peu intéressés à sortir de la maison ;

▶ vous craignez que vos enfants ne prennent de l'embonpoint ;

▶ vous aimeriez faire une activité physique en famille qui serait bénéfique pour la santé de chacun ;

▶ vous voulez marcher, mais ne pouvez le faire sans les enfants.

Les loisirs tournent de plus en plus autour du téléviseur et de l'ordinateur. Les enfants ne marchent plus pour se rendre à l'école ou à leurs loisirs et le risque qu'ils deviennent obèses augmente grandement. Même si les enfants pratiquent plusieurs sports, il est peu probable qu'ils fassent autant d'exercice que les enfants des générations précédentes, ce qui peut avoir de graves répercussions sur leur santé. Si la marche fait partie intégrante de leur vie, cette tendance sera renversée, ce qui les aidera à conserver un poids normal, à renforcer leurs os en pleine croissance et à développer leur coordination. Le fait de pratiquer plus d'activités à l'extérieur aide les enfants et les adolescents à éliminer les tensions et les pressions de leur vie émotive et à être plus heureux et plus équilibrés.

Il n'est pas toujours facile de communiquer son enthousiasme pour la marche à ses enfants. Servez-vous de votre imagination et essayez de donner un thème à vos promenades, comme l'identification des plantes ou de tout autre

1re et 2e semaines

1re semaine

Cette semaine, commencez par faire une longue marche d'environ une heure. Allez marcher près d'une rivière ou d'un lac. Arrêtez-vous pour nourrir les canards. Les enfants apprécieront cette première expérience, pourvu que leur sortie soit attrayante et stimulante.

2e semaine

Pour la deuxième marche, rendez-vous dans un parc ou dans une forêt. Cherchez des idées pour garder les enfants occupés : encouragez-les à creuser le sol avec des bâtons, organisez une course au trésor, demandez-leur de trouver le plus grand nombre d'écureuils ou de champignons, organisez une partie de cache-cache ou faites-les grimper aux arbres. Excitez leur imagination pour les inciter à marcher. Les tout-petits peuvent parcourir environ 1,6 km (1 mi) et les enfants plus âgés, de 3 à 5 km (2 à 3 mi).

3e semaine

Apportez des frisbees, des balles ou des cerfs-volants et rendez-vous dans un vaste endroit à découvert. Garez votre voiture à au moins 1,6 km (1 mi) de votre destination et faites en sorte que les jeux ou les sports soient l'attraction qui vous amène à marcher. L'esprit absorbé par les jeux ou par les cerfs-volants lancés dans les airs, les enfants ne se rendront pas compte qu'ils marchent. Sur le chemin du retour, pour éviter que les enfants ne se plaignent qu'ils sont fatigués ou qu'ils s'ennuient, essayez de les distraire et incitez-les à parler du plaisir qu'ils ont eu.

4e semaine

Une marche centrée sur l'histoire naturelle est à la fois éducative et ludique. Apportez avec vous un livre de sciences, une feuille de papier et deux contenants de plastique. Posez la feuille de papier sous un petit arbre et secouez-le. Toutes sortes d'insectes tomberont de l'arbre sur la feuille et tenteront de s'enfuir. Laissez les enfants les attraper et les mettre dans les contenants pour qu'ils puissent les identifier. Les enfants plus âgés peuvent attraper des papillons, cueillir des fleurs ou découvrir des animaux qu'ils chercheront à identifier. Si vous pouvez faire correspondre cette activité de marche à un sujet qu'ils étudient à l'école, ce sera alors une bonne façon de les amener marcher et vous ferez d'une pierre deux coups.

QUOI APPORTER LORSQU'ON SORT AVEC LES ENFANTS

La plupart des enfants ont besoin d'être fortement encouragés pour aller marcher. Il vaut la peine d'apporter des articles supplémentaires, dont ceux qui suivent :

▶ **Des boissons.** De l'eau, des jus ou des boissons énergisantes.

▶ **Des collations.** Apportez des aliments sains comme des fruits, des barres de céréales et du maïs soufflé pour calmer les enfants quand ils diront « j'ai faim ».

▶ **Un grand sac à dos de promenade.** Pour transporter les coupe-vent et les chandails quand ils auront trop chaud.

▶ **Des chapeaux et des gants.** Pour les mois plus froids.

▶ **Des vêtements supplémentaires.** Utiles quand le temps devient plus frais ou quand vous êtes près d'un cours d'eau.

▶ **Un écran solaire.** Pour les jours ensoleillés, même temps frais.

▶ **Un sac en plastique et quelques chiffons.** Ils sont toujours bien commodes.

detail du paysage. S'ils se montrent résistants, faites preuve de fermeté ; proposez-leur diverses activités toutes axées sur la marche et laissez-les libres de choisir.

Les marches proposées dans ce programme sont des marches hebdomadaires qui demandent une certaine planification. Il est préférable d'amener les tout-petits marcher durant le jour et les enfants plus vieux, après l'école ou la fin de semaine.

5ᵉ semaine

On croit de plus en plus que l'environnement aseptisé dans lequel sont élevés les enfants aujourd'hui contribue à la multiplication des cas d'asthme et d'eczéma. Il n'y a pas de mal à ce que les enfants se salissent un peu et marchent sur des terrains boueux de temps en temps. Pour eux, c'est toujours une expérience amusante. Choisissez un parcours à proximité de chez vous ou rendez-vous en voiture dans un endroit convenable. Marchez pendant au moins deux heures. Les éclaboussures des flaques de pluie (qui vous donneront bien de la lessive) ne sont pas très agréables pour vous, mais les sourires de vos enfants en vaudront bien la peine.

6ᵉ et 7ᵉ semaines

6ᵉ semaine. Une façon de négocier une « vraie » marche avec les enfants est de leur promettre un « vrai » pique-nique à la fin de l'excursion. Si vous faites de longues promenades, munissez-vous d'une poussette ou d'un porte-bébé, au besoin. Cela vous évitera de devoir rebrousser chemin si votre tout-petit est fatigué. Essayez de marcher pendant environ trois heures, le temps de pique-nique compris. Les enfants plus âgés pourront se servir de l'aire de pique-nique comme base pour partir en exploration ou pour s'adonner à des jeux.

7ᵉ semaine. Si vous avez accès à une plage, vous n'avez pas à établir la distance ou le type de marche à l'avance. Collectionnez des coquillages ou du bois de grève, ou encore marchez longtemps sur la plage quand la marée est basse. Faites l'expérience d'autres endroits où marcher, par exemple un sentier autour d'un lac de la région ou des collines.

8ᵉ à 10ᵉ semaine et +

Essayez de combiner le plus de types de marche que vous le pouvez au cours d'une semaine : une marche avec thème s'étendant sur plusieurs heures, une courte marche dans le parc avec les tout-petits (essayez d'intégrer au moins trois de ces marches par semaine), des marches pour aller à l'école et en revenir (chaque jour si possible) et, peut-être, une marche de 30 minutes avec vos enfants plus âgés. Vous aurez alors l'occasion de discuter avec eux de leurs difficultés à l'école ou de tout autre sujet qu'ils voudront aborder.

LES PROGRAMMES POUR **LES GROUPES**

*Élaborer un programme de marche pour un groupe est un véritable défi,
mais combien gratifiant. La clé, c'est de concevoir un programme qui tient
compte de diverses habiletés tout en veillant à ce que tout le monde
travaille selon ses capacités.*

Après avoir décidé de diriger un groupe et effectué toute la recherche et le travail préalables (voir pages 60 et 63), vous pouvez commencer à planifier les marches pour votre groupe. Tout programme est établi à partir d'une structure. Vous pouvez donc organiser la structure de votre programme de manière à augmenter progressivement la vitesse, la durée et l'intensité des marches au fil des semaines. Cette planification contribuera à soutenir l'intérêt des marcheurs et à améliorer leur forme physique.

Cependant, il n'est pas facile de planifier un programme de groupe du fait qu'il s'adresse à des personnes dont les capacités sont différentes. C'est alors que des techniques telles que le travail progressif, le recours à des chefs de groupe et le ciblage des motivations entrent en jeu.

Planifier un travail progressif

Si vous dirigez un groupe de marche, il est bon d'augmenter graduellement la difficulté des marches. La progression devrait être faite en variant la vitesse, la distance, les pentes et les types de terrain. (Il convient de rappeler ici que la marche en descendant est aussi exigeante que la marche en terrain plat.) Vous pouvez classer les marches selon les catégories C, B ou A d'après le niveau de difficulté. Une marche de catégorie C se fera entièrement en terrain plat et sans obstacle, à une vitesse de 4 à 5 km/h (2 ½ à 3 mi/h); une marche de catégorie B se fera principalement en terrain plat, mais comprendra aussi des pentes moyennes; une marche de catégorie A sera composée d'un travail sur plusieurs pentes et sur des sentiers et des terrains accidentés. Vous pouvez

L'esprit de groupe
*Les groupes de marche rassemblent des
gens de tout âge et de divers milieux
pour leur faire partager leur loisir.*

aussi utiliser un système de classement par catégories gra-
duées, comme «Débutant», «Intermédiaire» et «Avancé»,
ou encore par couleurs, comme «Bleu», «Rouge» et
«Noir». Essayez toujours vos parcours avant de les proposer
à votre groupe afin de pouvoir évaluer leur degré de difficulté et d'être en mesure d'informer les marcheurs des conditions particulières de température ou de qualité de sol.

Suivre le chef

Si vous divisez un groupe en vue d'aiguiller chaque sous-
groupe vers différentes routes, il se peut que vous ayez alors
besoin de plus de deux chefs. Le chef le plus important est
toujours celui qui reste à l'arrière du groupe. Sa tâche consiste à suivre le rythme des marcheurs les plus lents, à les
encourager et à les motiver. Les émetteurs-récepteurs porta-
tifs (ou walkies-talkies) se révèlent d'une grande utilité pour
les chefs qui peuvent ainsi communiquer avec les autres
marcheurs à n'importe quel moment au cours de la randonnée. Ils deviennent essentiels si les chefs souhaitent apporter une modification à la route préétablie, par exemple
lorsque le groupe est plus rapide ou plus lent que prévu.

Motiver les autres

Si vous aimez marcher et êtes enclin à encourager vos amis
et les membres de votre famille à marcher, mettez-vous dans
la peau d'une personne sédentaire pour trouver les argu-
ments qui les convaincront. Il ne sert à rien de brandir
l'horaire de vos marches si les gens que vous cherchez à
motiver n'ont même jamais envisagé l'idée de pratiquer la
marche. Il serait plus utile de préparer, à l'intention de ces
personnes, un texte qui explique les bienfaits de la marche et
de garder les horaires pour ceux qui ont déjà décidé de faire
partie de votre groupe.

Pour motiver les marcheurs, une bonne stratégie consiste à les encourager à faire équipe avec quelqu'un dont les
capacités sont semblables. Renseignez les marcheurs sur les
règles de sécurité routière de la page 69 et, avant de vous
mettre en route, avertissez tous les membres de votre
groupe des croisements dangereux, des inégalités des trottoirs ou des nids-de-poule le long de votre parcours.

Les trucs du marcheur expérimenté

PARCOURS POUR LES GROUPES NON HOMOGÈNES

Le parcours en forme de 8
Les marcheurs plus lents compléteront la boucle inférieure du 8, tandis que les marcheurs plus rapides parcourront tout le trajet.

Les espaces découverts
Les parcs et les champs sont des endroits parfaits : les marcheurs plus rapides peuvent marcher autour du périmètre, alors que les marcheurs plus lents traverseront ces terrains.

Les points de repère et les balises
Choisissez plusieurs points de repère naturels ou ajoutez d'autres balises vous-même. Les marcheurs plus rapides qui atteindront ces points peuvent aller et venir entre ces points ou tourner autour de ceux-ci et revenir à l'arrière du groupe.

Les terrains variés
Faites effectuer aux marcheurs les plus rapides un parcours plus exigeant. Par exemple, faites-les mon-ter et descendre une colline, ce qui laissera aux marcheurs plus lents le temps de les rejoindre. Si vous faites une pause, permettez à ces derniers de rattraper le groupe et de se reposer avant que celui-ci reprenne la route.

PROGRAMME POUR **LES GROUPES**

Quel que soit le niveau de votre groupe, il est préférable de faire travailler les marcheurs moins fort plutôt que trop fort durant les premières semaines du programme. Si les gens se plaignent de ce que les marches sont trop faciles, demandez-leur de refaire certaines portions de la route, en particulier les endroits en pente. Si vous travaillez avec plus d'un groupe, rappelez-vous que les programmes pour différents niveaux et capacités peuvent être suivis simultanément chaque semaine. Planifiez des marches d'une heure ou moins afin que les gens puissent y prendre part plusieurs fois par semaine, même s'ils ont un horaire chargé.

Programme de niveau débutant

Pour un groupe sans expérience, choisissez des parcours qui conviennent à ce niveau d'habileté. Évitez les obstacles et les terrains difficiles. Commencez par des routes locales et établissez des trajets de 1,5 à 3 km (1 à 2 mi).

Programme de niveau intermédiaire

Choisissez un trajet de 5 à 6,5 km (3 à 4 mi) pour un groupe de niveau intermédiaire ou groupe B. Les marcheurs de ce groupe seront prêts à gravir des pentes moyennes. Toutefois, vous devriez vous assurer que la plus grande partie de la marche se fera sur un terrain nivelé convenable afin que les marcheurs puissent se concentrer sur l'augmentation de leur vitesse de marche. Enseignez-leur la bonne technique ainsi que la posture à adopter avant d'accélérer l'allure. Incorporez de courtes périodes de marche plus rapide afin d'habituer les membres du groupe à faire travailler des groupes musculaires qu'ils n'ont pas coutume de solliciter.

Programme de niveau avancé

Un groupe de niveau avancé ou groupe A est plus facile à diriger du fait que la plupart des marcheurs sont déjà motivés, enthousiastes et disposés à marcher régulièrement. En plus d'ajouter du travail en pente aux parcours, vous pouvez choisir des sentiers et des terrains plus difficiles. Choisissez des trajets de 8 à 10 km (5 à 6 mi). Beaucoup de gens disent qu'ils « arrivent à un mur » une fois atteinte une vitesse de marche donnée (voir page 155 pour obtenir des conseils sur la façon de franchir cette barrière).

PROGRAMME DE NIVEAU DÉBUTANT

1re semaine

Commencez par une courte marche sur un terrain nivelé. Essayez de faire une marche d'environ 30 minutes, mais prévoyez une façon d'allonger ou de raccourcir le trajet au cas où vous auriez surestimé ou sous-estimé la capacité des marcheurs. Concentrez-vous sur l'enseignement de la bonne technique et de la bonne posture. Intégrez de courtes périodes de marche rapide de 5 minutes, en mentionnant aux membres du groupe qu'ils doivent marcher « comme s'ils étaient en retard à un rendez-vous ». Prévoyez une période d'échauffement et de récupération. Les marcheurs de niveau débutant auront besoin d'un échauffement plus long que les marcheurs de niveau avancé.

2e à 10e semaine

Au cours de ces semaines, poursuivez vos marches courtes sur des terrains nivelés, puis introduisez graduellement de plus longues périodes de marche rapide, en en faisant passer la durée de 10 minutes à la 2e semaine à 20 minutes à la 10e semaine. Le groupe devrait travailler à une intensité modérée (13 à 14, selon l'échelle de Borg) ou de 65 % à 70 % de la fréquence cardiaque maximale. Variez les routes autant que possible afin de rompre la monotonie (pour des idées, voir pages 68 à 75), mais restez principalement sur une surface nivelée.

11e semaine et +

Augmentez la distance à parcourir et faites passer la durée des marches de 30 minutes à 45 minutes. Intégrez au moins 20 à 25 minutes de marche à un pas rapide. Vous devriez travailler à une intensité de 13 à 16 selon l'échelle de Borg ou de 65 % à 80 % de la fréquence cardiaque maximale.

PROGRAMME DE NIVEAU INTERMÉDIAIRE

1re semaine

Les marches de niveau intermédiaire devraient durer de 45 à 60 minutes. Le principe durée/intensité peut toujours être appliqué. Ainsi, si l'on marche plus rapidement pendant un court laps de temps, on retirera les mêmes bienfaits que si l'on marche plus lentement pendant une plus longue période. Les parcours en forme de 8 sont parfaits pour les groupes de marcheurs de niveau intermédiaire, car c'est surtout dans ces groupes que des marcheurs sont plus susceptibles de se laisser distancer par d'autres. Étudiez des façons de regrouper les marcheurs, en choisissant, par exemple, des trajets qui leur permettent d'aller et de venir entre deux points de repère. Ainsi, ceux qui seront à la queue du groupe auront la possibilité de rattraper ou de devancer les autres.

2e à 10e semaine

Intégrez dans vos marches une période de marche rapide à forte intensité (15 à 16 selon l'échelle de Borg) ou de 75 % à 80 % de la fréquence cardiaque maximale. Augmentez la durée de cette période de 15 à 20 minutes dans les premières semaines pour la porter graduellement de 20 à 30 minutes vers la 10e semaine. Augmentez l'intensité en faisant varier le type de terrain et en incluant des pentes. Attardez-vous à enseigner la bonne technique de marche, en particulier dans les montées (voir page 48).

11e semaine et +

Les marcheurs de votre groupe sont maintenant prêts à faire des marches plus vigoureuses, notamment à gravir des pentes plus abruptes ou à accélérer le pas. Trouvez des façons amusantes de faire marcher votre groupe plus rapidement (tout en veillant à ce que les marcheurs maintiennent une bonne technique) en organisant des courses sur de courtes distances. Cet exercice pourra prendre la forme d'une course contre la montre sur une distance de 1,6 km (1 mi) à parcourir à une allure rapide, sans toutefois imposer un effort excessif aux marcheurs.

PROGRAMME DE NIVEAU AVANCÉ

1re semaine

Vérifiez la posture des marcheurs de votre groupe. Même s'ils marchent régulièrement, ils n'ont peut-être pas appris les bonnes techniques de marche. Rappelez-leur que des périodes d'échauffement et de récupération sont nécessaires. Assurez-vous que chacun marche à une intensité modérée durant les cinq ou huit premières minutes de marche. Les bons marcheurs ne prennent pas tous le même temps pour s'échauffer. C'est au début de la marche que les habiletés de chacun peuvent être remarquées. Si certains marcheurs se mettent en route à un pas très rapide, demandez-leur de rebrousser chemin après cinq minutes pour laisser le temps au reste du groupe de les rejoindre.

2e à 10e semaine

Un groupe de catégorie A comprendra des participants compétitifs. Vous devrez repérer ceux qui n'ont pas un esprit compétitif et vous assurer qu'ils ne croient pas ne pas être à la hauteur, sans toutefois négliger de stimuler l'enthousiasme des autres marcheurs. Intégrez des périodes de 10 à 20 minutes de marche très rapide et rappelez aux participants qu'ils ne sont en compétition qu'avec eux-mêmes. Des visages rougis indiquent une fatigue normale saine plutôt que du surmenage. Inquiétez-vous davantage de ceux dont le visage pâlit ou dont la respiration semble pénible.

11e semaine et +

Surveillez le niveau du groupe en entier. Assurez-vous que la majeure partie des marches que vous organisez est appréciée. Planifiez au moins une longue marche par semaine, laquelle comprendra 10 minutes de marche rapide en montant une pente afin de pousser le groupe à travailler encore plus fort.

DES TESTS D'ÉVALUATION **DE LA CONDITION PHYSIQUE COMPLÉMENTAIRES**

Les tests d'évaluation de la condition cardiovasculaire et de la masse pondérale sont utiles pour vous préparer à suivre un programme de marche (voir pages 140 à 147). Vous pouvez également évaluer l'amélioration de votre flexibilité, de votre équilibre et de votre force au moyen des tests présentés dans cette section.

Tout comme pour le test sur piste et l'évaluation du poids dont il a été question au début de ce chapitre, il est préférable de faire les tests complémentaires avant d'entreprendre un programme de marche, puis de les refaire à intervalles réguliers. Servez-vous des tableaux des pages 182 et 183 pour consigner vos données et suivre vos progrès. De plus, étant donné que ces tests sont en même temps des exercices, en les intégrant dans votre programme de marche et en les faisant chaque semaine ou chaque mois, vous verrez vos capacités s'améliorer quant aux aspects concernés.

Êtes-vous flexible ?

L'amplitude de vos mouvements dépend de vos tendons et de vos muscles. Elle détermine la facilité avec laquelle vous pouvez accomplir vos tâches quotidiennes, la marche y compris. La flexibilité décroît avec l'âge, mais ce processus peut être renversé grâce à des exercices d'étirement réguliers. Une plus grande flexibilité des jambes facilite l'acquisition d'une bonne technique de marche et vous permet d'augmenter la longueur et la fréquence de votre foulée. Par conséquent, vous retirez de plus grands bienfaits de vos

Le test du toucher des orteils

Ce test vise à mesurer approximativement la flexibilité du bas de votre dos ainsi que des muscles situés à l'arrière de vos cuisses, les ischio-jambiers. Ces muscles et ces tendons déterminent la longueur de votre foulée ainsi que votre posture. Si vous avez des problèmes de dos ou si vous ressentez une douleur dans ces régions, ne faites pas ce test. Si vous éprouvez une douleur durant l'étirement, cessez immédiatement l'exercice.

Asseyez-vous au sol, les jambes tendues devant vous. Les pieds joints et les orteils pointant vers vous, étirez-vous pour toucher vos orteils. Cette position n'est probablement pas confortable, mais elle ne devrait toutefois pas être douloureuse.

► Si vous n'arrivez pas à toucher vos orteils, c'est que la flexibilité du bas de votre dos et de vos muscles ischio-jambiers est inférieure à la moyenne.

► Si vous pouvez toucher vos orteils, mais que cette position est inconfortable, c'est que la flexibilité du bas de votre dos et de vos muscles ischio-jambiers est moyenne.

► Si vous pouvez toucher vos orteils sans inconfort, c'est que la flexibilité du bas de votre dos et de vos muscles ischio-jambiers est supérieure à la moyenne.

marches (voir page 33). Vos muscles s'étirent de façon naturelle lorsque vous marchez et lorsque vous faites vos exercices de récupération (voir pages 40 à 43). Faites le test de flexibilité régulièrement ; vous serez ainsi à même de constater combien la marche vous est bénéfique.

Avez-vous de l'équilibre ?

Souvent, les gens trouvent qu'en vieillissant leur sens de l'équilibre est moins bon, ce qui entraîne des risques accrus de chutes et de blessures. En conséquence, l'équilibre est un élément important de la condition physique générale. L'équilibre dépend de divers facteurs, et en particulier de la force, de la flexibilité et du travail de cellules spéciales réparties dans tout le corps, que l'on appelle des propriocepteurs. Ce sont des cellules sensitives des terminaisons nerveuses sensitives situées dans les muscles, les tendons, les capsules articulaires, et également dans les cellules auditives de l'organe de l'équilibre de l'oreille interne. Les propriocepteurs

détectent les variations de tension musculaire et de mouvement, puis transmettent continuellement ces informations à la moelle épinière et au cerveau. Ce dernier procède alors aux ajustements nécessaires de toutes les contractions musculaires afin de maintenir l'équilibre et la posture.

Tout comme pour plusieurs parties de votre corps, moins les cellules qui interviennent dans l'équilibre sont sollicitées, plus elles perdent de leur sensibilité. Or la marche sollicite ces cellules. Voilà donc une excellente façon de rétablir et de maintenir votre équilibre et votre posture. Le test ci-dessous est aussi un exercice qui contribuera à améliorer votre équilibre. Faites-le régulièrement, en plus de vos marches ; il vous sera particulièrement bénéfique si vous souffrez d'ostéoporose (voir page 105).

Le test d'équilibre

Demandez de l'aide pour faire ce test. Si vous manquez d'équilibre, demandez à la personne qui vous aide de se tenir derrière vous, les bras tendus, pour vous attraper si vous êtes sur le point de tomber.

Tenez-vous bien droit, les bras placés le long de votre corps. Relevez une jambe et appuyez le talon contre votre jambe d'appui, sous le genou. Fermez maintenant les yeux et essayez de rester en équilibre sur une jambe le plus longtemps possible pendant qu'une personne chronomètre le temps pendant lequel vous maintenez votre équilibre. Faites cet exercice à trois reprises et consignez votre meilleur temps. Pour améliorer votre équilibre, faites ce test de façon régulière.

▶ Si vous avez maintenu votre équilibre pendant moins de deux secondes, c'est que votre équilibre est inférieur à la moyenne.
▶ Si vous avez maintenu votre équilibre pendant deux à cinq secondes, c'est que votre équilibre est dans la moyenne.
▶ Si vous avez maintenu votre équilibre pendant plus de cinq secondes, c'est que votre équilibre est supérieur à la moyenne.

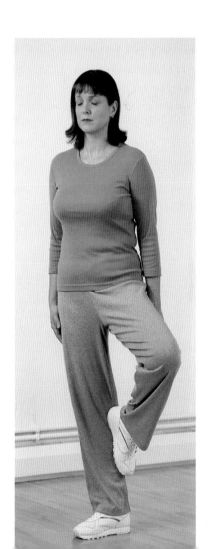

Êtes-vous fort ?

Les professionnels de la condition physique considèrent deux aspects quand ils parlent de « force » : la force musculaire et l'endurance musculaire. La « force musculaire » correspond à l'effort que les muscles peuvent fournir dans un seul essai. Une mesure de cette force serait donnée, par exemple, par le poids le plus lourd que vous pouvez soulever. Quant à l'« endurance musculaire », elle correspond à la capacité des muscles à soutenir l'effort le plus longtemps possible. Pour la mesurer, il faut compter le nombre de fois que vous pouvez refaire un exercice ou le temps durant lequel vous arrivez à maintenir l'activité. L'endurance est une aptitude nécessaire pour marcher, car il vous faut maintenir votre posture ou déplacer le poids de votre corps quand vous montez une pente.

Cette section propose deux tests d'évaluation de la force : le test en position assise contre un mur et le test des tractions au sol. Le premier porte sur la force des muscles du bas de votre corps ; le second, sur celle des muscles du haut de votre corps. En augmentant l'intensité de votre marche,

vous augmentez la force et l'endurance du bas de votre corps. Refaites le test en position assise trois mois après avoir commencé votre programme de marche ; vous devriez constater une amélioration de votre force musculaire. Pour améliorer la force et l'endurance du haut de votre corps, cherchez à tonifier vos bras ; utilisez des bâtons de marche ou ajoutez des tractions au sol ou contre un mur à vos exercices de récupération (voir l'encadré à la page suivante). En effectuant ces exercices, vous raffermirez vos muscles et augmenterez votre métabolisme basal (voir pages 158 et 159), ce qui aura pour effet de vous faire perdre du poids.

Vous ne devriez faire les tests d'endurance musculaire que si vous n'avez aucune maladie ou blessure. Si vous faites de l'hypertension artérielle, consultez votre médecin avant de commencer tout exercice de renforcement musculaire. De plus, si vous ressentez un malaise pendant que vous exécutez un de ces exercices, cessez de les faire ou bien faites-les sous la supervision d'un expert de la condition physique. Vous pouvez faire les deux tests ou omettre celui qui vous incommode.

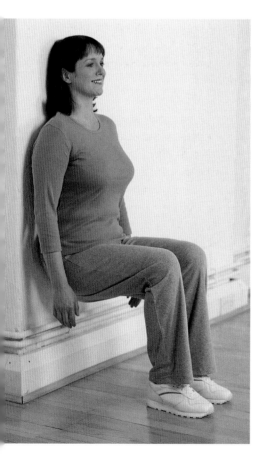

Le test en position assise contre un mur

Ce test est une excellente façon de vérifier la force de vos cuisses. Pour faire ce test, vous aurez besoin d'un chronomètre ou d'une montre et d'un mur contre lequel vous appuyer. Si vous avez des problèmes de genoux ou d'hypertension artérielle, ne faites pas ce test.

En position debout, les pieds éloignés à environ 0,5 m (2 pi) du mur, appuyez votre dos contre celui-ci. Gardez votre dos droit, puis, graduellement, fléchissez les genoux et glissez votre dos jusqu'à ce que vos genoux forment un angle de 90 degrés, comme si vous étiez assis sur une chaise. Chronométrez le temps pendant lequel vous pouvez maintenir cette position.

▶ Si vous ne pouvez maintenir cette position pendant plus de 30 secondes, c'est que la force des muscles du bas de votre corps est inférieure à la moyenne.

▶ Si vous pouvez maintenir cette position pendant 30 à 60 secondes, c'est que la force des muscles du bas de votre corps se situe dans la moyenne.

▶ Si vous pouvez maintenir cette position pendant plus de 60 secondes, c'est que la force des muscles du bas de votre corps est supérieure à la moyenne.

Le test des tractions au sol

Il y a deux façons de faire ce test. Ceux et celles qui ne sont pas familiarisés avec cet exercice devraient commencer par les tractions en boîte ; ceux et celles qui sont en très bonne forme physique peuvent essayer les tractions complètes.

a *Tractions en boîte.* Appuyez-vous sur vos mains et vos genoux, ceux-ci étant écartés de la largeur des hanches et vos mains placées sous vos épaules. Vos doigts doivent pointer vers l'avant. Rentrez le ventre et gardez votre dos droit. Pliez les bras pour abaisser votre corps au sol. Faites une courte pause, puis poussez contre le sol pour vous soulever de nouveau, sans bloquer les coudes pour ne pas tendre complètement les bras. Comptez le nombre de tractions que vous pouvez faire.

b *Tractions complètes.* Placez-vous en position pour effectuer des tractions, les mains placées sous vos épaules, les bras tendus, mais légèrement fléchis. Vos jambes doivent être complètement tendues. Rentrez le ventre et gardez le dos droit. Soulevez, puis abaissez votre corps à l'aide de vos bras. Comptez le nombre de tractions que vous pouvez faire.

► Si vous avez fait moins de 10 tractions, c'est que la force des muscles du haut de votre corps est inférieure à la moyenne.

► Si vous avez fait de 10 à 20 tractions, c'est que la force des muscles du haut de votre corps est dans la moyenne.

► Si vous avez fait plus de 20 tractions, c'est que la force des muscles du haut de votre corps est supérieure à la moyenne.

LA TRACTION CONTRE UN MUR ▶▶▶▶▶

Pour renforcer et raffermir vos bras, faites 10 tractions contre un mur, à chaque période de récupération après vos marches. Placez-vous face à un mur ou à une clôture, pieds écartés de la largeur des hanches. Approchez-vous du mur et placez vos mains sur celui-ci, les bras écartés de la largeur des épaules, les coudes légèrement fléchis. Gardez le dos droit et approchez votre visage du mur. Faites une courte pause, puis allongez les bras, sans toutefois bloquer les coudes.

SUIVRE SES PROGRÈS

Consigner vos données est une excellente façon de vous garder motivé. Utilisez le journal de bord et la grille de santé personnelle présentés ici pour noter les résultats de vos performances quotidiennes et suivre vos progrès sur une plus longue période.

Les tableaux qui suivent indiquent des façons de conserver vos données et de suivre vos progrès. Si vous voulez noter vos données au jour le jour, faites autant de photocopies du journal de bord que votre programme compte de semaines. Il n'est pas nécessaire de remplir les colonnes «Durée», «Distance» ou «Intensité»; vous pouvez simplement prendre la mesure de l'aspect que vous décidez de varier (pour mesurer l'intensité de la marche, voir pages 143 à 145). Un

espace est prévu pour inscrire votre objectif hebdomadaire; celui-ci doit représenter un pas vers l'atteinte de votre objectif à long terme (voir pages 138 et 139). La grille de santé personnelle est utile pour voir vos progrès à long terme, mais rappelez-vous que ce que vous choisissez de mesurer doit correspondre à l'objectif que vous visez. Si votre objectif est de réussir à parcourir une distance donnée, il est peu pertinent d'inscrire les variations de votre poids.

GRILLE DE SANTÉ PERSONNELLE

Date	Fréquence cardiaque au repos (bpm)	Test sur piste: durée	Test sur piste: fréquence cardiaque	Poids	Indice de masse corporelle (IMC) (notation)
Au départ					
1re semaine					
2e semaine					
3e semaine					
4e semaine					
5e semaine					
6e semaine					
7e semaine					
8e semaine					
9e semaine					
10e semaine					
11e semaine					
12e semaine					
6e mois					
9e mois					
12e mois					

JOURNAL DE BORD

Numéro de la semaine

Objectif hebdomadaire

Jour	Durée	Distance	Intensité	Remarques
Lundi				
Mardi				
Mercredi				
Jeudi				
Vendredi				
Samedi				
Dimanche				
Total				

Objectif atteint ?

Récompense

Rapport taille/hanches	Flexibilité (notation)	Force du bas du corps (nombre de redressements assis)	Force du haut du corps (nombre de tractions)	Équilibre (nombre de secondes)

CRÉDITS PHOTOS

Crédits photos

5 (d) hf holidays
8 (g) hf holidays
9 hf holidays
10 Getty Images
11 (g) hf holidays, (d) Getty Images
12 (g) Getty Images
15 (haut) hf holidays
17 Eye of Science/SPL
25 Getty Images
26 Montrail, Inc. USA
28 (g) Getty Images, (d) Getty Images
29 Getty Images
30 Trail Magazine Tom Bailey
35 Manfred Kage/SPL
46/7 Tourism New Zealand
47 Telegraph Colour Library
51 ATG Oxford
56 (d) The Countryside Agency/Grant Pritchard
60 The Countryside Agency/Grant Pritchard
62 The Countryside Agency/Grant Pritchard
63 Gilda Pacitti
64 (haut) hf holidays, (g) ATG Oxford, (bas) Gilda Pacitti
64/5 ATG Oxford

67 (haut) Axiom/ Joe Beynon, (bas) ATG Oxford
69 The Countryside Agency/Grant Pritchard
70 Walk Sport America out of St.Paul, Minnesota
75 Viekka Gustafsson
76 ATG Oxford
80 Tourism New Zealand
81 Trail Magazine/Tom Bailey
82 (g, d) Trail Magazine/Tom Bailey
86 The Countryside Agency/Grant Pritchard
87 Rex Features
90 John Walsh/SPL
98 (haut) Philippe Plailly/Eurelios/SPL
102 Damien Lovegrove/SPL
104 Prof. P. Motta/Dept of Anatomy/University 'La Sapienza', Rome/SPL
116 Mauro Fermariello/SPL
129 Dr Jeremy Burgess/SPL
135 hf holidays
143 hf holidays
144 Polar heart rate monitors
159 Dr Alfred Pasieka/SPL

Autres photos par Jules Selmes

Achevé d'imprimer au Canada
sur les presses de Quebecor World Inc.